CB061404

AUTONOMIA FRUSTRADA

Carlos Alberto Bello

AUTONOMIA FRUSTRADA
o Cade e o poder econômico

BOITEMPO
EDITORIAL

Copyright © Carlos Alberto Bello
Copyright desta edição © Boitempo Editorial, 2005

Coordenação editorial
Ivana Jinkings
Aluizio Leite

Assistência
Ana Paula Castellani

Preparação de texto
Antonio Orzari

Revisão
Rodrigo Villela

Editoração eletrônica
Antonio Kehl

Capa
Antonio Kehl

Produção
Marcel Iha

Impressão e acabamento
Assahi

CIP-BRASIL. CATALOGAÇÃO-NA-FONTE
SINDICATO NACIONAL DOS EDITORES DE LIVROS, RJ.

B386a
Bello, Carlos Alberto, 1961-
    Autonomia frustrada : o CADE e o poder econômico / Carlos Alberto Bello. - São Paulo : Boitempo, 2005
    Inclui bibliografia

    ISBN 85-7559-062-6

    1. Conselho Administrativo de Defesa Econômica (Brasil). 2. Concorrência - Brasil. 3. Trustes industriais - Brasil. I. Título.

05-0474.   CDD 338.522
                                            CDU 334.516.22

Todos os direitos reservados. Nenhuma parte deste livro pode ser utilizada ou reproduzida sem a expressa autorização da editora.

1ª edição: março de 2005

BOITEMPO EDITORIAL
Jinkings Editores Associados Ltda.
Rua Euclides de Andrade, 27 Perdizes
05030-030 São Paulo SP
Tel./fax: (11) 3875-7250 / 3872-6869
e-mail: editora@boitempo.com
site: www.boitempo.com

SUMÁRIO

PREFÁCIO, *Francisco de Oliveira* 9

APRESENTAÇÃO 17

1. PERSPECTIVAS DE LEGITIMAÇÃO
   DE POLÍTICAS ANTITRUSTE 19
   Conceitos de legitimação 19
   O desenvolvimento de esferas públicas 23
   Esferas públicas como esferas de negociação 31
   Legitimação de políticas antitruste 38
   Os sentidos da política antitruste 43
   Considerações finais 48

2. MOTIVAÇÕES E ORIENTAÇÕES LEGAIS 50
   Motivações das leis 50
   Orientações das normas legais 60
   Considerações finais 80

3. VULNERABILIDADE DAS AGÊNCIAS 82
   Alternativas de decisão 82
   Autonomia perante o governo 89
   Perspectivas de carreiras privadas 94

Trajetórias dos conselheiros (comissários) 96
Considerações finais 98

4. A ATUAÇÃO DAS AGÊNCIAS DOS EUA 101
As mudanças dos anos 1980 e os discursos atuais 101
Os discursos sobre as decisões 103
Decisões relevantes 106
Discursos de legitimação 120
Transparência e participação 123
Considerações finais 125

5. A ATUAÇÃO DA GESTÃO 1994-1996 DO CADE 127
As primeiras decisões rigorosas 129
O caso Gerdau/Pains 137
Conflitos com o governo e repercussões públicas 142
Considerações finais 159

6. A ATUAÇÃO DA GESTÃO 1996-1998 162
Os casos Colgate/Kolynos e Gerdau/Pains 166
Busca pela consolidação do poder do Cade 180
Associações das cervejarias
e a prevalência do liberalismo 214
Transparência e participação 240
Considerações finais 244

7. CONCLUSÕES 251
Política antitruste e processos de legitimação 251
Esferas públicas
e mercado na sociedade brasileira 255
Atores relevantes para a
publicização da temática antitruste 258
A hegemonia neoliberal e as práticas autoritárias 265
Perspectivas para a democratização
da política antitruste brasileira 271

AGRADECIMENTOS 275

REFERÊNCIAS BIBLIOGRÁFICAS 277

À Baby (*in memoriam*)
Todos os que assim carinhosamente a chamavam, como que dizendo *sweet baby*, estão saudosos de sua bondade e generosidade. Este seu filho não possui tantas virtudes mas tenta homenageá-la sempre, buscando agir pautado pela justiça, postura que tanto a agradava.

PREFÁCIO DA AMIZADE

Francisco de Oliveira

Desculpem-me os leitores se os incomodo com um prefácio muito personalizado, mas minhas relações com o Carlos Alberto, que chamamos – eu e seus amigos da tribo de Asterix que é o Cenedic – pelo aumentativo "Carlão", como prova do nosso carinho, não me permitem imprimir a este texto a chamada distância impessoal, acadêmica, científica e racional. Pois nos conhecemos há quase vinte anos e minha admiração por seu caráter, pertinácia e acuidade intelectual só faz crescer, e este livro é uma das melhores provas.

Confessada minha parcialidade, devo passar ao leitor o que é este livro. Trata-se de uma contribuição original à literatura brasileira sobre concorrência e ação antitruste na economia de nosso país. Essa literatura é tão pobre quanto nossa adesão à concorrência e às ações antitruste, como o livro do Carlos demonstra no que foi originalmente sua tese de doutorado, que tive a honra e o prazer de orientar.

A hostilidade do empresariado ao controle das burlas à concorrência é velha no Brasil, tanto quanto é possível discernir em nossa história o começo de atividades capitalistas que se realizam no mercado. Agamenon Magalhães, quando ministro da Justiça da ditadura Vargas nos anos 40 do século passado, foi apelidado de "malaio" pelos jornais de Assis Chateaubriand, então o rei da mídia no país, predecessor das Organizações Globo, simplesmente porque saiu de sua lavra e de seu ministério a primeira tentativa de sistematizar um conjunto coerente de medidas antitruste, as quais, quando existiram anteriormente, achavam-se distribuídas pelos códigos penal, comercial e até civil. Não fica atrás a indiferença da sociedade.

Adverti Carlos, desde o princípio, dessa "busca inútil" – carona que pego do clássico "Ronda", de Paulo Vanzolini. O solo social brasileiro não foi formado no *ethos* da escolha liberal, e esse é seu maior *handicap*; o empresariado sai também deste solo, com a desvantagem maior – para a República – de que o poder de uma simples empresa é bem maior que a de qualquer cidadão. Digamos que a concorrência não é parte da formação brasileira, até porque, em termos tocquevillianos, não há "democracia nesta América", mesmo que a correspondência entre a forma política e a forma da competição de capitais seja mais um artefato da política, uma ideologia, que uma dimensão do real nos Estados Unidos da América de hoje. Na Europa tampouco a tradição da competição criou uma legislação antitruste vigorosa, a não ser muito recentemente, imposta pelas necessidades da confederação européia, que juntou capitais muito díspares em seus poderes de mercado.

Mas Carlos, felizmente, não ouviu minha advertência, e transformou sua tese, agora livro, numa magnífica investigação que esquadrinhou os recônditos onde se escondem as práticas empresariais e de governo que, ao contrário do que trombeteiam os arautos neoliberais, evitam o controle público democrático da concorrência entre os capitais, com todas as conseqüências sobre os consumidores – o aparente deus ao qual se destina a liberação neoliberal –, sobre as finanças estatais e sobre o conjunto da sociedade.

Com uma amplitude teórica e metodológica que revela a ultrapassagem dos limites da teorização econômica convencional sobre a concorrência e o controle antitruste, apropriando-se de uma literatura filosófica e sociológica de primeira plana, Carlos discute a hipótese de a publicização de certos casos antitruste ter permitido que o Cade e a questão antitruste fossem tratados em espaços públicos democráticos, e vai testá-la mediante o exame dos casos submetidos ao órgão, a mais recente e promissora floração de legislação antitruste no Brasil datada do período Itamar Franco. Para verificar que a hipótese otimista não se realiza, porque a sociedade é deliberadamente afastada da possibilidade de entender do que se trata em razão de um discurso técnico altamente hermético e porque o órgão não revela de fato a autonomia que às vezes parece ter, porque ao Estado pouco se lhe dá se a concorrência é mais que imperfeita, é oligopolística e mesmo monopolística, porque o interesse do Estado está no montante dos tributos e os grandes grupos em causa são grandes aliados do governo de então, porque a mídia professa – *remember* Chateaubriand – uma ideologia antipública, e porque finalmente os cidadãos não conseguem fazer a ligação entre o controle da concorrência e suas condições de vida; e até trabalhadores vibram quando um concorrente liquida o outro, porque seus empregos ficam assegurados – provisoriamente... Por fim, e este fim é fundamental, porque a publicidade transforma as burlas à concorrência em virtude: basta ver o recente caso do Zeca Pagodinho que bebeu Schincariol num dia e no outro já bebia Brahma. Nos termos usados por Isleide Fontenelle (no livro *O nome da marca*, publicado pela Boitempo), o capitalismo de imagem faz o simulacro da esfera pública, onde se formaria a opinião democraticamente argumentativa, transformada em espumas, futebol e belas mulheres. Os recursos digitais permitem a falsificação ao infinito da ágora democrática em uma multidão de bebedores. Não se trata de uma razão argumentativa, mas gustativa.

Claus Offe é outro autor do qual Carlos Bello parte para estudar as condições de legitimidade da regulação da concorrência, e o resultado é mais ou menos o mesmo: não apenas o estatuto da concorrência é desprezado entre os empresários, como o Estado deslegitima a própria instituição criada para vigiar sua democratização. Daí o título original da tese, que era algo como a "ilegítima conversão do Cade ao liberalismo", título antimarketing, como se vê, mas orientador de suas pesquisas.

O autor procede a uma investigação da legislação e de práticas antitruste nos EUA, lugar da criação mais radical – liberalmente radical – da vigilância sobre as regras da concorrência, para concluir que desde a era Reagan a atuação das instituições que cuidam da preservação da concorrência viu-se atenuada. No Brasil, o exame concreto da atuação do Cade no caso Colgate-Kolynos leva à confirmação das esperanças ali criadas, logo desconfirmadas pela radiografia dos outros casos em que o recuo das posições do Cade, dos conselheiros mais proeminentes e o evidente abuso de poder do Executivo jogaram às urtigas a tentativa mais consistente de criar no Brasil uma espécie de consciência sobre o valor da regulação da competição entre os capitais. Fica evidente também que as organizações da sociedade civil tampouco contribuíram para a publicidade dos conflitos da concorrência entre os capitais, o que diz muito da improbabilidade de que a atuação do Cade tivesse êxito. Sobra uma perigosa constatação: o capitalismo contemporâneo, globalizante e neoliberal, despreza e combate a democracia econômica, em nome da qual venceu o sistema feudal que o precedeu há três séculos. Daí para ser hostil e combater a democracia política vai um passo: que já foi dado, para quem quiser ver.

É evidente, a partir do caso norte-americano, que a era neoliberal tem horror a qualquer controle social, por via da legislação e das instituições criadas para exercê-la. Os graus de concentração e centralização do capital, justamente o objeto da legislação antitruste, elevaram-se nos anos neoliberais a alturas inimagináveis pelos clássicos do liberalismo que veriam, com razão, a exacerbação daqueles processos como ameaças à própria democracia. Carlos Alberto não é ingênuo e viu corretamente que o desleixo brasileiro, logo em seguida à criação do Cade e seus primeiros passos exitosos, teve tudo a ver com a vitória neoliberal com Fernando Henrique Cardoso e que prossegue governo Lula adentro.

Mas por que a sociedade deveria se interessar pelo controle da competição entre os capitais, se o "jeitinho brasileiro" emblematizado pelo Zeca Pagodinho conduziria de volta ao cinismo de considerar de novo essa "busca inútil"? Aí mora a radicalidade da questão: o enorme poder dos grandes conglomerados econômicos, que extrapola a mera luta de preços e de marcas, somente pode ser contra-arrestado pela política e pelas instituições republicanas e democráticas; do contrário, estas serão meras reverberações retóricas sem eficácia. A assimetria e o poder destrutivo entre tais organizações econômicas e o simples cidadão, conduzido e instigado pela publicidade a comportar-se como mônada – que é o cerne da própria publicidade – afetam a vida cotidiana de forma irreparável. Longe da premissa neoliberal de que o excesso de controle público sobre o comportamento das empresas cercearia sua liberdade de investimento – que é no fundo o que explica a atitude do governo brasileiro (e também do norte-americano, *hélas*!) de hoje – as fraudes da Enron e da WorldCom nos EUA e os comportamentos relapsos-agressivos das novas concessionárias de energia e telecomunicações no Brasil indicam que o bom controle público, e políticas públicas de investimento vigorosas, é que são condições *sine qua non* para a eficiência das empresas.

Por isso, a leitura deste livro é imprescindível. Trata-se de uma leitura difícil, até mesmo pela ausência lamentável de literatura de apoio, que torna o leitor desfamiliarizado com o tema. Mas não sobre dúvida: ao investigar esses processos, Carlos Alberto está, na verdade, investigando as possibilidades da democracia no Brasil.

Ave, Carlos.

APRESENTAÇÃO

Este livro é uma versão da minha tese de doutoramento (Bello, 1999), no qual foram realizadas alterações no texto, visando ampliar a clareza e a objetividade para publicação, e reescritas as conclusões, por causa das reflexões posteriores à defesa do trabalho. Incorporei sugestões dos membros da banca e de Álvaro Comin.

O volume busca avaliar se a atuação do Conselho Administrativo de Defesa Econômica (Cade), órgão encarregado da política antitruste no Brasil, esteve sujeita a processos de legitimação e de como tais processos se caracterizam, nutrindo-se, em alguma medida, da comparação com a atuação de agências assemelhadas dos EUA.

No capítulo 1 percorre-se uma bibliografia sobre a questão da legitimidade e da operação de esferas públicas democráticas, procurando estabelecer hipóteses para orientar a análise desenvolvida nos demais capítulos.

No capítulo 2 analisam-se as motivações que levaram à edição e à aplicação das leis e o conteúdo delas, visando avaliar a probabilidade de legitimação das agências antitruste nos tempos atuais, incluindo as perspectivas de apoio e de questionamento por parte da sociedade civil. Trata-se também de uma averiguação a respeito de quais orientações prevaleceram (para os EUA) e se elas enunciam razões de validade passíveis de reconhecimento normativo, ao se examinar se houve uma gênese democrática da lei e qual o grau de discricionariedade concedido às agências – um fator de tendência limitadora de processos de legitimação.

No capítulo 3 discute-se a vulnerabilidade das agências perante os poderes do Estado e das empresas, avaliando se suas condições institucionais e operacionais realmente apontam para um menor escopo de alternativas de decisão, sujeitando as agências aos governos e oferecendo maior atratividade aos decisores por carreiras privadas. Estas situações dão a tais poderes maior capacidade de questionar a legitimidade da atuação das agências.

No capítulo 4 discute-se a atuação das agências dos EUA, analisando se suas decisões são coerentes e passíveis de legitimação, se há sinais de interferência do governo, qual o teor dos discursos de legitimação, quais as práticas e níveis de transparência e qual a possibilidade de participação de segmentos da sociedade civil. Não é possível analisar os processos de legitimação em sua plenitude, mas essa avaliação sobre o país de maior tradição mundial antitruste trouxe valiosas contribuições para discutir o caso do Brasil, onde a política antitruste praticamente surgiu em 1994.

Nos capítulos 5 e 6 analisam-se as gestões do Cade de 1994-1996 e 1996-1998, discutindo as perspectivas de sua legitimação, visto haver informações consolidadas quanto às decisões, à interferência do governo e às manifestações públicas (inclusive os discursos de legitimação). Assim, torna-se possível avaliar se houve crises de legitimidade e discutir suas características (espécies, direções e protagonistas).

No capítulo 7 busca-se elaborar inicialmente algumas conclusões sobre os processos de legitimação levando em conta os resultados apurados nos capítulos 4, 5 e 6 à luz das conclusões avançadas nos capítulos anteriores (histórico-legais no segundo, político-institucionais no terceiro), tratando em seguida de discuti-las tendo em vista as perspectivas teóricas enunciadas no capítulo 1. Nesse capítulo discutem-se hipóteses sobre a relação entre tais conclusões e o contexto democrático brasileiro, para melhor qualificá-las e para lançar luzes no debate mais geral sobre a legitimação estatal sob o signo do neoliberalismo.

1
PERSPECTIVAS DE LEGITIMAÇÃO DE POLÍTICAS ANTITRUSTE

Conceitos de legitimação

O tema da legitimidade surgiu com Max Weber[1]. Uma estrutura de dominação procura cultivar a crença na sua legitimidade para que a obediência dos dominados seja mais persistente. A forma de legitimidade prevalecente nas sociedades capitalistas modernas seria a racional-legal, pela qual a crença na validade não significa crer na decisão estatal, mas sim na sua legalidade. Chancela-se apenas o método de atribuição da competência decisória, instituído em decisões majoritárias dos cidadãos.

No entanto, em sua análise política concreta[2], Weber afirma que o demagogo vinha sendo o líder político típico do Ocidente, sugerindo que prevaleceria uma legitimação de tipo carismático. Para Turner[3], a sociologia da lei e os escritos políticos de Weber[4] demonstram que o

---

[1] Vide Weber (1991).
[2] No texto: Política como vocação. Vide Gerth & Mills (1978).
[3] Vide Turner (1992). Os textos que se seguem não discutiram a questão da legitimidade para além das tipologias descritas em *Economia e sociedade*. Vide Kalberg (1994), Dreifuss (1993) e Cohn (1979).
[4] Segundo Turner (1992), a primeira expressa em *Economy and Society*, ed. G. Roth & C. Wittich, Univ. California Press, Berkeley, 1978, v. 2; os últimos (além de Política como vocação) em "The national state and economic policy" em *Economy and Society*, 1980, e *Gesammelte Politische Schriften* (Mohr, Tubingen, 1958).

desencantamento próprio da sociedade capitalista eliminaria a possibilidade de qualquer legitimidade normativa do Estado. De um lado, o direito racional baseia-se em critérios técnicos tendentes a obstar que demandas por justiça possam ser expressas na linguagem legal. Por outro, Weber estava pouco interessado nas condições que tornam socialmente aceitável o exercício do poder, por isso excluiu da sua tipologia de autoridade formas públicas de expressão do consentimento e valorizou o parlamento apenas como *locus* para treinamento e seleção de líderes.

Turner conclui que a legitimação tem importância marginal para Weber, já que a disciplina do trabalho e a obediência dos cidadãos são garantidas por sua separação perante os meios de produção (materiais e intelectuais), pela sua sujeição aos comandos legais e às diversas formas de controle sobre a população. A essas forças poderosas é que vêm se somar as condições para assegurar a lealdade e a fidelidade ao líder carismático numa democracia plebiscitária, os sentimentos nacionalistas e as recompensas de bem-estar.

A legitimidade não é uma questão central para as correntes liberais, muito menos em sua dimensão normativa[5]. Seu pressuposto decisivo é que os indivíduos tenham semelhante capacidade de participar do processo político, para que a maioria dos votos exprima um adequado balanceamento entre as forças sociais. Dahl (1989) mostra como esse pressuposto não é válido porque há substanciais desigualdades políticas entre os cidadãos, enquanto Habermas revela que vários autores[6] assumem que a luta pelo poder é conduzida essencialmente pelas elites, de cuja racionalidade dependeria o atendimento às demandas dos demais cidadãos.

Offe (1984) parte da definição weberiana e afirma que o método de atribuição da competência decisória é insuficiente. Para que houvesse obediência aos atos do governo seria necessário que os cidadãos tivessem a expectativa de que seus interesses materiais fossem considerados. Offe avalia que tal expectativa tende a ser frustrada devido ao acúmulo de demandas sobre o Estado. Essa frustração não pode ser justificada normativamente – com base em critérios de justiça – porque decorre em boa medida de processos de mercado naturalizados, ou seja, considera-

---

[5] Vide Bobbio (1988) e Habermas (1996, caps. 7-8).
[6] Como Joseph Schumpeter (*Capitalism and Social Democracy*, New York, 1947 apud Habermas, 1996).

dos como lógicas não assentadas em valores, mas, sim, em estruturas de poder consolidadas, uma vez que: "Caso as relações de propriedade, preços e salários no setor privado pudessem ser julgadas com base em seu conteúdo e suas funções, teríamos que pressupor que tais conteúdos legitimáveis foram socialmente constituídos" (Offe, 1984, p. 270).

Dessa forma, para Offe a carência de legitimidade é inerente à moderna dominação capitalista, pois expressa o conflito entre normas e uma estrutura de dominação, cega às normas. Ainda assim, os governantes necessitam de justificações normativas – razões para reivindicar cargos e normas para exercê-los, mesmo que em parte assentadas em pressupostos não normativos. Como suas ações levam em conta princípios parciais inconciliáveis e os discursos de legitimação assentam-se na afirmação de que ninguém seria capaz de agir melhor, ou de forma mais justa, os governos assumem-se como negativamente programados quanto ao seu conteúdo. Assim, só podem ser obedecidos através da concessão de vantagens privadas, de um lado, e da violência repressiva, do outro.

Para Offe, a crise de legitimidade manifesta-se principalmente através da centralização de todas as demandas sobre o Estado e não por desobediência[7], de forma que conclui que essa crise só pode produzir conseqüências críticas quando for questionado o monopólio de decisão estatal, sua pretensão de representar com exclusividade o interesse geral. Avalia ainda que tal questionamento já vem ocorrendo, pois grupos sociais passaram a utilizar-se de formas desestatizadas para o processamento dos conflitos, como as lutas sindicais não institucionalizadas (greves espontâneas e ocupações de fábricas), lutas por melhorias de condições de vida (ação autônoma ou confronto direto) e movimentos autonomistas (contra o Estado central). Isto estaria evidenciado pelo fato de os partidos políticos perceberem que os conflitos estariam escapando ao controle dos órgãos públicos.

Para Habermas (1980), as decisões que vinculam todos os cidadãos são legítimas – independem do exercício da força e da ameaça de sanções, podendo até ir contra os interesses dos afetados –, apenas se puderem revelar obediência a normas reconhecidas, justificando-se e defendendo-se das críticas, se necessário for. Habermas avalia que pode haver

---

[7] Pois ela depende de recursos organizacionais e simbólicos, sendo viável apenas para alguns segmentos da sociedade.

uma visão de mundo que legitime o sistema de autoridade como um todo – um conjunto de direitos básicos constitucionais e a ideologia da soberania popular e da divisão de poderes. Essas normas gerais não se confundem com o texto legal ou com as declarações de governo, pois, para vincularem os cidadãos, elas devem ser resultado de um acordo motivado racionalmente ou, no mínimo, de um consenso que possa ter sido alcançado pelo uso da razão. Somente assim as normas podem conter pretensões de validade passíveis de reconhecimento, pois não estariam decorrendo de motivações empíricas (interesses, por exemplo), que estariam sujeitas a mudanças periódicas após as quais não é possível ver qual parte do contrato estaria ligada a normas válidas, visto que os cidadãos aderem ao contrato por motivações diversas.

No contexto atual, Habermas (1980) salienta que a disputa pelo poder usualmente carece de dimensões de validade, pois como os argumentos visam apenas mobilizar emocionalmente o apoio dos eleitores, estes não têm suficiente razão para observar as regras do jogo democrático porque não se vêem como autores da lei. A única fonte de legitimação moderna (não fundada em religião ou metafísica) para a produção da lei é a operação de procedimentos democráticos, à medida que estes permitam a livre flutuação de contribuições, de informações e de razões, para que todos os potencialmente atingidos possam participar. Tais procedimentos asseguram um caráter discursivo à formação da vontade política, a qual estabelece a presunção falibilista de que os resultados decorrentes de sua implementação serão razoáveis. Mediante a institucionalização de pressupostos procedurais e comunicativos, a operação de esferas públicas funcionaria como eclusa para a racionalização discursiva das decisões, controlando e, em alguma medida, programando o exercício do poder.

Habermas avalia que há uma crise de legitimidade quando os governos passam a utilizar as leis como meio para resolver problemas, pautando-se por padrões de eficiência que tomam o lugar de padrões normativos. Buscando reconciliar valores complexos de forma oportunista, os governos violam as condições procedurais de uma legítima elaboração da lei, inscritas nos princípios constitucionais. Partindo da posição de Offe, a ausência de legitimidade poderia produzir conseqüências críticas se a atuação estatal estivesse sujeita à participação de instituições da sociedade civil, uma vez que assim o Estado abriria mão do seu monopólio de decisão. Aliás, a regulação do poder econômico tende a suscitar dúvidas quanto à sua capacidade de generalização, na medida em que sua utilização revela-se específica para cada caso. Nessa linha, Habermas (1996) salienta que se têm consolidado práticas de contraperícias que poderiam ser acessíveis a públicos relativamente amplos e assim possibilitarem questionamentos normativos à atuação estatal, apesar de exigirem saberes altamente especializados. Somente Habermas sugere que poderia haver legitimação, caso a maior participação dos cidadãos estatuísse normas que pautassem a atuação estatal.

Em suma, há duas hipóteses de como a atuação estatal pode estar sujeita a uma efetiva crise de legitimidade. Ambas requerem a mobilização da sociedade civil, que poderia vir a legitimá-las. Logo, há necessidade de discutir as possibilidades de essa mobilização ocorrer. Cabe examinar, então, como a operação de esferas públicas poderia dotar as associações da sociedade civil dessa capacidade de atuação.

O desenvolvimento de esferas públicas

1. A visão da democracia discursiva

Para Habermas (1996), uma esfera pública virtuosa deve ser constituída através da interação de indivíduos que dialogam autonomamente, procurando afastar-se das lógicas de poder do Estado e do mercado. Trata-se de um espaço para troca de informações e pontos de vista, reproduzido pela ação comunicativa, ação que visa ao entendimento. A opinião pública resulta de exaustivas controvérsias em esferas públicas, nas quais há uma avaliação racional das pretensões de validade, prevalecendo a força do melhor argumento.

Constituída por diversos espaços públicos de interação, incluindo as associações da sociedade civil e os meios de comunicação de massa, a forma clássica de institucionalização da esfera pública é o Parlamento, mediador das relações entre a órbita política e a sociedade, transformando a esfera pública também numa arena de justificação das decisões tomadas pelo Estado[8]. A operação da esfera pública depende dos influxos provenientes da sociedade civil, cujos indivíduos precisam dispor dos atributos de privacidade (autonomia), de pluralidade (de tipos de vida e de formas de associação), de publicidade (discussão de assun-

---

[8] Como salienta Costa (1995).

tos públicos) e da garantia jurídica de seus direitos pelo Estado. A sociedade civil é composta por associações surgidas espontaneamente a partir de questões de interesse geral suscitadas na vida cotidiana, estruturadas de forma igualitária, pois resultam de ações comunicativas.

Habermas avaliou que a prática socialdemocrata aloja uma contradição entre meios e fins. Criar formas de vida estruturadas igualitariamente, garantindo liberdade de movimentos para a auto-realização individual, é um objetivo que não pode ser alcançado se a prática estatal fere a autonomia individual através de controles e de regulamentações. A administração dos direitos sociais tendeu a promover a desintegração da sociedade civil por bloquear a continuidade de seu processo de racionalização. Foram criados padrões de dependência perante o Estado (gerando apatia); destruídas, em parte, as solidariedades existentes (a razão burocrática do Estado singulariza cada experiência) e diminuída a capacidade de resolução comunicativa pelos atores (Estado desloca as famílias e as interações sociais dessas funções). A emergência dos diversos movimentos sociais é interpretada como uma reação a esses processos, mostrando a perda da legitimidade do *welfare state*. De outro lado, o mercado também sufoca a sociedade civil, não só por mercantilizar e individualizar as relações sociais, como por capturar os meios de comunicação e assim restringir os espaços para a reflexão crítica.

A esfera pública torna-se mais democraticamente virtuosa ao gerar consensos amplos e colocar temas na agenda pública para influenciar o Parlamento e o Judiciário, os quais, por sua vez, influenciariam os tomadores de decisão. O projeto habermasiano propõe a institucionalização de procedimentos voltados a viabilizar para que a formação da vontade política se faça de forma discursiva, reduzindo a influência das lógicas de poder (Estado e mercado). Assim, as decisões políticas seriam legítimas se estivessem ancoradas em discursos de justificação que necessitassem obter o respaldo de esferas públicas. No limite, haveria nova partilha de poder entre as esferas de influência do dinheiro (mercado), do poder (Estado) e da solidariedade (sociedade civil); a prática estatal revelaria um certo equilíbrio na utilização desses recursos, significando um exercício solidário de governo (Habermas, 1987). As interações comunicativas no mundo (da vida) constituiriam uma cultura política que seria mobilizada para atuar na arena dos debates e de formação das agendas políticas, arena que influenciaria as decisões do Estado.

Portanto, uma maior vitalidade da sociedade civil exige que influencie o Estado e o mercado; no entanto, para Habermas (1996) essa influência deve se autolimitar por três razões. A primeira e mais decisiva é a necessidade de preservar a grande virtude da sociedade civil, sua capacidade de catalisar processos espontâneos que trazem novos temas e abordagens à esfera pública. A segunda é de ordem pragmática; como a sociedade civil não tem poder político, só pode ter influência indireta sobre a reprodução das instituições sistêmicas, afetando apenas seus quadros e programas. A terceira é a necessidade de manter a autonomia dos indivíduos, sem a qual poderia haver movimentos irracionais de defesa do mundo da vida que não considerassem os imperativos sistêmicos[9].

Apesar dessa autolimitação, Habermas desenvolve uma teoria do discurso do direito que implica uma relação menos restrita entre as associações da sociedade civil e o sistema político (Habermas, 1996). Diz que a prática democrática em um Estado constitucional pressupõe tacitamente o direito de recorrer ao Judiciário e de influenciar a política do governo, sem o que o direito seria apenas controle comportamental: assim, supõe a gênese e o exercício democrático da lei. Como observado, as decisões têm sido pautadas apenas por padrões de eficiência, por governos que instrumentalizam a lei para seus objetivos, sendo que os partidos coonestam tais padrões, pois estão mais voltados a participar do poder estatal, chegando a manipular a esfera pública. Ainda assim, Habermas postula que o Parlamento e do Judiciário, em possuindo um espaço dentro da administração, possam controlar a ação do Estado.

2. A ótica da democracia deliberativa

A proposta da democracia discursiva depende de uma participação racional dos cidadãos nas esferas públicas, a qual depende da vitalidade da sociedade civil; logo, das interações comunicativas cotidianas. No entanto, nesse nível opera uma profunda desigualdade quanto às relações de produção, que tende a situar os trabalhadores numa posição subordinada e passiva. Além disso, a divisão social de trabalho aprofunda a segmentação entre as funções manuais e as intelectuais, tendendo, portanto, a bloquear o desenvolvimento da capacidade cognitiva dos

---

[9] Conforme interpretação de Costa (1995).

trabalhadores; logo, do seu potencial reflexivo. Habermas não parece ter sugerido como tais problemas poderiam ser minorados.

Dahl (1989) parte da necessidade de fortalecer a capacidade de autodesenvolvimento dos cidadãos, o fim último de um projeto de democracia substantiva, recusando a necessidade de preservar a lógica auto-referenciada dos sistemas de poder (Estado e economia), afastando-se assim de Habermas. Como alcançar a igualdade política é essencial para a distribuição de justas oportunidades de autodesenvolvimento, é necessário reduzir a desigualdade de recursos políticos entre os cidadãos, entendendo tais recursos como os meios necessários para a autodeterminação individual e para a deliberação autônoma quanto às questões públicas e privadas.

Para tanto, não basta assegurar as liberdades políticas clássicas, pois a renda, a riqueza, o conhecimento, a disponibilidade de informações, as amizades e as próprias decisões políticas, dentre outros fatores, podem exercer significativa limitação sobre a autonomia deliberativa. Como o trabalho é uma dimensão imensamente importante da vida cotidiana, afetando decisivamente vários desses fatores – e nele prevalece no mínimo uma tutela sobre os trabalhadores –, Dahl afirma ser necessário que as empresas sejam governadas democraticamente, além de os governos regularem algumas ações das empresas privadas.

Embora Dahl não leve em conta que a organização sindical pode ensejar uma maior capacidade e interesse dos trabalhadores em discutirem autonomamente assuntos públicos, é evidente que ela não poderia suprimir completamente aquelas desigualdades. Dahl aplica o princípio democrático básico à gestão das empresas – cada trabalhador com uma ação com direito a voto, atingindo uma das mais caras prerrogativas do capital. Não há condições para discutir mais profundamente tal questão, notadamente como essa democratização poderia não violar decisivamente o princípio do direito de propriedade, como o autor sugere. De qualquer forma, vale constatar que, ao levar às últimas conseqüências os princípios democráticos, demonstra que a realização da utopia democrática pode requerer o abandono da propriedade privada dos meios de produção; logo, do próprio sistema capitalista.

Além da desigualdade econômica – de oportunidades, recursos e posições –, Dahl sustenta que outra causa fundamental da existência de desigualdades políticas é a desigualdade cognitiva – de conhecimentos, informações e habilidades – entre os cidadãos, para a qual propõe soluções em âmbito político-institucional. Nessa direção, aponta cinco critérios para caracterizar uma plena operação dos processos democráticos, ou seja, para minimizar as desigualdades políticas entre os cidadãos (Dahl, 1990). Pode-se concluir que três deles não têm sido plenamente cumpridos pelas democracias existentes[10], o primeiro porque nem todos os cidadãos têm oportunidades adequadas e iguais para chegar a um entendimento esclarecido (descobrir e justificar sua preferência) sobre o assunto a ser decidido. Pode-se avaliar que isso deriva em parte de desigualdades nas relações de produção – a significativa exclusão dos trabalhadores quanto às atividades intelectuais – e também do papel dos meios de comunicação de massa (mídia), na medida em que ela se pauta pelo consumismo cultural (Habermas, 1984). Conformando-se às necessidades de distração dos consumidores, a mídia reforça a segmentação entre trabalho manual e trabalho intelectual, produzida pela divisão social do trabalho, e cativa os consumidores na direção de posturas eminentemente passivas. Além disso, a mídia, em virtude dos próprios interesses, e o sistema político podem não fornecer as informações apropriadas a respeito das decisões em pauta.

Apesar de reconhecer esses problemas, Habermas (1996) alude a uma série de estudos que demonstram que o consumidor cultural não é simplesmente manipulado. Além disso, a mobilização da sociedade civil, especialmente em épocas de crise, pode sobrepujar o papel deletério da mídia ao influenciar os jornalistas, cujos preceitos éticos os impediriam de ignorar questões que empolgam a opinião pública. Também se refere aos controles públicos que garantem espaço aos órgãos de comunicação estatais, cuja influência tende a atenuar a ausência de posturas críticas da mídia privada. Dahl (1989) é mais otimista, pois avalia que o avanço das telecomunicações, ao possibilitar a livre circulação de informações e as discussões entre os cidadãos, é uma solução possível para este e para os outros dois critérios, cujo não atendimento trava a plena operação dos processos democráticos.

O critério de que somente os cidadãos em conjunto venham a determinar quais assuntos devem ou não ser decididos por processos democráticos (o controle final da agenda) é bastante comprometido pela

---

[10] Dois deles têm sido: os votos são alocados igualmente entre todos os cidadãos e todos os adultos votam.

influência deletéria da mídia. A sociedade civil também perde capacidade de influenciar a agenda política devido ao declínio do Legislativo, mediador entre ela e o Estado. Dahl mais uma vez é otimista, baseado no avanço das telecomunicações. Para Habermas, o caminho seria forçar a entrada de novos temas, ou abordagens, na agenda pública através de atos de protesto (chegando até à desobediência civil), o que poderia conferir maior importância aos atores da sociedade civil, especialmente em épocas de crise, ao suscitar candidatos ou plataformas políticas. Além disso, sua ênfase na importância da gênese e do exercício democrático da lei dá um papel mais ativo ao Judiciário e implica maior constitucionalização da ação do governo, tornando obrigatórias a consideração de certas demandas públicas e a submissão do governo a regras para tomar decisões por sua exclusiva conta.

No entanto, há substanciais óbices à instituição destas medidas devido ao que Poulantzas (1980) denominou como estatismo autoritário, a fortíssima presença do Estado associada ao intenso declínio das instituições da democracia política. Medidas particularistas e seletivas multiplicam-se diante do acentuado grau de conflitualidade e de urgência que afetam muitas ações estatais, esvaziando a participação daquelas instituições, que foram moldadas para atuar sob normas formais e universais. O Executivo monopoliza crescentemente a direção do Estado em face do bloco no poder, com Poulantzas afirmando que os partidos de poder (vocacionados à alternância regular no governo) acabam se transformando basicamente em canais de propaganda das medidas estatais, de cuja decisão não participaram. Nesse sentido, Habermas (1996) aponta para a erosão do Estado constitucional, não por incompatibilidade com a maior complexidade da ação governamental, mas, sim, porque os princípios constitucionais não estão suficientemente institucionalizados. A lei está sendo desarticulada de sua estrutura interna (função do Judiciário) de um lado, e sendo produzida de forma não democrática (papel do Legislativo), por outro.

A ampla supremacia do Executivo prejudica o cumprimento do último critério estabelecido por Dahl para um funcionamento adequado da democracia: a igual oportunidade de todos os cidadãos manifestarem suas preferências pelos resultados finais das questões públicas. Além disso, Habermas tem dúvida se o público toma decisões de forma reflexiva, pois podem prevalecer lógicas de poder, se vierem a predominar grupos de interesse que instrumentalizem a esfera pública para seus propósitos políticos. Outro risco é a perspectiva de os debates públicos caracterizarem-se como diálogos profissionais de catedráticos, afastando a possibilidade de participação de um público mais amplo. Fraser (1990) vai além ao mostrar que movimentos sociais podem até se inserir nesses debates de forma racional, mas sua argumentação pode ser marginalizada, na medida em que tiver que ser expressa no estilo dominante. Habermas (1997) sustenta que o perigo da expertocracia é menor atualmente, pois se consolidou a prática das contraperícias, uma multiplicação de interpretações concorrentes, impregnadas de posições valorativas, não havendo questão tão específica que não possa ser traduzida em termos da linguagem cotidiana.

O critério da igual oportunidade de manifestação também é afetado por causa da maior capacidade do poder econômico exprimir suas opiniões. O crescente predomínio dos grandes capitais e sua concentração num contexto de mais internacionalização dotam os grandes empresários de considerável capacidade de ação deletéria – pressão ou evasão – perante o Estado e a esfera pública (Poulantzas, 1980). Ela pode se manifestar de diversas formas, entre elas a sonegação fiscal, as práticas inflacionistas e as pressões junto às instâncias estatais, ameaçando realocar suas plantas, por exemplo. Esse poderio foi um pouco controlado no auge do fordismo (através de empresas estatais e regulação via protecionismo, controle de preços e leis antitruste), mas a partir da crise dos anos 1970 mostrou-se com maior força – primeiro com aumento da inflação e, depois dos anos 1980, acelerando a mobilidade de recursos que vêm instabilizando as finanças públicas, as taxas de câmbio e os juros.

Como a tomada de decisão passou a ser um processo mais rápido e mais circunscrito ao poder executivo, a capacidade de pressão do poder econômico sobre o Estado faz com que certos empresários sejam consultados através de canais informais. Aliás, a ascensão das ideologias neoliberais e o declínio da noção de Estado-Providência ganham força a partir dos anos 1980, aumentando a pressão do poder econômico para maior participação na renda nacional, num contexto de forte reestruturação tecnoprodutiva em escala mundial. Diversos processos revelam a crise da regulação estatal, como os efeitos socialmente perversos das políticas macroeconômicas de combate à inflação, o aumento do desemprego e o surgimento dos novos movimentos sociais.

Em suma, a plena operação dos processos democráticos depende de uma série de condições. Para Habermas, é fundamental que esferas públicas da sociedade civil possam chegar a consensos normativos através de procedimentos discursivos, que depois prevaleçam na tomada de decisões ao influenciarem esferas públicas mais amplas (como a mídia), o Legislativo, o Judiciário e o Executivo. Para Dahl, é crucial reduzir as desigualdades políticas entre os cidadãos, acreditando que a utilização das telecomunicações possa diminuir as desigualdades cognitivas, enquanto a redução das desigualdades econômicas requer uma democratização nas relações de trabalho. Até aqui, ambos propuseram medidas para fortalecer a operação de esferas públicas democráticas.

No entanto, Dahl (1990) vai além ao propor também que uma massa crítica de cidadãos bem informados (*minipopulus*), suficientemente grande e ativa para ancorar o processo de discussão, pode contribuir para diminuir a defasagem de conhecimentos entre as elites políticas e os cidadãos comuns. Habermas discordaria, ao prever que esse grupo de cidadãos tenderia a se integrar nas estruturas de poder. Para Dahl, o *minipopulus* demonstraria sua representatividade quando publicizasse as diferenças entre o seu julgamento e as opiniões das elites políticas e de outros *minipopulus*. Pode-se avaliar que isso fortaleceria a prática de contraperícias e de audiências públicas, medidas que, para Habermas, poderiam resultar em questionamentos sobre a legitimidade da atuação estatal ou até que esta fosse conferida pela sociedade às agências antitruste. Aliás, as propostas não seriam tão diferentes se Dahl incorporasse certos aportes habermasianos, no sentido de que a vitalidade das esferas públicas tende a fortalecer a reputação de associações que poderiam integrar os *minipopulus* e lhes conferir maior representatividade. Além disso, a proposta de Dahl não se distancia tanto da habermasiana, pois os *minipopulus* teriam um papel complementar ao parlamento, não participando institucionalmente da execução de políticas públicas e não compartilhando do poder estatal.

Proposta de natureza semelhante e complementar é feita por outros autores (que não Dahl) adeptos da democracia deliberativa (Guttmann, 1994). Trata-se de criar instituições e cultivar uma cultura política para promover o envolvimento e a discussão política, requisitos para que haja uma contínua e efetiva prestação de contas (*accountability*) dos governos perante os cidadãos. Tais autores sustentam que, se no mínimo for oferecida a possibilidade de punir ou destituir os *velhacos*, os cidadãos seriam encorajados a deliberar sobre as questões públicas que os afetam. Embora não tenham sido aprofundadas as formas institucionais relativas à prestação de contas, pode-se especular que esferas públicas especializadas (os *minipopulus* de Dahl) seriam instituições que pressionariam os governos a prestar contas. Haveria assim uma mediação de direção oposta à sugestão de Dahl – do governo para os cidadãos –, ambas podendo ser robustecidas por formas que ancorassem a representatividade desses *minipopulus* na vitalidade das associações da sociedade civil.

Não obstante as diferenças, é possível combinar todas as propostas. O fortalecimento das associações da sociedade civil por procedimentos discursivos permite gerar consensos normativos que podem ser compartilhados por um conjunto expressivo dessas associações (proposta de Habermas). Isto facilita sua articulação e, assim, sua legitimidade de pleitear a inserção em fóruns de discussão, ainda mais se, como propôs Dahl, a efetiva articulação entre essas associações puder ser realizada através de *minipopulus* representativos. Uma sociedade civil assim vitalizada poderia lutar pela institucionalização de mecanismos de prestação de contas, a qual não só pode reforçar a articulação entre as associações, como aumentar o acesso dos cidadãos comuns às discussões públicas, reforçando a representatividade dessas associações. Desta forma, estaria operando um círculo virtuoso, realimentando a vinculação entre os cidadãos, as associações e a tomada de decisões públicas, cuja democratização seria então incrementada.

Esferas públicas como esferas de negociação

Em outro sentido, Oliveira (1991) conceitua a esfera pública como fórum de negociação, no qual sujeitos coletivos organizados e órgãos estatais interagem buscando resolver questões públicas. A inserção de tais sujeitos nessa espécie de esfera pública especializada não reflete uma delegação do conjunto dos cidadãos, mas, sim, sua capacidade de serem reconhecidos como portadores de interesses legítimos, tanto pelo Estado como pelos demais sujeitos coletivos. Oliveira não discute como eles poderiam ser representativos do conjunto dos cidadãos, para afastar o risco de corporativismo ou da exclusão de interesses, valores e razões socialmente relevantes.

Tais problemas poderiam ser superados pelas propostas recém-discutidas, que alargariam o espectro dos participantes e de sua representatividade perante os cidadãos. Entretanto, Oliveira trata da negociação de interesses conflitantes, para os quais Habermas não admite uma participação virtuosa das associações da sociedade civil, uma vez que sua proposta visa gerar consensos (não acordos) normativos (excluindo os interesses) através de práticas discursivas (não pela via de negociações). Habermas parte do pressuposto de que o sistema econômico suscita problemas de integração funcional não acessáveis por associações integradas comunicativamente, já que a deliberação discursiva seria altamente custosa devido à complexidade dos problemas que devem ser equacionados rapidamente e à resistência do poder administrativo às demandas normativas daquelas associações.

Conforme exposto, as associações poderiam estar capacitadas a discutir tais questões, através de sua articulação em *minipopulus* e da sistemática obrigação do governo prestar contas. Havendo como assegurar que os *minipopulus* sejam representativos, o problema mais relevante sugerido por Habermas é como garantir que não se constituam em grupos de interesse capazes de manipular as esferas públicas e bloquear a formação de verdadeiros consensos discursivos, restringindo então a vitalidade das associações da sociedade civil.

Discutindo quais atores da sociedade civil têm um papel virtuoso, Habermas diz que a mídia tende a atuar deleteriamente, mas isso pode mudar em momentos de mobilização da sociedade civil, como observado. Destaca a oposição entre os grupos de interesse (GI) e os movimentos sociais, apenas os últimos tidos como virtuosos, pois[11]:

a) constituem sua identidade na ação coletiva, não pelos interesses funcionais como os GI;

b) tematizam conteúdos de interesse geral visando o entendimento, não para vocalizar interesses específicos camuflados como os GI; e

c) reproduzem a esfera pública porque somente nela podem atuar – ao contrário dos GI, que dela fazem um uso parcial e oportunista.

Quando fosse revelada sua fonte de poder social, a argumentação dos grupos de interesse perderia credibilidade e deixaria de exercer

---

[11] Segundo Costa (1995), apoiado em Habermas (1996). O original em alemão data de 1992.

expressiva influência sobre a mídia e o Legislativo, principais canais de formação da agenda política, pois não poderia ser inquestionavelmente considerada como uma expressão do interesse geral dos cidadãos, constituído apenas por seus méritos argumentativos. No entanto, pode-se supor que essa perda de credibilidade poderia não ocorrer se a revelação dos interesses, antes camuflados, não for acompanhada pela demonstração de que esta argumentação estivesse voltada exclusivamente para satisfazer as demandas dos grupos de interesse. Nesse caso, a mobilização das associações da sociedade civil e a reverberação dessa argumentação em diversas esferas públicas poderiam ocorrer de forma a não serem ignoradas pelas empresas da mídia, que necessitam vender seus produtos, e pelos seus jornalistas mais importantes, que precisam zelar por sua reputação, assim como os políticos que dependem das eleições.

No entanto, essa mobilização poderia não ocorrer se os movimentos sociais operassem enquanto organizações estrategicamente voltadas para seus próprios objetivos, contra a resistência de outros atores (Reis, 1994). Ao atuarem na esfera pública apenas para afirmar seus interesses não seriam sempre solidários com ela, esvaziando a esfera pública e sua capacidade de influência. Assim, tais movimentos poderiam ser pautados pelo Estado, que limitaria sua racionalização e reduziria a identificação que os originou. O risco de progressiva transformação em grupos de interesse também ocorreria se as lideranças estivessem voltadas para reproduzir seus poderes.

Esse risco poderia ser superado se os movimentos sociais continuamente se colocassem novos objetivos a alcançar (o que deslocaria o problema para momento posterior) ou, principalmente, se estivessem orientados para a constituição de uma cultura política democrática, difundindo, por exemplo, um discurso de conquista do direito a poder negociar direitos, como teria ocorrido no Brasil a partir da década de 1970 (Paoli, 1992). A propagação desse discurso ensejaria discussões éticas e normativas na opinião pública, evitando a captura dos movimentos sociais pela lógica dos poderes (Estado e mercado) e contribuindo para consolidar as identidades coletivas.

Mais importante ainda: pode-se especular que a consolidação desse discurso facilitaria o mútuo reconhecimento das alteridades entre os diversos interesses parciais, propiciando, assim, uma articulação entre tais movimentos. Isto fortaleceria sua autonomia perante aqueles poderes e sua capacidade de influir politicamente, ao constituir uma solidariedade entre as opiniões emanadas em cada esfera pública. Havendo o reconhecimento entre diversas alteridades, a proposta de cada movimento não poderia contemplar apenas seu interesse particular, pois, para tornar-se hegemônica na esfera pública, necessita postular uma noção de interesse geral, que faça sentido perante o citado discurso dos direitos – por exemplo, remetendo a noções de justiça, igualdade e/ou liberdade. Assim, processos de racionalização comunicativa poderiam assumir grande relevância, não obstante o permanente risco de manipulações por acordos entre interesses. Evitar esse risco parece ser possível pela existência de esferas públicas especializadas (*minipopulus*) e pela sistemática circulação de informações e conhecimentos – incluindo a prestação de contas –, ambas possibilitando aos cidadãos deliberarem autonomamente, incorporando novamente os aportes dos adeptos da democracia deliberativa.

No entanto, é evidente que os debates não podem resultar em opiniões inteiramente livres – o prevalecimento do melhor argumento –, quando os interesses estão envolvidos, uma vez que há limites impostos pelo poder econômico, político e social dos atores participantes, os quais restringem o espectro de soluções públicas factíveis. Dessa forma, a operação de esferas públicas pode resultar, no máximo, no prevalecimento de interesses mais generalizáveis do que os que predominariam em procedimentos menos democráticos, e não de um interesse geral partilhado livremente através de processos discursivos. Entretanto, não é pouco o que se pode ganhar; as negociações podem atenuar as desigualdades econômicas, políticas e sociais entre os cidadãos, através de soluções negociadas que evitem a *livre* operação das forças de mercado, os arranjos *informais* entre o poder econômico e o poder político, a exclusão das *minorias* (mulheres, negros, etc.), entre outras soluções virtuosas. Mais importante ainda é que a difusão dessas negociações incrementa a autonomia deliberativa dos cidadãos e assim o fortalecimento das associações da sociedade civil, tendendo a gerar consensos de conteúdos mais amplos nas esferas públicas, apontando para interesses cada vez mais generalizáveis.

Oliveira (1991) discorre sobre as virtudes da esfera pública democrática, a qual requer que a interdependência entre Estado, sociedade e economia – característica do capitalismo contemporâneo – se desenvolva sob um duplo e simultâneo movimento: que a privatização do público seja acompanhada pela publicização do privado. A segunda parte do movimento constitui a diferença virtuosa. Além de o uso privado das riquezas públicas dever ser de alguma forma pautado por regras públicas, trata-se de fazer com que as relações sociais de âmbito privado se publicizem, se projetem para além das capacidades privadas dos sujeitos coletivos interessados. Os melhores exemplos seriam a regra salarial e o sistema previdenciário. A publicização do privado difere da mera estatização, pois requer que a ação estatal passe por uma esfera pública que funcione através do método democrático, construindo regras e levando em conta as alteridades sociais e a legitimidade dos conflitos. No entanto, as regras públicas asseguram um processo de negociação, não um sentido prévio de justiça ou de igualdade, pois esse processo possibilita a atenuação das diferenças socioeconômicas entre os sujeitos e pode conduzir apenas a um jogo de forças – e não à realização de algum projeto societário – se não houver um parâmetro para o duplo movimento referido acima. Oliveira postula que a igualdade (derivada da proposição socialista) cumpra esse papel.

No entanto, a argumentação de Oliveira (1993) permite supor que o desenvolvimento do movimento de democratização, impulsionado pela sociedade civil, é meritório em si, por permitir a expansão das formas públicas em detrimento das formas meramente estatais. Portanto, pode-se dizer que o desenvolvimento de uma cultura política tende a consolidar a recorrência de processos democráticos e da participação da sociedade civil, resultado que não reflete apenas um jogo de forças. Assim, não se trata exclusivamente de avaliar o conteúdo dos acordos negociados, os quais podem ter significados muito variados no tempo e no espaço de regulação.

A primeira virtualidade do movimento de democratização no Brasil foi constituir o discurso ético como indispensável à prática política, a partir da atuação dos movimentos sociais e da propagação das mensagens pela mídia[12]. Uma segunda virtualidade desenvolveu-se em alguns espaços. Trata-se da capacidade de influenciar a institucionalização das políticas públicas, para evitar que naveguem ao sabor das conjunturas. A terceira virtualidade é a capacidade de influenciar também os rumos do

---

[12] Oliveira refere-se ao "movimento ética na política", formado à época do *impeachment* de Fernando Collor.

desenvolvimento nacional, enquanto a quarta apontaria para um novo projeto societário – atuar sobre o Estado de modo a intervir nas políticas que só ele pode fazer, como a política monetária, por exemplo.

Para discutir concretamente a operação de esferas públicas democráticas, pode-se examinar os acordos firmados na câmara setorial do complexo automotivo, correspondentes à segunda virtualidade – uma maior institucionalização das políticas públicas, embora tais acordos pudessem progressivamente moldar a política econômica (em conjunto com outras câmaras setoriais e temáticas). Oliveira afirma que a citada câmara não teve caráter corporativo porque não se fez às expensas de outros interesses e porque seus resultados não significaram ilhas de prosperidade para os atores participantes, resultados corroborados por estudos sobre essa câmara[13].

Habermas (1996) atribui aos acordos dessa espécie uma natureza bastante inacessível a imperativos legais, demandando que o Estado deva ser capaz de situar o interesse público, e para isso precisa estar ligado a programas legislativos transparentes e controlado por dispositivos que permitam à opinião pública influir. Em tese, condenaria os arranjos ocorridos nas câmaras setoriais, já que o governo e o Legislativo não desempenharam tais funções e as decisões tomadas na câmara não decorreram de amplos debates públicos entre as diferentes visões.

Examinando os acordos, argumentou-se que a redução da carga fiscal permitiria um tal aumento de vendas que o erário acabaria ganhando. Ao mesmo tempo, o compromisso de manter os preços e reduzir a margem de lucro conteria, em certa medida, o poder das grandes montadoras, atendendo aos consumidores e à luta contra a inflação, sem impor perdas aos trabalhadores do setor. Aludiu-se também à multiplicação da atividade econômica, derivada do aumento de vendas (maior produção e emprego nas autopeças e nos serviços de reparação), e à promessa de novos investimentos. Em suma, os argumentos levantados remetem a interesses muito mais amplos do que os das partes envolvidas, e eles poderiam ter sido postos à prova pelos seus méritos, confrontando suas pretensões de validade. Em sua decisão, o governo levou em conta essas considerações, abandonando a pretensão de representar o interesse geral.

---

[13] Para maiores detalhes, vide Arbix (1996) e Cardoso & Comin (1995).

No entanto, pode-se fazer uma série de críticas ao funcionamento da câmara: o poder das montadoras impediu que as empresas de autopeças tivessem espaço para discutir seus interesses específicos; vários órgãos estatais não estavam suficientemente comprometidos com o processo[14]; a questão do ágio praticado sobre os carros novos não foi tratada e as esferas legislativa e judiciária não participaram. A crítica mais relevante remete ao fato de o presidente Itamar Franco ter passado por cima da câmara, ao instituir o programa de isenção fiscal para os carros populares, mas esta decisão não foi considerada meritória pelos analistas e também não compromete as demais análises realizadas.

Entretanto, considerando os benefícios gerados, o ineditismo da experiência e a longa tradição autoritária brasileira, pode-se dizer que a câmara foi exitosa, inclusive porque experiências posteriores poderiam aprimorar tais iniciativas, o que acabou não ocorrendo devido à oposição do governo Fernando Henrique Cardoso. Mais relevante ainda, sua maior virtude foi sinalizar com uma substancial redução da subalternidade política da classe trabalhadora brasileira, fomentando, assim, maior democratização das relações Estado–economia–sociedade.

Parafraseando o que disse Habermas (1996) ao se referir à crise de legitimidade de um poder administrativo auto-referenciado, os aspectos negativos dos acordos não se deveram à sua pouca compatibilidade com a complexidade das questões tratadas, mas, sim, à insuficiente institucionalização dos procedimentos democráticos – no caso, para levar em conta segmentos menos poderosos e barrar a intervenção do presidente. Caso as discussões tivessem incluído outras esferas públicas e os poderes Legislativo e Judiciário, pelo menos parte dos problemas poderia ter sido evitada e a câmara poderia tornar-se ainda mais virtuosa, moldando a política econômica (política industrial e sua articulação com políticas de emprego, por exemplo). A vitalização dos influxos da sociedade civil (proposição habermasiana), a constituição de esferas públicas especializadas (proposta de Dahl) e a instituição de mecanismos de prestação de contas (sugestão da democracia deliberativa) muito poderiam contribuir nesse sentido.

---

[14] Principalmente os bancos estatais de fomento (BNDES e Banco do Brasil) e o Ministério da Fazenda.

Legitimação de políticas antitruste

Anteriormente observamos que os grandes empresários podem agir deleteriamente perante o Estado e as esferas públicas. Detêm eles também maior capacidade de exprimir suas opiniões na cena política, aspecto de grande relevância quando o Estado se defronta com tarefas bastante complexas e tende a praticar um estatismo autoritário, ao tornar a tomada de decisões um processo mais rápido e circunscrito aos órgãos do Executivo.

Essa problemática é ainda mais relevante ao tratarmos das políticas de regulação econômica, que se desenvolveram acentuadamente a partir do segundo pós-guerra devido à conjunção entre as políticas de inspiração keynesiana, o crescimento das empresas e dos investimentos estatais e as políticas de controle do capital privado – preços, tributação e antitruste, por exemplo. A legitimidade das políticas que lidam diretamente com interesses empresariais pode ser questionada de várias maneiras. Há empresas estatais cujo desempenho pode beneficiar menos os cidadãos do que os empresários (quando estes pagam menores preços), enquanto políticas de âmbito setorial nem sempre demonstram os interesses públicos alegadamente atendidos. O debate democrático pode não ocorrer nessas situações, quando as decisões se pautarem por procedimentos informais e critérios imprecisos, justamente o contrário da lógica amplamente juridificada que caracteriza a administração dos direitos sociais.

Tais questões também remetem às políticas antitruste, que não tratam simplesmente de aplicar as leis, porque estas são dotadas de uma flexibilidade que permite diversas interpretações, implicando, portanto, uma decisão política. A política antitruste pode ser entendida tanto como um conjunto de diretrizes derivadas, a partir de aplicações concretas da lei (como nos EUA), quanto como articulação entre tais diretrizes e as políticas públicas. Essa articulação pode estar inscrita em leis específicas, como na União Européia[15], ou pode depender apenas da ação dos governantes, hipótese pouco democrática. Estas leis objetivam defender a concorrência intercapitalista ou reprimir (e prevenir) abusos de poder econômico, processos sobre os quais os estudiosos de organização industrial vêm se debruçando há muito sem conseguir desvendar

---

[15] Há dispositivos articulando as leis antitruste com as políticas de competitividade, de apoio a setores, regiões ou pequenas e médias empresas.

as práticas empresariais, raramente expostas em público (Kwoka & White, 1994). Por essa razão, as políticas antitruste têm dificuldade em estabelecer fronteiras entre os fatos legais e os ilegais, aceitáveis ou inaceitáveis, em termos normativos. Como salientaram Baumol & Ordover (1985): "Nenhuma regra categórica pode abarcar integralmente intenções, antecedentes, circunstâncias e desenvolvimentos subseqüentes, interdependência com ações outras que não aquelas sob consideração imediata, e as inúmeras outras considerações pertinentes".

Pitofsky (1995) acrescenta que: "Um dos problemas que causam perplexidade aos aplicadores da lei antitruste envolve a necessidade de pedir informações sobre uma transação – seja para se opor a ela ou não – de uma só vez, quando os alegados efeitos anticompetitivos ou virtudes compensatórias são altamente incertos".

Aqui focalizaremos apenas uma das dimensões da política antitruste, o tratamento dos atos de concentração (AC), porque:

a) tais atos ocupam a maior parte do tempo de trabalho das agências antitruste – pelo fato do grande aumento no número e no vulto das operações submetidas às agências;

b) a outra dimensão (as infrações à concorrência) não suscita debates quanto ao sentido da política, pois se discute apenas a eficácia investigativa e repressiva das agências;

c) o tratamento dos AC permite discutir outros propósitos atribuíveis à política antitruste. Por exemplo, agir sobre as estruturas de poder econômico e a distribuição de renda e de riqueza, dentre outros potenciais objetivos.

Como raramente se obtêm evidências sobre a prática de ações ilegais, a aplicação da lei depende da avaliação dos prováveis efeitos de uma ação sobre a concorrência, sendo inerentemente instável por depender de interpretação. Portanto, trata-se de questões bastante complexas, um campo no qual o debate tende a ficar restrito a especialistas, de um lado, dificultando a participação de esferas públicas, de outro, tendendo a se pautar por padrões de eficiência e não por padrões normativos.

A dificuldade de avaliar tais efeitos torna-se ainda maior devido à ausência de informações adequadas. Em primeiro lugar, as grandes, empresas organizadas, via de regra, em mercados oligopólicos, possuem grande capacidade de ocultar condutas anticompetitivas e podem coordenar suas ações através de acordos tácitos – uma ou mais empresas liderando reajustes de preços – ou explícitos, de conhecimento restrito aos participantes. Em segundo lugar, a análise antitruste tornou-se mais complexa nos últimos vinte anos, incorporando fatores como barreiras à entrada de empresários nos mercados e alegações de ganhos de eficiência, cuja mensuração é muito difícil, limitando a influência do único conjunto de informações razoavelmente consistente – o nível de concentração e das parcelas de mercado. Portanto, a grande dificuldade de estabelecer padrões de medida faz com que a avaliação torne-se específica para cada caso, podendo, assim, acolher argumentos pouco consistentes.

Em terceiro lugar, as grandes empresas possuem invulgar capacidade de manipular informações, alegando que tais condutas expressam motivações legítimas, como reduzir custos ou aumentar a eficiência. Em quarto lugar, podem manipular os dados contábeis-financeiros, de obrigatória apresentação pública, além do fato de que tais dados se referem ao conjunto de atividades das empresas, sem desagregá-los por produtos ou plantas. Assim, é difícil obter dados sobre o custo de um certo produto, informação crucial para examinar qual margem de lucro está contida no seu preço. Por fim, as empresas podem impor considerável resistência às demandas das agências, alegando tratar-se de informações sigilosas, podendo até ameaçar recorrer ao Judiciário.

A tomada de decisão rápida e circunscrita ao Executivo pode ocorrer mais amiúde quando se lida com questões de largo horizonte temporal ou de natureza preventiva (Habermas, 1996). Demandando complexas avaliações de *experts*, elas requerem prognósticos que as normas legislativas (ou constitucionais) pouco regulam, o que incrementa a discricionariedade da decisão. Embora Habermas vise especialmente aos problemas ambientais, a política antitruste tem natureza semelhante porque sua principal tarefa atualmente é avaliar em que medida os AC tendem a limitar a concorrência futura. Esta avaliação é dificultada especialmente pela insuficiência das informações disponíveis, em face da grande capacidade de as empresas ocultarem suas ações (acordos tácitos) e/ou manipularem informações econômicas. Além disso, as transformações produtivas (inovações na tecnologia e na gestão do trabalho) e a crescente internacionalização e desregulamentação dos mercados (incluindo as privatizações) tornam mais difícil elaborar prognósticos sobre a probabilidade de futuras práticas anticompetitivas. Isso tende a tornar a administração cada vez mais auto-referenciada, agindo normativamente sem legitimidade para tanto.

A política antitruste pode afastar-se ainda mais dos procedimentos democráticos porque lida com interesses poderosos que têm capacidade para resistir aos imperativos legais, fazendo que o governo seja fortemente tentado a buscar acordos com o empresariado; no caso extremo, a ceder às lógicas postuladas por ele. As relações entre o poder econômico e a mídia (esta uma expressão desse poder) tendem a obstruir uma ampla discussão pública, dificultando a compreensão dos cidadãos comuns ao não se contrapor ao saber tecnocrático enunciado por esta política. Isto tende a reforçar o estatismo autoritário, já que a interação com o Legislativo e o Judiciário já é difícil e que o poder econômico tem capacidade de influir sobre – e resistir à – ação estatal.

De outro lado, pode-se dizer que Offe (1984) consideraria que as políticas antitruste seriam incapazes de legitimação. Como se trata de uma política relacionada com a concorrência, situada no cerne da estrutura de dominação capitalista, ela seria incapaz de exprimir ações normativamente orientadas. Aliás, seu discurso de legitimação reforça essa incapacidade, pois se reconhece como negativamente programada, atuando apenas sobre o incremento da concentração do mercado (que decorre dos AC) e se justificando como preventiva porque a ação repressiva (fiscalizar a conduta das empresas) é considerada pouco eficaz. Como a temática antitruste é complexa e trata em boa medida de direitos difusos (basicamente sobre danos aos consumidores, embora em diversos casos as empresas sejam prejudicadas), a obediência dos cidadãos pode ser assegurada pelo seu desinteresse ou desinformação, prescindindo de sanções repressivas. De outro lado, a obediência do empresariado dependeria de expectativas sobre o atendimento dos seus interesses. Assim, as posições de Habermas e Offe convergiriam para a hipótese de que a política antitruste não tende a ser legitimável e prescinde do consentimento ativo dos cidadãos, ao manter-se imune a questionamentos normativos.

Tais complicadores certamente dificultam o questionamento da legitimidade da política antitruste, ainda mais a possibilidade de sua efetiva legitimação junto à sociedade. Não obstante, isto não anula as possibilidades sugeridas para que a operação de esferas públicas possa gerar processos democráticos virtuosos, ao menos para permitir que tais questionamentos possam aflorar e produzir algumas conseqüências críticas.

Na medida em que a aprovação de ACs requerer a observância de determinadas condições, as esferas públicas assumiriam um caráter negociador, buscando alcançar interesses mais generalizáveis, conforme discutido. Apesar do poderio econômico das empresas e da natureza difusa dos direitos a serem promovidos, a mobilização de associações da sociedade civil, facilitada pela formação de *minipopulus* (esferas públicas especializadas) e pela institucionalização de procedimentos de prestação de contas, poderia levar à instituição de fóruns de negociação virtuosos.

Paradoxalmente, as teorias antitruste de extração liberal sugeriram um método de análise que pode viabilizar o questionamento da legitimidade das políticas antitruste. Contrapondo-se às decisões que julgavam ilegais quaisquer restrições à concorrência, independentemente dos seus efeitos, vigentes entre as décadas de 1950 e 1970, tais teorias passaram a postular a adoção da chamada regra da razão (*rule of reason*), pela qual a decisão decorre de um balanceamento do conjunto de análises e informações disponíveis em cada caso, ponderadas segundo as probabilidades de ensejarem condutas pró ou anticompetitivas. As políticas antitruste européias praticam o chamado balanço econômico, que analisa as restrições à concorrência, levando em conta como elas afetam o crescimento da renda e do emprego, a competitividade das empresas e o incentivo à inovação, dentre outras questões (Santos, Gonçalves & Marques, 1999).

Apesar de a ausência de padrões aumentar a probabilidade de equívocos, a adoção da regra da razão e/ou do balanço econômico parece ser adequada por vários motivos. Em primeiro lugar, como se trata de avaliar probabilidades de condutas, a aplicação da lei poderia ser mais eficaz se fizesse vir à tona as diversas racionalidades subjacentes às análises dos fatores relevantes, confrontando suas pretensões de validade e as diferentes naturezas e magnitudes dos objetivos alegados. Exemplificando: uma análise poderia concluir que uma fusão busca simultaneamente aumentar a competitividade e a capacidade de exercer maior poder de mercado; ao incluir outros elementos (como o histórico sobre os preços, sobre entradas e saídas do setor), poderia avaliar então qual dessas forças tenderia a predominar.

Além disso, os princípios genéricos da lei poderiam ser melhor aplicados pelo Judiciário através da análise das citadas racionalidades, cuja compreensão pode aumentar com o prosseguimento dos estudos de organização industrial e de análise antitruste.

Por fim, a regra da razão, em princípio, permite maior participação de entidades da sociedade civil, na medida em que uma análise abrangente poderia facilitar a participação de pessoas que pleiteassem deter informações relevantes, o que aumentaria a possibilidade de incorporação dos diversos sentidos atribuíveis à política antitruste, conforme veremos em seguida. Embora nem todos eles sejam conciliáveis e alguns devam predominar, isso tende a aumentar seu grau de legitimidade e relacioná-los às políticas que certos segmentos sociais gostariam de ver contempladas de forma indireta pela política antitruste.

Em suma, o primeiro e o terceiro argumentos, que apóiam a regra da razão, propiciam uma maior racionalização do processo – ao fazer aflorar as racionalidades empresariais e ao incorporar os novos conhecimentos. O segundo suscita uma participação mais qualificada do Judiciário, enquanto os dois últimos propiciam, respectivamente, maior participação e maior pluralidade de enfoques. Todos abrem espaços para disputas sobre o sentido da política antitruste, tornando-a mais legitimável e mais democrática.

Os sentidos da política antitruste

Mais freqüentemente conhecida como lei de defesa da concorrência, também é denominada como legislação de prevenção e repressão ao abuso de poder econômico, duas definições de sentidos semelhantes – garantir o livre funcionamento do mercado, cuja operação resultaria em bem-estar da sociedade. Tratar-se-ia de assegurar o ambiente através do qual se presume que a economia geraria os maiores benefícios sociais possíveis.

Paradoxalmente, as leis antitruste permitem revelar a natureza eminentemente ideológica desse pressuposto. Como Myrdal (1962) havia salientado, os economistas clássicos (Adam Smith e David Ricardo), inspiradores das teorias econômicas liberais, não enunciaram leis que resultassem do estudo de situações reais, mas sim de condições hipotéticas derivadas teoricamente. Smith advoga o livre mercado com base num estado natural, mas não discute o quanto o mundo real estava afastado das condições ideais, pressupondo que o interesse próprio esclarecido – de produtores e de consumidores racionais – aproximaria a realidade de tais condições. Ricardo dedicou quase toda a vida à questão da distribuição, mas não deu maior atenção à concorrência, aderindo às conclusões de Smith.

A falta de evidência científica sobre a livre concorrência não impediu que os economistas liberais continuassem defendendo as virtudes do mercado não regulado até os dias atuais, abrindo exceção apenas para poucos setores monopolizados. De outro lado, estudos de economia industrial desenvolveram o conceito de oligopólio, estrutura de mercado predominante na economia moderna, na qual o grau de concentração, as barreiras à entrada e as coordenações entre concorrentes demandavam atenção[16]. Desta forma, as transformações nas estruturas de mercado inviabilizaram a continuidade da referência ao conceito de concorrência perfeita, o qual descreve uma economia caracterizada por pluralidade de pequenas empresas na oferta, composta por produtos homogêneos[17], livre entrada e saída de produtores e consumidores e que estes tenham completa informação para fazer suas escolhas. Ficou evidente que o objetivo poderia ser apenas a defesa da concorrência possível (Santos, Gonçalves & Marques, 1999).

As políticas antitruste passaram a incorporar os citados estudos de economia industrial, de forma que as correntes liberais começaram a afirmar que fortes posições de mercado decorrem de maior eficiência, postulando que a ação antitruste era desnecessária quando houvesse algum sinal ou perspectiva de concorrência, os quais estariam expressando um mercado *saudável* (Bork, 1978; Baumol, Bailey & Willig, 1982). Em vez de tentarem provar que o mercado é virtuoso, postulam que cabe aos opositores demonstrar que ele não o é, uma inversão de valores perante o pensamento liberal clássico.

Eliminada a perspectiva de um mercado ideal plausível, o que prevalece inclusive para os adeptos de uma ampla regulação estatal, a legislação antitruste perde a referência que legitimaria a operação do mercado como meio ideal para promover o bem-estar social. Assim, torna-se necessário discutir como e quanto as chamadas *imperfeições* de mercado podem afetar o bem-estar geral, certamente exigindo uma análise caso a caso, mas também implicando noções valorativas gerais sobre esse bem-estar, medindo os efeitos das imperfeições. Enquanto tais noções materializaram-se de diversas formas, no que se refere aos direitos sociais, a regulação do poder econômico não pareceu ter instituído noções valorativas consistentes ou

---

[16] Em Bain (1956) há uma boa síntese a esse respeito.

[17] Que satisfaçam necessidades semelhantes, mas não se diferenciem entre si por marcas, por exemplo.

duráveis. Observando com alguma profundidade a política antitruste dos EUA, não parece ser possível dar uma resposta razoavelmente inequívoca a questões como: qual grau de concorrência é desejável para preservar a liberdade de iniciativa ou para que os consumidores sejam adequadamente beneficiados? Qual a fronteira entre o abuso e o uso legítimo do poder econômico? Isso não quer dizer que não tenha havido políticas antitruste consistentes (como nos EUA[18]), mas, sim, que não instituíram normas que apontassem ou sugerissem implicitamente ideais plausíveis de funcionamento dos mercados e de seus correspondentes benefícios sociais.

Ao não adotar o enfoque exclusivo na defesa da concorrência, cumpre discutir os outros sentidos atribuíveis a essa política. O debate mais intenso versa sobre a articulação da defesa da concorrência com as políticas de competitividade, que defendem o relaxamento da primeira como meio para fomentar maior competitividade externa ou inovação das empresas. Em tese, pode-se postular sete eixos orientadores – alternativos ou complementares – de diversas políticas antitruste plausíveis, quais sejam:

1) *defender ou promover posturas pró-competitivas*: visando aproximar o funcionamento dos mercados da livre concorrência, trata-se de monitorá-lo para evitar ou punir cerceamentos à concorrência, mantendo o pressuposto liberal de que posturas pró-competitivas fazem com que os mercados gerem o maior bem-estar possível[19]. Pressupõe ser possível detectar práticas anticoncorrenciais e sobre elas atuar, considerando que as imperfeições de mercado são localizáveis por serem excepcionais e expressivas;

2) *promover ou garantir a liberdade de iniciativa*: numa linha semelhante, tratar-se-ia de assegurar a liberdade de oportunidade. Reconhecendo que há barreiras à entrada e à viabilidade de unidades econômicas de menor porte, que devem ser removidas ou atenuadas, essa política seria algo intervencionista e estaria sugerindo parâmetros de igualdade, embora apenas em nível das oportunidades;

3) *fomentar ou garantir o bem-estar dos consumidores*: aqui se trataria de fazer o mercado gerar benefícios, medindo a política antitruste por resultados como, por exemplo, menores preços e maior qualidade ou variedade de produtos. Como não bastaria estimular posturas pró-com-

---

[18] Vide capítulo 4, no qual a política dos EUA é discutida.
[19] Isto não é incompatível com uma regulação de mercados monopolistas ou de bens públicos como saúde e habitação.

petitivas, tal política seria muito intervencionista, se reconhecesse a desigualdade de poder entre os produtores e os consumidores. Refletiria, portanto, uma política de desconcentração da renda, mas poderia não atuar sobre a propriedade da riqueza, que tende a concentrar a renda, e não se preocupar com outros efeitos nocivos decorrentes dessa propriedade;

4) *visar uma maior dispersão do poder econômico*: aqui haveria uma preocupação quanto à propriedade da riqueza, buscando um parâmetro mais amplo de igualdade. Por uma política do tipo *small is beautiful*, as empresas teriam o tamanho equivalente em nível de escala mínima eficiente e não teriam poder para excluir concorrentes, ficando assim sob constante pressão competitiva (Mueller, 1996). Seriam obrigadas a gerar ganhos de eficiência e compartilhá-los com os consumidores, já que somente assim poderiam manter suas parcelas de mercado. Se a política antitruste não permitisse que o crescimento das empresas pudesse barrar a expansão dos concorrentes, o círculo virtuoso, em tese, ocorreria indefinidamente. Embora essa proposta dificilmente conseguisse contrariar os interesses estabelecidos, sugere medidas pelas quais a política antitruste pode buscar se aproximar de um funcionamento ideal do mercado.

Se incorporasse os objetivos descritos nos itens anteriores, essa política correria menor risco de entravar o desenvolvimento tecnológico e a geração de benefícios sociais. Em face da comprovada necessidade de economias de escala para certos setores e da tendência à concentração inerente ao capitalismo, os parâmetros de igualdade deveriam ser adequados às especificidades de cada setor. Além disso, como essa política favorável aos pequenos capitais tenderia a provocar maiores flutuações econômicas e quebras de empresas, acentuando o caráter anárquico do capitalismo, haveria necessidade de maior regulação estatal e talvez até a tolerância para com a concentração em certos setores de maior risco.

Cabe comentar que os opositores dessa proposta (Bork, 1978, e Baumol, Bailey & Willig, 1982) argumentam que grandes economias de escala são necessárias para concorrer em vários mercados, mas não fazem alusão a estudos empíricos a esse respeito. É fato que as barreiras à entrada em muitos mercados são elevadas, requerendo que o entrante seja poderoso para poder superá-las, mas então o problema fundamental é a existência dessas barreiras, em boa medida criadas pelas próprias empresas (às vezes com apoio dos governos), e não a falta de condições para superá-las. Nesse sentido, postular que a maior concentração de capitais é necessária significa aceitar a inevitabilidade desses impedimentos à concorrência. Cabe advertir, entretanto, que abrir mão de políticas antitruste vigorosas pode ser necessário em contexto de ampla globalização, se os demais países forem lenientes com a concentração de capitais.

As propostas acima se restringem a propugnar políticas para aperfeiçoar ou corrigir o funcionamento do mercado. Embora parâmetros de igualdade de renda e de riqueza possam orientá-las, não levam em conta que objetivos macroeconômicos e sociais podem ser alcançados de modo mais efetivo se forem adequadamente articulados a políticas antitruste.

5) *apoiar políticas macroeconômicas*: é muito mais provável que uma estrutura de mercado menos concentrada do que estruturas oligopólicas estabilizadas atenda melhor a prioridades como o crescimento econômico e o aumento de exportações, do nível de emprego e das inovações. Quanto maior a pressão concorrencial, maior deve ser o impulso ao investimento, à inovação e às vendas externas, devido à necessidade de se buscar conquistar parcelas de mercado. Ao contrário, as condutas prevalecentes nas estruturas oligopolistas tendem a moderar aqueles impulsos, ensejam a criação de barreiras à entrada (como aquisições de concorrentes) e uma diversificação de produtos mais assentada em gastos de propaganda e menos em reais inovações (já que estas implicam desvalorização do capital).

A política antitruste poderia ser ainda mais útil em países como o Brasil, se evitasse que coubesse somente à âncora cambial o combate à inflação (como no período 1994-1999), permitindo liberar o câmbio e assim ter contas externas mais favoráveis, logo menores juros, devido à menor necessidade de atrair recursos financeiros para cobrir o déficit externo, melhorando, assim, as contas públicas.

6) *apoiar políticas sociais*: há objetivos sociais relevantes que a política antitruste influencia. O poderio econômico dos grandes capitais afeta a distribuição de renda não só quanto aos consumidores, mas também quanto aos pequenos capitais (limita sua iniciativa e comprime lucros) e aos trabalhadores (tende a diminuir o volume dos empregos, logo o poder de barganha sindical). Afeta também os contribuintes e os beneficiários dos gastos públicos, pois o poder econômico pode pressionar visando reduzir a carga fiscal, pelo fato de que a atividade econômica e seus desdobramentos (emprego, gasto público, condições externas etc.) ficam muito concentrados em poucas empresas, das quais o êxito de quaisquer políticas torna-se cada vez mais dependente. A guerra fiscal entre os estados brasileiros é um exemplo desses malefícios.

7) *lutar contra a captura do sistema político pelo poder econômico*: os efeitos deletérios do poder econômico sobre o sistema político são muito abrangentes, em face das tendências de conexão entre as duas órbitas de poder – diversas formas de *lobby*, de corrupção ou de financiamento das campanhas políticas. Somente fortíssimas restrições legais, apoiadas em sólidas instituições públicas permeáveis à participação da sociedade civil, poderiam evitar que os membros da classe política usassem seus poderes para melhorar sua situação econômica através de benefícios concedidos ao grande capital, cuja capacidade de retribuição tem sido muito incrementada nesses tempos de elevada concentração entre empresas (fusões e aquisições).

Em suma, a política antitruste poderia ter um significado muito mais abrangente do que meramente defender a concorrência. Ela poderia deixar de ser apenas reparadora das *imperfeições* do mercado para buscar limitar o poder econômico, autorizando-o apenas quando ele for necessário para alcançar objetivos públicos determinados democraticamente pela sociedade.

Considerações finais

Conforme vimos na seção "Conceitos de legitimação", a combinação das contribuições de Offe e de Habermas sugere que as atuais sociedades capitalistas revelam déficits de legitimidade, mas eles podem não produzir conseqüências críticas se não houver questionamento a governos que se assumem como negativamente programados (Offe) ou pautados apenas por padrões de eficiência (Habermas). Ambos sugerem que somente a mobilização da sociedade civil poderia levar a uma efetiva crise de legitimidade, suscitando discutir como as esferas públicas poderiam ensejar tal mobilização.

A seção "O desenvolvimento de esferas públicas" mostrou haver vários óbices ao desenvolvimento de esferas públicas democráticas – desigualdades econômicas, atuação da mídia, o estatismo autoritário, o prevalecimento do saber tecnocrático, a atuação dos grupos de interesse e as ações deletérias do poder econômico. Combinando as contribuições de Habermas, de Dahl e da democracia deliberativa, é possível articular uma circularidade virtuosa através da interação entre vitalizadas associações da sociedade civil, atuação dos *minipopulus* (esferas públicas especializadas) e procedimentos de prestação de contas. Vinculando os cidadãos, essas associações e a tomada de decisões públicas, os citados óbices poderiam ser atenuados.

A seção "Esferas públicas como esferas de negociação" revelou que esta articulação poderia ser virtuosa inclusive para esferas de negociação, embora sob maior risco de grupos de interesse levarem a decisões corporativistas e/ou à exclusão de interesses ou razões relevantes. Apesar de tais esferas poderem chegar apenas a interesses mais generalizáveis, argumentou-se que isto poderia revelar virtudes consideráveis.

Quanto às questões antitruste (seção "Legitimação de políticas antitruste"), argumentou-se que os óbices à operação de esferas públicas são maiores do que os até aqui observados, principalmente devido à maior capacidade de o poder econômico manifestar suas opiniões, reforçar o estatismo autoritário e articular-se com a mídia, até porque o saber tecnocrático é mais relevante e porque não se dispõe de informações adequadas. As posições de Habermas e de Offe sugeriram poucas possibilidades para questionamentos de legitimidade. No entanto, ainda assim, a circularidade virtuosa discutida na seção "O desenvolvimento de esferas públicas" poderia vir a operar, apesar de tratar-se de esferas de negociação, de interesses difusos e de se lidar com poderios econômicos consideráveis. A regra da razão, como método de análise e de decisão, poderia ser virtuosa, inclusive levando em conta os diversos sentidos atribuíveis à política antitruste, que extrapolariam a defesa da concorrência e se articulariam a outras políticas (conforme o item "Os sentidos da política antitruste).

Para investigar os processos de legitimação, partiu-se de duas definições de Offe sobre as crises de legitimação. De um lado, mudanças autônomas de normas e critérios de validade podem fazer com que os cidadãos não mais aceitem o exercício do poder estatal segundo suas modalidades ou resultados habituais, por passarem a ter critérios mais exigentes de legitimação. Alternativamente, a crise pode exprimir maior vulnerabilidade a dúvidas de legitimação na medida em que, atuando de forma diferente da habitual, as agências tenham maior dificuldade em contornar a necessidade de comprovar a existência de mudanças autônomas das normas, de modelos de interpretação e de concepções de justiça. Como a legislação antitruste e sua aplicação passaram por mudanças substanciais no Brasil a partir de 1994, ambas as hipóteses poderiam ter sido verificadas.

Cabe atentar ainda que o processo de legitimação tem uma dupla direção. Os cidadãos podem questionar a legitimidade da atuação das agências e/ou estas podem conquistar legitimidade ou evitar seu questionamento através de práticas ou discursos de justificação. O capítulo 2 discute as motivações e orientações das leis, partindo das suas origens para avaliar quais processos de legitimação ocorreram ou poderiam ocorrer nos dias atuais.

2

MOTIVAÇÕES E ORIENTAÇÕES LEGAIS

Motivações das leis

1. Um histórico dos EUA
Fox e Sullivan (1991) localizaram no surgimento dos *trusts* em fins do século XIX uma das principais motivações para o aparecimento da legislação antitruste nos EUA. O elevado crescimento econômico após a guerra civil, com aumento da urbanização, levou a uma grande proliferação de empresas, o que resultou num excesso de capacidade produtiva, acarretando intensa competição em preços. Os primeiros acordos para reduzir tal competição não deram certo porque novas empresas surgiam de fora dos cartéis e porque membros destes entravam em mercados não cobertos pelos acordos. Os *trusts* foram criados na década de 1880 para assegurar plena cooperação entre empresas, instituindo uma centralizadora (*trust*) que controlava acionariamente as demais. A reação ao surgimento dos *trusts* foi bastante negativa, impulsionada pelos protestos de agricultores (contra os abusos das estradas de ferro), de trabalhadores e de pequenos empresários. Em decorrência, os dois partidos (democrata e republicano) incluíram plataformas antitruste na campanha eleitoral de 1888, levando à edição do Sherman Act em 1890.

O Congresso norte-americano não tentou especificar padrões detalhados para a análise antitruste em linguagem estatutária, mas por duas vezes esforçou-se em emendar a legislação vigente (Correia, 1991). A primeira pela edição do Clayton Act de 1914 (e a criação da Federal

Trade Comission – FTC, do Departamento de Justiça), uma resposta para as fraquezas percebidas no Sherman Act, especialmente porque a Suprema Corte teria estabelecido um amplo teste de razoabilidade para todas as restrições ao comércio (no caso Standard Oil, de 1911). A legislação não foi aplicada durante a Grande Depressão dos anos 1930, já que o Congresso e as cortes encorajaram a cooperação na fixação de preços, visando à recuperação econômica.

No entanto, o presidente Franklin Roosevelt enfrentava, em 1937, o início de uma recessão e resolveu abandonar a política de cartelização vigente, ao nomear Thurman Arnold como chefe da Divisão Antitruste (DA) (Mueller, 1992b). Arnold fez um amplo estudo da indústria e conseguiu substancial aumento das dotações. Prometendo incrementar o poder de compra dos consumidores, Arnold dramatizou as questões e manipulou símbolos para obter maior apoio popular. Logrou alcançá-lo utilizando-se de discursos, indiciamentos criminais[1], investigações massivas e alusão aos resultados esperados (redução de preços). A objetividade de prometer resultados sujeitos à comprovação parece ser a forma mais direta de granjear a legitimidade da população, podendo resultar na consolidação de valores orientadores da política antitruste. No entanto, discursos emocionais, manipuladores de símbolos, podem ter significado uma adesão não racional àqueles valores, talvez conformando uma legitimação de tipo carismático que se esvairia com a saída de Arnold, que deixou a DA, em 1943, quando voltou a predominar nela a idéia de uma economia planejada, agora devido ao esforço de guerra, com o poder retornando àqueles que o desfrutavam na época da cartelização.

O Congresso passou a atuar através do Celler-Kefauver Act (1950), uma reação às fraquezas do Clayton Act[2] e à continuidade da insatisfação com as interpretações da Suprema Corte quanto ao Sherman Act. O Congresso parece ter logrado êxito, pois a Corte condenou atos de concentração entre empresas com pequenas parcelas de mercado e diminuta demonstração de seus malefícios[3]. Embora em meados dos anos

---

[1] Houve cerca de 180 processos entre 1939 e 1941, representando metade de todos os abertos sob o Sherman Act.

[2] O ato tornou efetivo o controle sobre os ACs, pois as leis só proibiam as transações com ações, não com ativos.

[3] Os casos Brown Shoe, em 1962, e a Von's Grocery, em 1966, nos quais tais parcelas combinadas não chegavam a 10%.

1970 a Suprema Corte tenha tomado uma decisão diferente no caso United/General Dynamics, não parece que mudou de interpretação, pois sustentou não haver abandonado o princípio de condenar até mesmo pequenos incrementos no grau de concentração – aprovou o caso porque a oferta de carvão (o mercado relevante) era um recurso exaurível, do qual a empresa adquirida não possuía mais reservas. Como sobre este caso foi assentada a hipótese de que a Suprema Corte teria adotado uma orientação permissiva perante os Atos de Concentração (ACs), não há evidência clara de que tenha contrariado a orientação emanada pelo Congresso.

Assim, exceto pela permissividade assumida nos anos 1930 e recentemente nos anos 1980 (era Reagan), os diversos estatutos foram harmonizados em uma política antitruste relativamente coerente. O paradigma alta concentração/reduzida competição orientou a política antitruste até os anos 1980, embora até os anos 1940 não fosse uma hipótese a ser testada empiricamente e, sim, um consenso político refletido na lei (Fox & Sullivan, 1991). Focava a manutenção do processo competitivo, com as Cortes pautadas pela promoção da diversidade, oportunidade e acesso dos agentes menos estabelecidos. Assumia-se também que essa dinâmica levaria à queda de preços e à promoção dos interesses dos consumidores.

As ações de Arnold, a edição do Celler-Kefauver Act em 1950 e o grande número de queixas privadas feitas no pós-guerra permitem avaliar que a política antitruste estava sedimentada na sociedade, pelo menos junto às pequenas empresas[4]. No fim dos anos 1960, a FTC tentou levar ao limite as implicações desse paradigma ao propor a desconcentração industrial em setores altamente concentrados, mas não conseguiu provar para a Corte que o setor era anticompetitivo, ou seja, que os preços estavam situados em patamares muito superiores aos custos de produção.

Por outro lado, a Escola de Chicago afirmou que não houve qualquer apoio, na historiografia legislativa da lei, para mandatos políticos amplos ou para preocupações com questões distributivas (Bork, 1978), mas não fundamenta sua posição de que os autores da Lei Sherman buscavam fomentar a eficiência produtiva (menores custos).

---

[4] Lande (1996) e Mueller (1994) elaboram conclusões que reforçam esse ponto de vista.

Para Salgado (1996), como não há parâmetros objetivos e estáticos orientando a aplicação da lei, as avaliações sobre os comportamentos anticompetitivos dependeram fundamentalmente das crenças e conhecimentos dominantes em cada época, assim como das convicções individuais dos juízes. Se essa conclusão fosse válida, a Escola de Chicago (Robert Bork) e Lande não teriam despendido tanta energia para tentar determinar quais eram os propósitos fundamentais das legislações antitruste em sua origem. As diversas correntes antitruste buscam se afirmar recorrendo ao momento de aprovação da lei, reconhecendo sua legitimidade; logo, do processo político da qual resultou. Desta forma, há uma disputa sobre quais valores da sociedade deveriam orientar a política, buscando apoio em noções de justiça que estariam presentes na vida econômica e social dos EUA. Assim, não é de se espantar que a política antitruste tenha sido fundamentalmente hostil ao poder econômico por noventa anos (1890-1980), já que esse parece ter sido o espírito das leis, do Congresso e dos debates públicos à época da edição das leis.

2. A nova lei brasileira

Trata-se de observar o teor das motivações e dos debates acerca do projeto de lei, ocorridos entre abril/1993 a junho/1994[5]. O governo Itamar Franco enviou o Projeto de Lei nº 3.712/93 à Câmara dos Deputados em abril de 1993. Na exposição de motivos do ministro da Justiça Maurício Corrêa a motivação para propor uma nova lei antitruste foi atribuída em parte à necessidade de reconceituar as infrações à ordem econômica. Era preciso que o aumento arbitrário dos preços tivesse uma satisfatória configuração legal, uma vez que a elevada inflação suscitava um tratamento direto. A outra motivação relevante era aumentar a eficácia da aplicação da lei, para alcançar maior rigor – a criação da procuradoria do Cade e a não revisão das decisões do órgão em âmbito de governo – e maior agilidade – redefinição das funções do Cade e da SDE e a criação do Termo de Compromisso de Cessação (TCC), que dá oportunidade para os infratores desistirem da prática ilegal.

Embora não houvesse a perspectiva de implementar um plano antiinflacionário, é evidente que sua principal motivação era apoiar o

---

[5] Esta seção utilizou as informações contidas no *Diário Oficial do Congresso Nacional (DOFC)*, entre os referidos meses.

combate à inflação. A segunda motivação – aumentar a eficácia na aplicação da lei – está subordinada à primeira, revelando haver consciência das inúmeras pressões a serem superadas para que a lei fosse devidamente aplicada. Corrêa diz que as empresas sempre recorriam ao Judiciário e isso acabava frustrando as punições, pela incapacidade de o Cade ganhar as causas. Nesse sentido, a impossibilidade de recurso a outro nível de governo visava dar autonomia ao órgão. Atenuando o rigor sugerido, a criação do TCC permitia evitar a imputação de penas, facilitando que a lei fosse aplicada de forma menos repressiva.

Quando o projeto vai à votação na Câmara (junho/1994), transformado em substitutivo elaborado pelos deputados Fábio Feldmann (PSDB) e José Carlos Aleluia (PFL), o Plano Real já estava sendo implementado (fase da Unidade de Referência e Valor – URV) e o pedido de urgência para a votação do projeto, embora necessário porque os prazos estavam esgotados, suscita uma relação direta entre a lei e o êxito do plano. Apesar de o então senador Maurício Corrêa dizer que a lei não tinha o escopo primacial de defender o plano, afirma que o núcleo da questão é coibir o aumento arbitrário de preços, para combater a cultura brasileira da inflação – aumentar preços sempre que o governo tenta combater a inflação. Assim, fica patente a conexão com o Plano Real. Embora a lei não previsse que os preços seriam controlados, esta hipótese tornava-se provável porque a lei previa que um aumento de preços não seria considerado arbitrário se ele fosse justificado por diversas motivações, a saber: variação dos custos, melhoria da qualidade, preços praticados em mercados similares, diferença perante a mercadoria antes produzida ou por não revelar concertação entre as empresas.

A grande maioria das manifestações sobre as motivações da lei estava ligada à sua maior capacidade de atuar sobre os preços, articulando-se com o êxito do Plano Real, incluindo as declarações dos deputados Israel Pinheiro, Nelson Trad, Gastone Righi, Luís Eduardo Magalhães, José Carlos Aleluia, João Teixeira, Luís Salomão e dos senadores Marco Antônio Maciel e Josaphat Marinho[6]. Righi e Magalhães votam a favor por causa do Plano, mas discordam da sua orientação intervencionista

---

[6] Respectivamente, os três primeiros deputados eram do PTB, os dois seguintes do PFL – como os dois senadores – e os dois últimos deputados eram do PL e do PDT.

sobre o mercado. Como nenhum dos partidos citados (exceto o PDT) estava alinhado com alguma forma de regulação de preços, fica patente que se tratava de um apoio político ao governo e não de uma legitimação ao mérito do projeto.

Poucos políticos não abordaram a lei apenas quanto às suas implicações políticas imediatas. O deputado José Fortunati (PT) critica o governo precisamente por ele ter restringido a lei ao controle de preços, argumentando que o abuso do poder econômico requeria uma lei mais contundente. Somente Feldmann contrapôs-se a essa posição, dizendo que a lei era fundamental não apenas para o sucesso do Plano Real, mas também porque colocava o país no Primeiro Mundo quanto ao controle do abuso do poder econômico. Roberto França (PSDB) esperava que a lei motivasse os consumidores a denunciar abusos e Nelson Marquezelli (PTB) acreditava que a lei poderia ajudar a proteger a indústria nacional, devido à abertura do mercado. O argumento de Feldmann não justifica porque era preciso imitar os países do Primeiro Mundo, enquanto a posição de Marquezelli não faz sentido, pois a proteção da indústria nacional está ligada às leis *antidumping*. Fortunati e França mostram preocupações mais consistentes, mas o primeiro não diz o que pretende e o segundo não é claro, pois os direitos do consumidor estão contemplados em outra lei.

A única oposição de cunho conservador foi do PPR, cujo líder, Marcelino Romano Machado, manifestou contrariedade política e não ideológica ao projeto. Disse que o projeto tinha um caráter demagógico, já que o governo não havia feito nada até então, apesar de dispor de uma lei ainda mais forte (Lei Delegada nº 4). As motivações seriam eleitoreiras, sugerindo que haveria a presença de fiscais nas ruas e o indiciamento de comerciantes, como no Plano Cruzado, de forma que a ação não seria efetiva e só interessaria aos partidos que participavam do governo Itamar. As observações de Machado revelam preocupações pertinentes, considerando os fatos acima. Ele ainda poderia ter argumentado que outra motivação relevante poderia ser a obtenção de instrumentos legais para acenar com prejuízos para as empresas, visando facilitar posteriores acordos, método consagrado na história política do país[7]. Estas considerações tornavam pouco plausível crer na alegada

---

[7] Há diversos relatos de que o CIP e a Sunab atuavam de maneira parecida.

intenção de aplicar com rigor uma política de repressão ao abuso de poder econômico.

O tema da divisão de poderes entre o Cade e a Secretaria de Desenvolvimento Econômico (SDE)[8] galvanizou considerável atenção dos parlamentares. A exposição de motivos do ministro Maurício Corrêa (abril/1993) continha a impossibilidade de recurso das decisões do Cade em âmbito administrativo, sugerindo uma certa autonomia perante o governo. No entanto, o projeto do governo concedia muitos poderes à SDE – formular a política de concorrência, fiscalizar permanentemente os setores monopolizados, ou oligopolizados, examinar os atos de concentração e responder a consultas, de fato submetendo a política antitruste ao governo. O substitutivo de Feldmann e Aleluia atenuou o comando da SDE e transferiu esses poderes ao Cade. Houve ainda outras manifestações visando diminuir o poder da SDE, incluindo até sua eliminação – de parlamentares petistas[9]– ou sua substituição por um órgão menos vinculado ao governo – Marquezelli propôs criar a Inspetoria de Defesa Econômica (IDE), subordinada ao Cade, embora estabelecendo que seu titular teria mandato.

Nota-se que os parlamentares petistas não atentaram para o problema de reunir em um órgão os poderes de instruir e de julgar os processos, questão contemplada indiretamente por Feldmann e por Marquezelli – este através de uma inovação que mantém a separação de poderes e os torna em princípio mais independentes do governo. Mais relevante: essa discussão não foi articulada com o período de mandato dos conselheiros, cuja redução para dois anos, proposta por Feldmann, constitui um óbice à autonomia do Cade[10]. A proposta de Marquezelli não esclareceu se apenas um único órgão aplicaria a lei e não discorreu sobre a profissionalização da IDE, para limitar a influência política na instrução dos processos.

Portanto, as discussões não abrangeram o conjunto de condições pertinentes quanto à autonomia do Cade, deixando de articulá-la com outras questões relevantes, como a manutenção da separação de pode-

---

[8] Secretaria de Direito Econômico, vinculada ao Ministério da Justiça.
[9] Dos deputados Aloísio Mercadante e Wladimir Palmeira e do senador Eduardo Suplicy.
[10] Para mais detalhes, vide capítulo 3, item 2 da seção "Autonomia perante o governo".

res e a fixação de mandatos que pudessem tornar os conselheiros independentes diante dos interesses do governo ou do poder econômico. Devido aos interesses do governo Itamar, à inexperiência brasileira na formulação de novas instituições públicas e ao ceticismo quanto a sugestões inovadoras, não foi surpreendente que o pragmatismo tivesse prevalecido. Todavia, não se ter atentado suficientemente para os problemas citados revela a escassa discussão dos méritos do projeto. A estrutura institucional parecia contraproducente quanto à agilidade das decisões, o que de fato ocorreu, embora não tenha sido o fator determinante para comprometer a autonomia do Cade[11].

Por outro lado, Hélio Rosas (PMDB) avaliou haver risco de a autonomia do Cade transformá-lo num monstrengo, pois a exigência de submeter os nomes dos conselheiros à aprovação do Senado não seria suficiente, porque o governo, em tendo maioria, poderia conseguir nomear quem quisesse, visto que a recusa do Senado geraria um impasse institucional, uma vez que o parlamento não pode indicar nomes. Feldmann diz que a indicação da Presidência da República e a aprovação pelo Senado afastariam esse risco, mas não diz como a garantia da indicação de pessoas qualificadas seria suficiente.

Quando o projeto chega ao Senado, a justificativa do relator João Rocha (PFL) para recusar a proposta de Suplicy – extinguir a SDE – apóia-se no fato de que a existência de dois órgãos garantiria o direito absoluto de defesa de qualquer cidadão, tornando patente que não só não se desejava eliminar o potencial conflito intra-estatal, como também não se desejava preservar a autonomia de decisão do Cade perante os interesses do governo.

Quanto à composição e ao tempo de mandato dos conselheiros do Cade, o projeto de lei estabelecia que a Presidência da República indicaria cinco conselheiros (incluindo o presidente do órgão) para mandatos de quatro anos, sem a possibilidade de recondução. Cabe ressaltar que a exposição de motivos do ministro Maurício Corrêa (de 1993) não tratou desta questão. Os parlamentares discutiram especialmente a composição do Cade. O deputado Gradella (PSTU) propôs sete conselheiros – quatro deles indicados pelas centrais sindicais, um pela Ordem dos Advogados do Brasil (OAB), um pelo Procon (Fundação de

---

[11] Vide capítulo 3, seção "Autonomia perante o governo".

Proteção e Defesa do Consumidor) e um pelas entidades empresariais. O deputado Alckmin (PSDB) sugeriu que os mandatos dos quatro conselheiros (exceto o presidente) tivessem duração diferenciada[12], para não paralisar o órgão na época das indicações e evitar a perda de memória sobre a sua atuação.

A predominância dos trabalhadores e a ausência de indicações do governo são sem dúvida descabidas, mas, ainda assim, a proposta de Gradella é relevante porque sugere a presença de representantes dos grandes interesses econômicos – trabalhadores e empresários –, de representantes de entidades profissionais (OAB) e de entidades ligadas aos consumidores. De outro lado, a proposta de Alckmin nem sequer postula a participação da sociedade e não leva em conta que os mandatos diferenciados poderiam suscitar posturas individualistas e uma hierarquia de poder entre os conselheiros, comprometendo a autonomia do órgão e possibilitando a formulação de uma orientação comum para a política antitruste.

O substitutivo de Feldmann e Aleluia mudou completamente o projeto de lei, pois sugeriu sete conselheiros com mandatos de dois anos, podendo haver uma recondução, na primeira composição subseqüente à aprovação da nova lei, a metade dos seis conselheiros (exceto o presidente) teria mandato de um ano, a outra metade de dois anos. Não houve qualquer justificativa para que o tempo dos mandatos tenha caído à metade. Como o projeto era do interesse do governo, como na formulação do substitutivo participou um deputado conservador – Aleluia (PFL) – e como este salientou que expressava um entendimento entre os partidos, é possível supor que a mudança nas regras dos mandatos visava contrabalançar o maior poder concedido ao Cade nessa proposta, garantindo ao governo uma acentuada capacidade de influência.

Apesar desse entendimento, o deputado Rosas (PMDB) sugeriu que a composição do Cade fosse estabelecida por uma lista sêxtupla – que contivesse representantes de sindicatos ou de associações profissionais (economistas, advogados e contadores) – da qual seriam selecionados quatro nomes, para haver democratização no processo e maior probabilidade de

---

[12] De quatro, três, dois e um ano, para resultar na renovação de um quarto do Conselho a cada ano.

escolha de pessoas de reputação ilibada. O senador Suplicy sugeriu que o mandato tivesse quatro anos e o Cade duas câmaras de conselheiros, cada uma composta por três pessoas escolhidas a partir de listas sêxtuplas – uma com indicação de associações de defesa dos consumidores (que o conselho superior da Magistratura reduziria a uma lista tripla) e outra com indicação dos conselhos federais da OAB ou dos economistas.

Nota-se que as propostas de Gradella, de Rosas e de Suplicy sugerem a inserção de entidades profissionais e de segmentos da sociedade civil, mas não discutem que representatividade elas teriam enquanto intérpretes dos anseios da sociedade, deixando de abordar, ainda, quais seriam os principais segmentos que poderiam trazer a público os danos que a lei visava coibir. Causou espécie que Suplicy aludisse aos consumidores, mas não tenha mencionado entidades de empresários ou de trabalhadores, além de excluir indicações do governo. Além dos consumidores, cujos interesses não requerem maior discussão, os empresários também podem ser vítimas do abuso de poder econômico, especialmente os de menor porte, assim como os trabalhadores, pois maior concentração econômica reduz o mercado de trabalho e o poder de negociação sindical. Aliás, o governo tem direito de praticar políticas econômicas, as quais podem demandar articulações relevantes com o grau de concorrência dos mercados.

O projeto de lei basicamente referendava as infrações contidas nas Leis nº 8.158/91 e 4.137/62, incluindo tratamento mais detalhado quanto ao aumento abusivo de preços, sendo que esta questão não suscitou debates no Congresso. Por outro lado, as propostas sobre o valor das multas são exageradas, permitindo acentuada discricionariedade aos órgãos, inclusive por não as estipularem de acordo com os níveis de gravidade das infrações. Ressalte-se que o nível mínimo sugerido pelo PT[13] equivaleria aos lucros obtidos em dois anos e meio por uma empresa cuja margem líquida (lucro líquido dividido pelo faturamento) fosse de dez por cento ao ano – margem que não é pequena[14]. Surpreendentemente, o substitutivo de Feldmann segue esta linha e contraria o projeto de lei, pois as

---

[13] Os deputados Mercadante e Palmeira propunham que as multas variassem de 25 a 50% do faturamento.

[14] Como o faturamento em geral supera o patrimônio líquido, sobre o qual se calcula a taxa de lucro, uma margem de 10% expressaria uma alta rentabilidade (20%), na hipótese plausível de o faturamento representar o dobro do patrimônio.

multas variavam de 50 mil a 5 milhões de Ufirs (Unidade Fiscal de Referência, aproximadamente o mesmo valor em reais), apesar de o nível mínimo ser bastante menor.

Uma grande inovação do substitutivo foi mudar o tratamento relativo aos ACs, e nenhum parlamentar a comentou. Não houve substancial alteração nas condições pelas quais os ACs poderiam ser aprovados, mas foi criado o Termo de Compromisso de Desempenho (TCD), pelo qual o Cade monitoraria o cumprimento dessas condições. Isso representa um avanço, embora permita que o Cade atue com maior discricionariedade.

Cabe comentar que o projeto ficou parado na Câmara entre setembro de 1993 e março de 1994, pendente de pareceres de comissões cujos relatores reformularam amplamente o projeto original[15]. Ele foi votado em junho, com os deputados Fortunati, Salomão e Rosas reclamando da pressa, sendo que o projeto não tramitou sequer uma semana no Senado. Como pediu Rosas, não resta dúvida que era necessário realizar audiências e ouvir especialistas, já que se tratava de uma matéria complexa a que poucos estavam familiarizados, haja vista as manifestações dos parlamentares. A tramitação acelerada não se justifica porque a lei não deveria visar apenas apoiar o Plano Real – razão de tanta pressa. Pelo exposto, não se pode de forma alguma dizer que a lei teve uma gênese democrática, quer quanto ao diálogo racional no parlamento e entre ele e o governo, quer quanto à participação da sociedade civil.

Orientações das normas legais

1. Jurisprudência e diretrizes dos EUA

A redação do Clayton Act questiona as transações que "possam ser essencialmente para reduzir a concorrência ou para tender a criar um monopólio", sugerindo que qualquer probabilidade de reduzir substancialmente o grau de competição deve ser questionada. No entanto, é evidente que o advérbio *substancialmente* ou a expressão *probabilidade de criar um monopólio* são termos imprecisos que podem gerar as mais diversas interpretações. Como será visto adiante, somente as diretrizes para fusões, elaboradas

---

[15] Da Comissão de Economia, Indústria e Comércio (CEIC), relator José Carlos Aleluia, e da Comissão de Direitos do Consumidor, de Meio Ambiente e de Minorias (CDCMAM), relator Fábio Feldmann.

pelas agências, foram objeto de mudanças ao longo do século. Cabe observar como o Congresso e a Suprema Corte atuaram a partir dos anos 1980, quando as agências passaram a autorizar praticamente todos os ACs, não obstante imporem condições para os mais preocupantes.

O Congresso não respaldou quaisquer das iniciativas permissivas de Reagan, como a mudança da Seção 7 do Clayton Act ou a diminuição dos valores das indenizações requeríveis pelas empresas prejudicadas por práticas anticompetitivas, entre outras iniciativas (Pitofsky, 1991). Assim, o Congresso não autorizou o governo Reagan a praticar uma política permissiva, cuja efetividade, portanto, prescinde de legitimidade, da qual também podem carecer as políticas dos governos Bush e Clinton, já que não houve mudanças nas leis.

Pitofsky argumenta que a Suprema Corte atuou cautelosamente, pois geralmente rejeitou os argumentos mais radicalmente permissivos do governo nos anos 1980. Rejeitou que agentes privados não pudessem questionar ACs – embora reconhecesse que pudessem atuar abusivamente –, recusou o abandono da regra *per se* (ilegalidade independe dos efeitos da prática) para fixação vertical de preço – mas a definiu de forma mais rigorosa[16] –, manteve a regra *per se* em casos de venda casada – embora tenha exigido prova de substancial poder econômico –, e se manteve basicamente a favor da regra *per se* para recusa de venda, mas exigindo que os casos revelassem um boicote destinado a apoiar um cartel. Manteve-se a favor da regra *per se* para fixação de preços, opondo-se também à recusa de venda e ao boicote que não apresentassem justificativas convincentes.

Susman (1991) postula que as decisões tomadas pela Suprema Corte a partir de meados dos anos 1970 teriam significado uma adesão às teses da Escola de Chicago, mas não alude a decisões relativas a ACs, para os quais não parece ter havido mudança substancial, pois Pitofsky, como *chairman* da FTC, criticou as decisões da Suprema Corte, por levarem as eficiências em consideração apenas em casos envolvendo condutas ou restrições verticais não relativas a preço, embora continuasse considerando-as irrelevantes quanto aos ACs[17].

---

[16] Sobre quais arranjos qualificariam uma tal fixação como ilegal.

[17] A Suprema Corte remete aos casos Brown Shoe, 1962, e Procter & Gamble, 1967, mais rigorosos quanto aos ACs.

Entretanto, Mueller (1996) respalda a posição de Susman ao dizer que o contra-ataque das grandes empresas diante da política antitruste vigorosa tornou-se mais forte a partir de 1976, através de um movimento liderado pela Escola de Chicago, que vem realizando seminários econômicos dirigidos a juízes federais, uma vez que estes têm a última palavra na política antitruste e são em número pequeno (cerca de mil). Até 1996, participaram desses seminários cerca de dois terços desses juízes, que permaneciam duas semanas na Flórida com tudo pago. Mueller avalia que o movimento obteve êxito, já que os juízes legalizaram ACs anticoncorrenciais e práticas de monopolização, com poucos casos sendo questionados atualmente e sem nenhuma vitória para as queixas privadas, rejeitadas como insuficientes. A linguagem dos juízes tornou-se econômica, desaparecendo dela termos como justiça e eqüidade. As agências davam o exemplo para os juízes, até porque suas indicações provêm do Departamento de Justiça.

Assim, embora as cortes não tomassem claramente decisões que ratificassem plenamente as intenções do governo Reagan, parecem ter adotado nova orientação a partir da atuação das agências. O fato de não ter havido menção a decisões relativas a AC, que tenham criado jurisprudência, não autoriza supor que as cortes rejeitaram a orientação menos rigorosa das agências, mas também não caracteriza plena aprovação a essa nova orientação.

Somente em 1968 a DA editou suas primeiras *diretrizes para o tratamento das fusões e aquisições* (de ora em diante designadas ACs), não havendo até então uma consistente mediação entre os princípios contidos nas leis – necessariamente sucintos e gerais, devido à sua vinculação com a cultura da *common law* – e a complexa realidade econômica em pauta.

Como havia incapacidade de tratar legalmente os oligopólios, uma vez que as colusões tácitas raramente poderiam ser comprovadas, foi adotada uma postura conhecida como a doutrina da *incipiência* – orientação para impedir a formação do poder de monopólio no seu nascedouro.

Fisher (1987) argumentou que a doutrina da incipiência pode ser vista como uma forma de preencher o vazio no tratamento legal dos oligopólios, notadamente nos casos de colusão tácita – tipicamente a liderança de preços por uma empresa. Na página 24, o autor mostra a grande dificuldade em tratar de tais casos: "Com a exceção de atos intencionais para excluir novos entrantes, somente atos explícita ou implicitamente colusivos podem ser litigados com êxito, e até uma vitória do governo em um caso de colusão deixará intacta a própria estrutura que torna provável que eventos anticompetitivos similares ocorrerão novamente".

Esta doutrina estava fundamentada no modelo estrutura-conduta-desempenho (ECD), cuja lógica prevê que estruturas concentradas ensejam condutas anticompetitivas, que possibilitam a obtenção de margens ou taxas de lucro superiores às observadas em condições competitivas. Logo, a doutrina da *incipiência* postulava evitar atos que pudessem fomentar um processo de concentração capaz de, num futuro próximo, resultar numa estrutura de mercado concentrada conducente a práticas não competitivas.

As diretrizes de fusão de 1968 estipulavam que um AC deveria ser questionado se a somatória das parcelas de mercado das empresas envolvidas alcançasse 8%, tornando praticamente ilegais todos os ACs entre 1950[18] e 1968. Nota-se, assim, que a agência resolveu codificar a orientação expressa pela Suprema Corte nos anos 1960[19], pautada pela doutrina da *incipiência,* por sua vez uma interpretação razoável acerca da motivação do Congresso ao colocar a expressão *tend to create a monopoly* na Seção 7 do Clayton Act.

Há uma nítida articulação das orientações, entre os aplicadores da lei (agências e a Corte) e entre eles e os formuladores da lei (Congresso). Pode-se discutir até que ponto a doutrina da *incipiência* foi fundamentada racional e tecnicamente, uma vez que Kwoka & White (1994) e os textos da DA e da FTC afirmam que essa política era conseqüência do escasso avanço dos estudos de organização industrial (OI) até os anos 1970. Entretanto, não parece haver dúvida de que o compartilhamento da interpretação da lei, pelos diversos atores públicos envolvidos, confere uma certa legitimidade à atuação das agências.

As diretrizes editadas pelas agências em 1982 e 1984[20] representam um divisor de águas perante a política anterior, pois incluíram os indicadores de barreiras à entrada e dos ganhos de eficiência. Cinco fatores compõem a análise dessas transações: a *definição do mercado relevante* –

---

[18] Como até o Celler-Kefauver Act, de 1950, apenas as aquisições de ações eram vetadas, as fusões eram realizadas através da transferência de ativos. Vide Salop (1987).

[19] Os casos Brown Shoe e Von's Grocery foram julgados em 1962.

[20] A FTC e a DA editaram suas diretrizes em 1982 e 1984, respectivamente. Segundo Salop (1987), seus textos são muito semelhantes.

qual produto, qual área geográfica a considerar, quais os produtos substitutos; o *grau de concentração* (medido pelo índice Herfindahl-Hirschmann[21]); os *ganhos de eficiência*; a *intensidade das barreiras à entrada;* e *outras características de mercado*[22].

A maior complexidade dos fatores envolvidos na avaliação dos prováveis efeitos anticompetitivos permitiu que os ACs deixassem de ser considerados, na prática, ilegais. Por um lado, estudos econômicos permitiram combinar os indicadores de concentração com a avaliação das barreiras à entrada e com o exame de elementos potencialmente facilitadores de colusões entre empresas. De outro lado, novas teorias no campo liberal, como a dos custos de transação e a dos mercados contestáveis (Baumol, Bailey & Willig, 1992), propiciaram, respectivamente, observar aspectos positivos dos ACs – menores custos e/ou maiores ganhos de eficiência – e limitar a importância dos indicadores de concentração como conducentes a comportamentos anticompetitivos.

De forma geral, a orientação da política parece ter sido mantida nas diretrizes de 1992, elaboradas em conjunto pela DA e pela FTC[23], introduzindo outro fator na análise – possibilidade de aprovar a transação se uma empresa estivesse rumando para a falência – e detalhando melhor o fator barreiras à entrada, para a empresa ser considerada pequena, deveriam ser verificadas a oportunidade, a probabilidade e a suficiência da entrada.

O princípio fundamental que orienta as diretrizes de 1992 é o de que os ACs não devem ser permitidos quando criam ou reforçam o poder de mercado ou facilitam seu exercício, entendendo por poder de mercado a capacidade de manter os preços lucrativamente acima dos níveis competitivos por um significativo período[24]. O poder de mercado é indesejável porque leva à transferência de riqueza dos comprado-

---

[21] Vide maiores detalhes em Kwoka & White (1994).

[22] A heterogeneidade de produtos, uma forte concentração entre seus demandantes, uma escassa difusão de informações no mercado, uma razoável possibilidade das pequenas empresas ampliarem seu espaço e um histórico nulo das empresas em questões antitruste tendem a favorecer a aprovação do AC. Vide Salop (1987).

[23] Maiores detalhes, vide a íntegra do documento e sua tradução em Ibrac (1996a).

[24] Citam ainda, em nota de rodapé, que esse poder também se caracteriza pela redução da concorrência em outras dimensões que não o preço, como a qualidade do produto e do serviço, e a inovação.

res para os vendedores ou à má alocação de recursos. O monopólio, a coordenação oligopólica (explícita ou implícita) ou a conduta unilateral são formas que expressam o exercício desse poder.

A menção específica à transferência de riqueza e a declaração que as diretrizes refletem o intento do Congresso de que a aplicação da lei deve interditar problemas competitivos em sua *incipiência* traduzem uma preocupação mais geral com uma ordem econômica justa, indo além de um simples zelo pelo adequado funcionamento do mercado, que promoveria o bem comum – uma posição de cunho liberal. No entanto, logo a força desse argumento é relativizada, pois é dito que as diretrizes procuram evitar a desnecessária interferência com o grande universo de ACs, que são neutros, ou pró-competitivos, expressando uma mensagem tranqüilizadora para o empresariado. Aliás, cabe salientar que a relativa coerência desse discurso é comprometida pela ausência de qualquer especificação (aqui ou ao longo das diretrizes) sobre quais seriam os preços que se situam acima dos níveis competitivos, não havendo sequer menção a lucros extraordinários ou a aumentos de preços superiores à evolução dos custos ou a níveis superiores aos vigentes em outros países[25]. Omitir tais possibilidades quando não há um modelo de concorrência perfeita, que possa ser colocado como um ideal factível, restringe significativamente a capacidade de a política antitruste usufruir legitimidade perante cidadãos que convivem com megacorporações que faturam dezenas de bilhões de dólares anualmente.

Em suma, não foram elaborados padrões de medidas para avaliar os novos fatores incorporados na análise. Como será observado a seguir, o cotejo dos efeitos anti e dos pró-competitivos continua dando margem a soluções arbitrárias ou pouco fundamentadas.

Como a definição de mercado relevante, para a análise antitruste, é subjetiva, pois avalia a probabilidade de um hipotético monopolista aumentar seus preços exitosamente (em pelo menos 5%), os consumidores e concorrentes poderiam prover evidências levadas em conta pelas agências[26], mas estas não se propõem a consultá-los, nem a fazer

---

[25] O retardamento no lançamento de novos produtos e a piora ou o não incremento do leque e da qualidade dos serviços indicariam o poder de mercado que não se manifesta através dos preços.

[26] Como a elasticidade-preço da demanda ou como os concorrentes se observam no mercado.

estudos setoriais para obter séries sobre a evolução de preços e quantidades. A elevada subjetividade da análise aumenta riscos, pois, quanto maior o mercado relevante, menor tende a ser o grau de concentração e, portanto, a preocupação com o AC. Além disso, a análise parte do preço de mercado, de forma que as agências não parecem se preocupar com os ACs que visem apenas manter o poder de mercado já alcançado, sem aumentar os preços.

As agências apuram o grau de concentração do mercado relevante através do índice Herfindahl-Hirschmann (IHH)[27], crescente em função das parcelas de mercado das empresas líderes e de outras grandes empresas. Índices inferiores a mil pontos revelam mercados não concentrados que não requerem análise posterior, equivalendo a dez empresas de igual parcela de mercado (10%, cujo quadrado é 100; somando as dez empresas, chega-se a um índice de 1.000), um mercado tendencialmente concorrencial que não incluiria fortes posições de mercado[28].

Mercados com índices entre 1.000 e 1.800 pontos são considerados moderadamente concentrados, não requerendo análise posterior quando o AC revelar um aumento inferior a 100 pontos. Entretanto, se o índice antes do AC fosse de 1.700 pontos, o AC não seria analisado se unisse duas empresas com 7% de um mercado liderado por uma empresa que tivesse 36% e secundado por outras três que possuíssem 15%. Há potencial para práticas oligopolistas entre as seis maiores empresas (cada com mais de 14%), supondo que as pequenas tivessem barreiras ao seu crescimento. Assim, o critério adotado não elimina riscos, exigindo observações mais acuradas em situações similares.

Não seriam analisados ACs que revelassem um aumento inferior a 50 pontos, se o índice superasse 1.800 pontos. Assim, se o índice antes do AC fosse de 2 mil pontos, um ato que unisse duas empresas com 4,5% em um mercado liderado por uma empresa com 30 e outras três com 20% não exigiria análise. É plausível que a empresa fundida pudesse ser incorporada em práticas oligopolistas, exigindo também um exame mais acurado.

---

[27] Igual à somatória dos quadrados das parcelas de mercado das empresas – um monopólio equivale a 10 mil pontos.

[28] Como uma empresa com 40% (IHH=1.600) ou duas com 30% (1.800) ou ainda três com 20% (1.200 pontos).

Somente quando o AC revelasse acréscimo superior a 100 pontos, num mercado com índice superior a 1.800 pontos, as agências presumiriam que o AC seria preocupante e somente poderia ser aprovado se os demais fatores analisados indicassem o contrário. Limitar essa presunção à variação do índice, sem que para isso haja um teto em valor absoluto, deixa de considerar preocupantes quaisquer ACs nos quais empresas líderes adquiram pequenas empresas[29], ou quaisquer ACs entre empresas de médio porte[30] que pudessem conformar estruturas concentradas com pouquíssimas empresas, mais passíveis de práticas oligopolistas do que as discutidas acima.

Em suma, as agências poderiam isentar de análise diversos ACs, que favoreceriam tais práticas, e, assim, poderiam abrir maior espaço de análise para ACs altamente preocupantes desde o início.

As diretrizes prevêem uma análise do potencial de ações coordenadas (práticas oligopolistas), ensejado pelos ACs. Seriam examinadas condições conducentes à coordenação entre as empresas[31], mas as agências reconhecem as dificuldades de previsão, pois trabalham com informações incompletas. Um acompanhamento dos indicadores de mercado e interlocuções com pequenas empresas e consumidores contribuiriam para minorar tais dificuldades, mas as agências não parecem ter adotado tais práticas.

Aliás, as manifestações sobre casos analisados (ver capítulo 4) não discutiram a probabilidade de tais ações nem tampouco as condições conducentes à detecção e punição das empresas que buscassem se evadir a essa coordenação também previstas nas diretrizes[32], de forma que o

---

[29] Se a líder tivesse 49 ou 24%, poderia adquirir uma empresa com 1 ou 2% de mercado, respectivamente.

[30] Com 9 e 5% ou 7 e 7% do mercado, por exemplo.

[31] Como a homogeneidade do produto (típica para bens intermediários), disponibilidade de informações sobre o mercado (preços praticados e ações dos concorrentes), práticas de comercialização e de fixação de preços – que podem resultar em preços comuns, parcelas de mercado estáveis ou divisões de mercado (por segmentos ou áreas).

[32] A maior rotinização da disponibilidade de informações sobre as práticas de mercado, a menor flutuação da demanda e dos custos, a inexistência de contratos de longo prazo e a aquisição de uma empresa que praticava uma estratégia agressiva facilitam o monitoramento das condutas das empresas e, com isso, a manutenção do acordo oligopolista.

significativo conjunto de elementos enumerados não parece ter sido incorporado na análise. Pode haver redução da concorrência através de ações unilaterais, como, por exemplo, estratégias de diferenciação de produto, que permitiriam à empresa aumentar o preço do produto, se ela vier a fabricar também o seu substituto mais próximo, pois assim não perderia todos os consumidores que se recusassem a pagar um preço maior. Isto é viável para marcas que desfrutem de reputação junto aos consumidores, cuja participação seria então de grande valia para a análise das agências, que parece não tê-los ouvido.

As diretrizes afirmam que um AC provavelmente não é preocupante quando a entrada no mercado relevante for tão fácil que não torne rentáveis aumentos de preços das empresas já instaladas. Para tanto, a entrada precisa ser oportuna, provável e suficiente. A entrada seria oportuna quando pudesse ocorrer em até dois anos, o que indica ser um critério razoável. A oportunidade seria maior se a empresa fundida tendesse a reduzir a produção ou se a entrante pudesse capturar parcelas de mercado através de um expressivo aumento da demanda. Seria provável se for rentável aos preços praticados antes do AC[33]. A entrada também precisa ser suficiente para deter os efeitos anticompetitivos do AC, o que poderia não ocorrer se as empresas já instaladas controlassem parte dos requisitos para que a entrada fosse exitosa ou se a entrante não atingisse suficientes nichos de mercado, quando o AC puder dar origem a ações unilaterais (como a diferenciação de produtos).

Não há dúvida que a análise da probabilidade de entrada é uma tarefa árdua e incerta, pelas dificuldades de apurar informações sobre a escala mínima viável – até sobre os custos irrecuperáveis – e as oportunidades de vendas, especialmente se a entrada viesse a se tornar rentável. Por isso, a ausência de acompanhamento do mercado e de interlocução (inclusive com concorrentes) diminui muito o rigor analítico quanto à definição da facilidade de entrada. Além disso, não foram discutidas as estratégias de detenção à entrada, como imposição de preços

---

[33] Incluindo se a maior produção levar à queda de preços e se as oportunidades de vendas forem maiores que a escala mínima viável, na qual o preço iguala a soma do custo médio de produção com uma adequada taxa de retorno. A probabilidade é menor quanto maiores o risco e os custos irrecuperáveis de entrada – investimentos em ativos utilizáveis somente nesse mercado (equipamentos ou gastos de propaganda), que seriam perdidos com o fracasso da entrante.

impeditivos (espécie de *dumping*) ou pressões sobre fornecedores ou clientes, lacuna injustificada porque as empresas que se fundem avaliam prováveis reações ao AC.

Em dois casos as barreiras à entrada foram cruciais para decisões tomadas nos anos 1980. A FTC e a Justiça vetaram a aquisição da Dr. Pepper pela Coca-Cola (White, 1994), porque os custos de promoção e propaganda eram elevados e irrecuperáveis, se os entrantes fracassassem. Outra possível barreira decorria do fato de as duas grandes produtoras deterem o controle direto de engarrafadoras. Além disso, grandes grupos estavam deixando o mercado – o Philip Morris (queria vender a Seven-up), o Procter & Gamble e o R. J. Reynolds (donos de pequenas empresas) –, tornando pouco plausível a argumentação da Coca-Cola de que grandes grupos que produziam alimentos (Kraft, Beatrice e Borden) eram potenciais entrantes.

Embora não se tratasse de um AC, vale comentar o preenchimento estratégico da capacidade produtiva promovido pela DuPont no mercado de dióxido de titânio (Dobson, Shperd & Stoner, 1994). Tendo grande vantagem competitiva como única a dominar o processo produtivo mais eficiente, a DuPont buscou evitar que os atuais, ou potenciais, concorrentes pudessem enfrentá-la. Graças a um extraordinário vazamento de informações da empresa, soube-se que a DuPont anunciou a implantação de nova fábrica com produção bem superior ao do presumível aumento da demanda, recusou-se a licenciar seu processo tecnológico e manteve seus preços próximos aos custos dos concorrentes (obtendo grandes lucros para financiar a estratégia). Contra a análise técnica do seu *staff*, os comissários da FTC não consideraram que a posição monopolista e a estratégia da DuPont sugeriam uma alta probabilidade de preços abusivos (como foi comprovado), afirmando que se tratava de condutas usuais de mercado. A Suprema Corte confirmou a decisão ao declarar que o eventual monopólio não era ilegal, porque se deveu à maior eficiência da DuPont.

Foi elaborada em 1997 uma revisão do tratamento dos ganhos de eficiência (doravante eficiências) nas diretrizes. Somente seriam consideradas as eficiências que decorressem especificamente dos ACs, aquelas que não poderiam ser alcançadas sem sua realização[34]. Elas também

---

[34] Não seriam levadas em conta se pudessem ser preservadas por alternativas mitigadoras dos efeitos sobre a concorrência, como a alienação de ativos ou seu licenciamento a outras empresas.

deveriam ser razoavelmente verificáveis em sua probabilidade e magnitude, e se provavelmente viessem a evitar, via preços, danos aos consumidores. Como a especificidade e a verificabilidade das eficiências não foram detalhadas em 1992, a emenda sugere menor aceitação das alegações de eficiência por avaliar que algumas delas são mais específicas, verificáveis e substanciais que outras[35] e porque alude aos preços.

No entanto, ao continuar admitindo a comensurabilidade entre os efeitos anticompetitivos e as eficiências decorrentes do AC, as agências poderiam autorizá-lo até quando houver razoável probabilidade de aumento de preços, ainda mais porque as eficiências não poderiam levar à aprovação de um AC apenas se ele conduzisse a um monopólio (ou algo semelhante). Sem reforçar o argumento sobre os efeitos pró-competitivos das eficiências e a quais finalidades elas visariam[36], as agências tornaram-se mais receptivas às alegações de eficiências; portanto, mais permissivas. Aliás, quatro autores[37] discutiram as eficiências em 1987 (vigiam as diretrizes de 1982-1984) e salientavam o caráter altamente conjectural das alegações das empresas, postulando que as eficiências deveriam ter espaço bastante secundário na análise dos ACs, devendo pesar na decisão somente quando o exame do grau de concentração e das barreiras à entrada não chegasse a resultados conclusivos.

A alegação de eficiências foi decisiva nos anos 1980 para aprovar uma *joint-venture* (de nome Nummi) entre a General Motors (GM) e a Toyota (Kwoka, 1994b). Era bastante conjectural, pois enfatizava que a GM aprenderia a produzir mais eficientemente carros compactos com a Toyota. Não foram alegados ganhos oriundos de economias de escala ou a introdução de um novo produto, nem tampouco a redução de custos. O aprendizado era pouco plausível, pois a Nummi se restringiria à montagem final e a fases da estampagem, além do que a alta produtividade do trabalho

---

[35] Como as decorrentes da reestruturação da produção que geram uma redução de custo. As associadas a investimentos em inovações são potencialmente substanciais, mas geralmente são menos suscetíveis de verificação e podem resultar de anticompetitivas reduções de produção, ao contrário das primeiras. As eficiências menos relevantes referem-se ao gerenciamento e à redução no custo de capital, provavelmente menos substanciais, específicas e reconhecíveis.

[36] Poderiam ser virtuosas se visassem recuperar uma desvantagem competitiva, lançar um produto de maior qualidade ou conquistar outros mercados.

[37] Vide Salop (1987), White (1987), Fisher (1987) e Schmalensee (1987).

no Japão e seu sistema de controle de estoques não seriam transplantáveis. Diante da elevada probabilidade de cooperação entre as empresas – moderação no ímpeto conquistador da Toyota e troca de informações entre elas –, as alegadas eficiências não justificaram o AC. É provável que o governo tenha interferido, salientando a necessidade de reforçar a competitividade dos EUA num setor tão importante.

Por fim, cabe ressaltar que o modelo ECD não é contemplado nas diretrizes. Como a política antitruste tem incorporado novos fatores à análise, é questionável que apenas um aspecto do desempenho das empresas (o lucro) não seja incluído e que o nexo causal do modelo não seja uma hipótese levada em conta.

Argumenta-se que não há evidências de uma vinculação sistemática entre grau de concentração e desempenho (Scherer, 1990; Shmalenseee, 1987 e Fisher, 1987), mas isso é contestado por pesquisas (Weiss, 1992) que sustentam ser essa vinculação não válida apenas para períodos de elevada inflação e outras circunstâncias específicas, apesar da grande dificuldade de se dispor de dados adequados[38]. Mais relevante ainda: a exclusão do modelo ECD não faz sentido quando a política antitruste se propõe a examinar diversos elementos em conjunto, até porque incorporá-lo não significaria necessariamente adotar seus nexos causais. De fato, várias direções são possíveis – condutas podem levar à concentração de mercado (gastos em pesquisa, em desenvolvimento e em propaganda criam barreiras à entrada) e elementos não incorporados também influem – políticas afetam as estruturas (protecionismo) ou as condutas (controles de preços), além de maior lucro poder ensejar maior concentração, direção contrária à prevista pelo modelo ECD (Scherer, 1996). Aliás, nem preços elevados garantem maiores lucros, pois os custos da competição (propaganda) ou o excesso de ociosidade podem aumentar custos em mercados muito concentrados (Weiss, 1992).

No entanto, essa análise também requer a superação de problemas práticos, pois as agências não têm livre acesso aos documentos das

---

[38] Quanto à concentração, é difícil obter dados de mercados bastante específicos quando os censos trabalham com setores industriais; quanto aos lucros, práticas contábeis podem distorcer os resultados, certamente algo incorretos pela ausência de procedimentos para corrigir os efeitos da inflação. Maiores detalhes em Weiss (1992).

empresas[39], cujo potencial de manipulação aumenta muito, até porque a contabilidade empresarial sofisticou-se bastante[40]. Além disso, há uma inadequação entre a legislação contábil e as demandas antitruste, porque a primeira toma como unidade de conta a empresa como um todo, enquanto a segunda é focada em um produto ou num pequeno conjunto deles, para os quais é difícil apurar uma margem ou taxa de lucro. Apesar disso, como a política antitruste avalia a probabilidade de condutas não transparentes, o modelo ECD deveria ser incluído como hipótese para permitir uma análise mais compreensiva, porque, para outras variáveis, também há dificuldades em apurar dados confiáveis e muitas delas (como barreiras à entrada) são pouco mensuráveis, ao contrário do desempenho.

2. O texto da lei brasileira
Tanto na Constituição brasileira como na Lei nº 8.884/94 (Lei Antitruste), há uma combinação entre a livre concorrência e outros princípios, como a função social da propriedade, sem que fossem suficientemente qualificados e sem enunciações de como poderiam ser compatibilizados. Na Constituição (artigo 170), a livre concorrência é aliada a outros sete princípios – soberania nacional, propriedade privada, função social da propriedade, defesa do consumidor, defesa do meio ambiente, redução das desigualdades regionais e sociais, busca do pleno emprego e tratamento favorecido para as empresas brasileiras de capital nacional de pequeno porte. O artigo 1º refere-se a quatro princípios: liberdade de iniciativa, função social da propriedade, defesa dos consumidores e repressão ao abuso do poder econômico.

Como a livre concorrência não é um fato geralmente observável, visto que na maioria dos mercados há barreiras à entrada – de ordem financeira, tecnológica ou gerencial, entre outras – e ao crescimento dos concorrentes, muito mais razoável seria promover a – ou zelar pela –

---
[39] Sob o argumento da necessidade de evitar divulgar dados aos concorrentes, o acesso depende de autorizações judiciais que, além de criarem um clima de confronto, permitem obter apenas um conjunto limitado de informações.
[40] Vide Noll & Owen (1994), quanto ao caso AT&T, sobre a manipulação de dados de custos perante a regulação estatal.

mais ampla concorrência possível, prevendo levar em conta as especificidades de cada mercado.

Conciliar tais princípios somente faria sentido se fossem qualificados seus significados e suas mútuas articulações. Como há diversas interpretações plausíveis para princípios – como a função social da propriedade, a defesa dos consumidores e a repressão ao abuso do poder econômico –, pode-se concluir que é praticamente inviável atribuir a eles uma orientação normativa que pautasse as leis antitruste, ancorando-as nos valores gerais consolidados na sociedade. Assim, as eventuais imprecisões ou ambigüidades da lei não podem ser claramente interpretadas à luz de leis maiores.

Costa (1998) avalia que o princípio da livre concorrência predomina sobre os demais, fazendo que a repressão ao abuso do poder econômico apareça somente como um dispositivo para intervenção. Entretanto, não leva em conta que a livre iniciativa é balizada por outros princípios expressos na Constituição brasileira, antes mencionados. Mesmo não sendo possível discutir profundamente as diversas articulações plausíveis entre esses princípios, é inegável que pelo menos cinco deles – função social da propriedade, defesa do consumidor, defesa do meio ambiente, propriedade privada e tratamento favorecido às pequenas empresas de capital nacional – balizam a livre iniciativa; os dois últimos a limitam, enquanto os demais a orientam para a geração de benefícios sociais. Costa diz ainda que são três as liberdades visadas pelo princípio da livre concorrência – a livre ação dos agentes econômicos, o livre acesso ao mercado (concorrência potencial) e a livre escolha pelos consumidores –, mas não discute que tais liberdades não existem plenamente no capitalismo moderno, de maneira que a análise se mantém em um terreno teórico impermeável à discussão concreta.

Francheschini (1996) avalia que a política de defesa da concorrência deve se preocupar primordialmente com a eficiência, porque é esta que promove o bem-estar material da coletividade, tendo por instrumento a rivalidade entre as empresas. No entanto, o artigo primeiro da lei tem como objetivo prevenir e reprimir as infrações contra a ordem econômica – lei orientada por ditames constitucionais que não remetem à eficiência. Preocupa-se fundamentalmente apenas com a defesa do processo de concorrência, atribuindo a ele a capacidade de gerar maior bem-estar geral; assim, dá mais atenção ao meio do que ao fim – o resultado da atividade econômica. Entretanto, deixa de considerar que a lei estabelece critérios adicionais para aprovar ACs, incluindo as eficiências e também aludindo ao seu compartilhamento com os consumidores e ao desenvolvimento tecnológico ou econômico.

Ao cotejar a lei atual com as leis anteriores, nota-se que a Lei nº 8.884/94 combina várias definições inscritas nas Leis nº 4.137/62 e 8.158/91, mas diverge desta última, na qual prevaleceu um conceito bastante estranho: "... apurar e propor as medidas cabíveis com o propósito de corrigir as anomalias de comportamento capazes de perturbar, ou afetar, direta ou indiretamente, os mecanismos de formação de preços..." (artigo 1º). Esse texto sugere que o governo Collor visava controlar os preços ou intimidar sua remarcação de forma amplamente discricionária – quem aplicava a lei era a SNDE[41], que assume os poderes antes detidos pelo Cade, inclusive porque a lei anterior (a de nº 4.137) somente se refere aos preços quando trata das formas de abuso.

Em suma, a lei atual representa uma evolução positiva em relação à Lei nº 8.158/91 e pouco difere da Lei nº 4.137/62, embora não articule os diversos princípios citados.

A principal diferença entre a Lei nº 8.884/94 e as leis anteriores quanto às infrações à ordem econômica é a redefinição do conceito de preços excessivos. A lei atual representa um avanço por não vinculá-lo apenas à existência de monopólio ou à ausência de variações no custo de produção (como nas leis anteriores), permitindo a justificação de alterações de preço por outras circunstâncias relevantes, como melhoria da qualidade ou preço de produto similar (antes produzido ou o preço praticado em mercados similares), desde que não houvesse acordo para a majoração dos preços. No entanto, essa redação continua permitindo práticas discricionárias de controle de preço, risco que poderia ser reduzido se fosse requerida a existência de algum domínio de mercado (grau de concentração) ou outras informações como sinais de práticas anticompetitivas, evidências de lucros elevados ou queixas e informações apresentadas por segmentos da sociedade.

A Lei nº 8.884/94 incrementou acentuadamente as multas pecuniárias, já que a empresa infratora deveria pagar entre 1 e 30% do seu faturamento líquido, a multa não poderia ser inferior à vantagem

---

[41] Secretaria Nacional de Direito Econômico, substituída depois pela SDE.

auferida[42]. Além disso, o administrador pagaria uma multa equivalente entre, no mínimo, 10% e, no máximo, 50% do valor imputado à empresa. O valor e a variabilidade das multas são exagerados, potencializando injustificado grau de discricionariedade. Mais razoável seria estipulá-las a partir da vantagem auferida com a infração (ou do prejuízo, quando for onerada outra empresa), ao invés de dizer que as multas não poderiam ser inferiores a essa vantagem, embora não seja fácil estabelecer uma regra[43]. Entretanto, o texto excessivamente rigoroso parece caracterizar mais uma forma de pressão do que uma real intenção de punir.

Sujeita-se, também, a tais considerações a medida preventiva, criada pela lei atual (artigo 52), que concede ao Cade (ou à SDE) o poder de mandar cessar imediatamente uma prática quando "houver indício ou fundado receio de que ela cause, ou possa causar, lesão irreparável ou de difícil reparação ao mercado". Há potencial para uma elevada discricionariedade, de efeitos consideráveis, já que a posterior constatação de ter havido um equívoco não é suficiente para eliminar o prejuízo causado à imagem da empresa. Além disso, não há dispositivo similar nas leis antitruste dos EUA e ele está baseado no conceito de lesão irreparável, não explicitada nesta lei. Foi decretada apenas uma medida preventiva entre 1994 e 1997, demonstrando como o excessivo rigor da lei é contraproducente[44].

Com um sentido diametralmente oposto, o compromisso de cessação de prática foi introduzido pela lei atual (artigo 53) para permitir às empresas cessarem uma prática considerada infratora sem ficarem sujeitas às penalidades legais. Não foi possível avaliar o quanto esse dispositivo tenha sido inspirado na legislação dos EUA. Embora em tese facilite a cessação da prática, pois muitas vezes é difícil obter as provas necessárias para condenar a empresa, o fato de ela não ser penalizada é

---

[42] Desde a Lei nº 4.137/62 (sem alteração pela Lei nº 8.158/91), as multas variavam de 5 a 10 mil salários mínimos; uma multa sobre uma empresa que faturasse R$ 100 milhões equivaleria, no máximo, a 1,2% do seu faturamento (R$ 1,2 milhão).

[43] As perdas infringidas a outra empresa devem incluir os lucros cessantes, mas é difícil medi-los. As multas devem ser algo maiores para inibir a infração mais eficazmente – nos EUA, chegam ao triplo das perdas alegadas.

[44] A medida suspendeu os reajustes de preços dos aços planos em 1997, mas foi revogada em poucos meses.

problemático, porque lhe permite auferir os ganhos obtidos. Melhor seria instituir um mecanismo redutor de penas, inversamente proporcional à magnitude desses ganhos e à ausência de colaboração quanto a informações sobre ilícitos praticados por outras empresas.

Quanto aos atos de concentração (ACs), aqueles que envolvam empresas que detenham 20% do mercado relevante (aquele no qual somente produtos da empresa concorrem entre si aos olhos dos consumidores) ou nos quais qualquer delas tenha obtido um faturamento anual de 100 milhões de Ufirs (pouco mais de R$ 100 milhões), devem ser apreciados pelo Cade. O texto resulta de uma emenda de 1995, que visava abranger mais ACs[45], mudança que faz sentido porque o Cade não deve estar preocupado somente com a posição das empresas, mas com a possibilidade de atuarem de comum acordo (tácita ou explicitamente), o que em tese já é viável a partir dos parâmetros estipulados na lei. Aumentar a abrangência da atuação do Cade era fundamental também porque os atos que não alcançassem aqueles parâmetros dificilmente seriam analisados, uma vez que prevaleceria a presunção de que eles provavelmente não suscitariam prejuízos à concorrência.

Cabe notar que a periculosidade dos ACs foi mais bem definida na Lei nº 8.158/91 do que na lei atual, pois a primeira alude àqueles que possam limitar ou reduzir a concorrência. Na nova lei adotou-se o termo livre concorrência, que, como discutido, suscita diversas interpretações. Uma delas é a de que nem todos os ACs que alcancem os limites supracitados deveriam ser submetidos a uma plena apreciação pelo Cade, uma posição que revela uma atitude discricionária, porque não há qualificação atribuindo significado ao conceito de livre concorrência.

No entanto, Costa (1997) defende essa posição ao dizer que, mesmo a lei não sendo clara, o Cade deve proceder a uma análise do impacto concorrencial do AC antes de analisar as eventuais condições para sua aprovação (itens do parágrafo primeiro do artigo 54). Sustenta que, se o ato não apresentar efeitos nocivos à concorrência, ou caso os efeitos pró-concorrenciais superem os anticoncorrenciais, o Cade deveria arquivar o processo sem verificar se aquelas condições estariam ou não sendo atendidas. Entretanto, o parágrafo primeiro do artigo 54 principia dizendo: "O Cade poderá

---

[45] A redação original previa 30% do mercado relevante e faturamento de R$ 400 milhões.

autorizar os atos a que se refere o *caput*, desde que atendam às seguintes condições...". Mais ainda: não há menção a outros procedimentos pelos quais o Cade pudesse autorizá-los, até porque somente entre as citadas condições, conforme item III, figura a única medida de qualificação do prejuízo à livre concorrência – ACs que "não impliquem eliminação da concorrência de parte substancial de mercado relevante de bens e serviços".

As Leis nº 8.884/94 e 8.158/91 estabelecem quatro condições que devem ser satisfeitas para que o Cade aprove um AC. Duas exigem que do ato resultem certos benefícios e duas que dele não decorram determinados malefícios[46]. Assim, o espírito da lei não denota uma preocupação exclusiva com a defesa da concorrência ou com a prevenção, ou repressão, ao abuso do poder econômico. As duas primeiras condições exigem que o ato objetive gerar ganhos de eficiência, cumulativamente na Lei nº 8.158/91 e alternativamente na lei atual, a qual é, portanto, menos rigorosa. Os três itens da primeira condição aludem aos objetivos do ato que ensejariam a aprovação pela lei atual – aumentar a produtividade, melhorar a qualidade ou propiciar a eficiência e o desenvolvimento tecnológico ou econômico. Os dois primeiros objetivos contêm definições mais razoáveis do que as presentes na Lei nº 8.158/91, as quais remetem a aspectos quantitativos – aumento de produção ou de distribuição de bens –, nem sempre desejáveis em si mesmos.

A lei atual permite que os objetivos visados tenham natureza exclusivamente privada – aumento de produtividade ou de eficiência – e os iguala em importância a objetivos mais amplos – a melhoria da qualidade (benefício aos consumidores) e o desenvolvimento tecnológico ou econômico (que podem gerar benefícios difusos), o que faz pouco sentido. Aliás, exigir que um AC aumente a produtividade é um requisito pouco relevante, pois todo AC o faz ao eliminar cargos ou fundir atividades existentes em ambas as empresas. Como os desenvolvimentos tecnológico e econômico não são qualificados, e como sua apreciação está sujeita a uma inerente transitoriedade política, seria salutar que o Cade elaborasse uma norma que qualificasse e hierarquizasse os objetivos julgados desejáveis. Tal norma deveria ser aprovada por um conselho consultivo, cuja legitimidade estaria assegurada se fosse composto de especialistas renomados, indicados por segmentos da sociedade civil, pelo Estado e pelos poderes Legislativo e Judiciário.

---

[46] Trata-se dos incisos I a IV do parágrafo 1º do artigo 54. Vide Bastos (1996).

Na ausência dessa norma, o Cade detém uma elevada discricionariedade de avaliação.

A segunda condição estipula que os benefícios decorrentes dos ACs devem ser distribuídos eqüitativamente entre seus participantes e consumidores, cujos interesses seriam então promovidos, não apenas defendidos. No entanto, essa exigência, em tese, é pouco viável no capitalismo, já que, literalmente, significaria que metade da economia de custos obtida pelas empresas deveria ser transferida aos consumidores na forma de redução de preço. Seria mais razoável a elaboração pelo conselho consultivo de norma que exigisse o comprometimento com a redução de preços, medida através dos ganhos de eficiência alegados e condicionada à evolução de certos parâmetros[47].

Além disso, a melhoria na qualidade dos produtos também deveria ser considerada como benefício aos consumidores, tornando-se mais meritória, se viesse a refletir a introdução de inovações tecnológicas. O aumento na variedade de escolha deveria ser visto com cuidado, já que muitas vezes a diversificação de produto é apenas uma estratégia de competição que não gera diferenças expressivas de qualidade para os consumidores. Ainda mais importante: ambos os quesitos e a possível redução de preços poderiam ser considerados mais virtuosos se tendessem a propiciar condutas concorrenciais das empresas. A terceira condição exige que não haja eliminação da concorrência em parte substancial do mercado relevante. Parece inevitável que o texto legal não qualifique o termo substancial, mas o Cade poderia estabelecer uma norma a esse respeito. Esta é a razão fundamental que torna necessária a formulação de diretrizes de julgamento, como ocorreu nos EUA e Europa. É preciso discutir como determinar o mercado relevante – quanto maior a amplitude da dimensão onde exista concorrência (âmbito mundial, por exemplo), menor a probabilidade de o AC ser preocupante, como estabelecer a partir de que grau de concentração o AC se torna preocupante, como medir as barreiras à entrada que qualificam melhor esse grau e como avaliar a probabilidade de colusões oligopólicas ou de abuso de posições dominantes, observando as informações em perspectiva histórica.

A quarta condição para aprovar um AC estipula que o Cade pode aprovar o ato se forem observados os limites estritamente necessários para

---

[47] Como os preços dos insumos e as variações da demanda, por exemplo.

atingir os objetivos visados. Ela é problemática, pois estabelece uma conexão com a primeira condição, que discorre sobre diversos objetivos pouco qualificados. Além de estatuir uma norma acerca desses objetivos, seria preciso estabelecer uma norma com critérios para avaliar a amplitude do AC[48] necessária para atingir tais objetivos. Esta avaliação também poderia ser realizada quando se tratasse de um AC visando superar uma situação da crise, em uma das empresas ou em ambas (envolvendo o setor). Obtidos indícios de forte probabilidade de falência (primeiro caso) ou de elevado excesso de ociosidade (segundo caso), poderia ser estimado o prazo necessário para recompor a competitividade dos ativos em questão. Para tipos de AC que não envolvam situação de crise ou novas empresas criadas (caso das *joint-ventures*), não seria razoável estipular prazos de vigência, porque os objetivos podem ser atingidos apenas após um largo período de tempo.

Nos EUA predomina a desconstituição parcial dos ACs preocupantes, alienando ativos em mercados onde é bastante significativa a eliminação da concorrência, o que o Cade poderia incorporar, se a aprovação para outro(s) mercado(s) permitisse atingir tais objetivos. Embora seja difícil estipular os limites estritamente necessários para, a um só tempo, atingir os objetivos visados e eliminar a probabilidade de abuso do poder econômico, trata-se de um recurso que pode gerar justiça na medida certa, embora também permita maior discricionariedade – poupar injustificadamente as empresas.

Uma hipótese alternativa pela qual o Cade pode aprovar um ato de concentração está contida no parágrafo segundo do artigo 54. Mesmo que o ato não atenda a uma das quatro condições discutidas, poderá ser aprovado se for considerado necessário por motivos preponderantes da economia nacional e do bem comum, desde que não implique prejuízo ao consumidor. Nenhum dispositivo legal examinado permite tanta discricionariedade quanto este, não fazendo qualquer sentido incluí-lo. Se ele visava dar oportunidade para vincular a aplicação da lei a outros objetivos econômicos ou sociais, deveria apenas mencionar hipóteses, remetendo a uma legislação regulamentadora. Até o momento, nenhuma decisão baseou-se nesse dispositivo, deslegitimando-o, portanto.

Costa (1997) afirma que as condições para aprovação de AC caracterizam um balanço econômico, onde o Cade verificaria se o ato representa

---

[48] Basicamente âmbito geográfico, conjunto de produtos ou duração do ato (em caso de *joint-venture*, caso de constituição de uma nova empresa na qual duas empresas já existentes tomam parte).

benefícios para a economia, de magnitude suficiente para compensar os efeitos anticoncorrenciais do ato de concentração. Essa interpretação não é razoável porque as condições devem ser atendidas cumulativamente e porque não há indicação de que os efeitos anticoncorrenciais possam ser compensados por certos benefícios, não importa de que magnitude. Nota-se mais uma vez como interpretações de caráter liberal são elaboradas sem estrita correspondência com o texto legal.

O artigo 58 criou o Termo de Compromisso de Desempenho (TCD), dispositivo destinado a assegurar o cumprimento das quatro condições discutidas, devendo conter metas quantitativas e qualitativas relacionadas a prazos predeterminados. O TCD é uma inovação interessante porque, como um AC é aprovado com base em avaliações de caráter probabilístico sobre eventos futuros, permite ao Cade monitorar o cumprimento daquelas condições para poder certificar-se sobre a geração de benefícios e a minimização de malefícios. No entanto, o TCD pode poupar indevidamente as empresas, dada a discricionariedade inerente à fixação de metas, presente nas quatro condições que justificam a aprovação de AC.

Aliás, outro dispositivo (parágrafo 1º do artigo 158) torna a elaboração do TCD ainda mais sujeita a um elevado grau de discricionariedade, quando estipula que ele deve levar em consideração "o grau de exposição do setor à competição internacional e as alterações no nível de emprego, dentre outras circunstâncias relevantes". Além de qualquer circunstância poder ser considerada, cabe atentar que não faz sentido mencionar a exposição do setor à concorrência internacional, pois um AC realizado em um setor fortemente exposto a ela tende a ser aprovado porque as empresas teriam escasso poder de mercado. Também faz pouco sentido considerar as alterações no nível de emprego, principalmente porque a redução do emprego geralmente é necessária à obtenção de ganhos de eficiência; logo, à possibilidade de compartilhá-los com os consumidores. A gestão 1996-1998 do Cade utilizou-se desse dispositivo para justificar medidas de recolocação profissional no caso Gerdau/Pains, demonstrando que flagrantes equívocos da lei podem ser ignorados pelo Cade.

Considerações finais

As motivações das leis antitruste e de sua aplicação nos EUA revelaram alguma coerência ao longo do século XX, pautando-se por uma hostilidade ao poder econômico e pelo fomento à liberdade de iniciativa, tornando-se passíveis de legitimação e aproximando-se do que poderia ser entendido como uma gênese democrática da lei e da sua aplicação. Essa articulação rompeu-se a partir dos anos 1980, já que nem o Congresso nem as Cortes autorizaram claramente as mudanças na orientação das agências quanto aos ACs, que se tornaram mais receptivas às alegações do poder econômico.

As diretrizes para fusões sinalizam nesta direção e incrementam a discricionaridade das agências, embora não tenham abandonado a preocupação com o poder econômico. Não instituindo padrões de medida, as diretrizes permitem que a política deixe de enunciar razões de validade, passíveis de reconhecimento normativo, expressando um déficit de legitimidade e também tornando mais difícil seu questionamento pela sociedade.

A legislação antitruste foi recolocada na agenda pública brasileira pelo governo Itamar Franco para ser um novo instrumento de combate à inflação, em seguida para apoiar a implementação do Plano Real. Não se tratava de reprimir o abuso do poder econômico, mas, sim, de atuar sobre os preços. Não houve discussões públicas na época de sua aprovação pelo Congresso, não existiu um debate qualificado sobre o mérito da lei, mas caracteriza-se como forma de apoio ao governo. Assim, a lei não se tornava passível de legitimação, tampouco não teria gênese democrática, entendida enquanto expressão de demandas da sociedade.

A Lei nº 8.884/94 pauta-se por princípios pouco qualificados e mal articulados entre si, inclusive perante os princípios constitucionais maiores, não permitindo depreender uma orientação normativa que pautasse sua aplicação. Seu texto sugere um excessivo e desmesurado rigor punitivo, permitindo supor que se trata mais de ameaça do que de real intenção de punir. A aprovação dos atos de concentração exige a geração de alguns benefícios sociais, especialmente para os consumidores, mas a ausência de diretrizes para sua aplicação permite ampla discricionariedade ao Cade. Assim, a lei não institui razões de validade, passíveis de reconhecimento normativo, embora haja espaço para consideração de valores mais amplos do que a mera defesa da concorrência. Como tais valores não motivaram a lei, seu texto reforça o déficit de legitimidade da política antitruste e seu questionamento é mais difícil devido à ampla discricionariedade concedida ao Cade.

3

VULNERABILIDADE DAS AGÊNCIAS

Alternativas de decisão

1. Orçamento e quadro de pessoal

Analisamos as condições básicas para a operação das agências, pressuposto para que elas possam desfrutar de relativa autonomia. No caso dos EUA, há uma lei autorizando a cobrança de US$ 45 mil para cada AC notificado. Essa taxa revela uma certa justiça fiscal ao cobrar a execução de um serviço do agente que cria deliberadamente a necessidade de prestá-lo. Não é um ônus indevido porque ninguém mais colaborou diretamente para a realização do AC, nem um princípio excessivo, pois se trata de uma taxa eventual, já que os ACs não fazem parte da rotina das empresas. Esse mecanismo pode prover razoáveis condições de financiamento para as agências, desvinculando-as em boa medida do orçamento geral. Embora ele representasse US$ 128,9 milhões em 1996, a FTC só se apropriou de 75% do que lhe cabia, e o restante passou para o orçamento do ano seguinte (FTC, 1997a). Embora o Congresso destine somas adicionais para a FTC, ainda assim a agência queixa-se da carência de recursos, por isso estabeleceu prioridades (foca-se mais a apreciação de AC) e reduziu o número das investigações mais detalhadas.

De 1978 até o final (1980) do governo Carter[1], houve um aumento de 7,5% nos gastos da FTC, que se mantiveram em US$ 66 milhões durante os dois governos de Reagan, ao contrário do que seria de se esperar, exceto se maiores recursos tiverem sido destinados para a proteção ao consumidor, a outra grande tarefa da agência (FTC, 1997c). Entretanto, dado o grande número de ACs nos anos 1980, a manutenção dos gastos da FTC pode ser encarada como um sinal de menor empenho do governo Reagan, levando em conta inclusive que a mudança na orientação das agências teria tornado mais trabalhosa a análise de ACs.

Os gastos da FTC aumentaram em todos os anos do governo Bush (1989-1992) até alcançar US$ 86,7 milhões, pouco menos da metade (45%) dedicada a questões antitruste, um crescimento médio elevado (6,9% ao ano) que parece revelar um inequívoco empenho do governo. No entanto, o número de funcionários dedicados em tempo integral a questões antitruste quase não cresceu (441 pessoas em 1990, 450 em 1993). Assim, o maior orçamento poderia significar aumento dos salários[2] dos funcionários em tempo parcial e/ou aumento das despesas de custeio. Apenas na segunda hipótese não haveria maior dificuldade em apreciar os ACs rapidamente, mas essa não é uma hipótese virtuosa, pois a precarização dos funcionários suscita maior aproximação dos interesses empresariais.

Os gastos da FTC cresceram em ritmo menor, mas significativo (4,2% ao ano) no governo Clinton (1993-1998), alcançando US$ 106,5 milhões em 1998, revelando seu comprometimento com questões antitruste, porque os recursos dedicados a elas foram mantidos (cerca de 47,5% do total). No entanto, o número de funcionários em tempo integral decresceu (430 pessoas em 1998 *versus* 450 em 1993), novamente sugerindo uma maior dificuldade da FTC em apreciar os ACs rapidamente.

Em suma, nesses vinte anos (1978-1998), os gastos da FTC cresceram 73,3%, ou 2,8% ao ano, provavelmente abaixo do necessário para dar conta do número e da complexidade dos ACs. Os governos Bush e Clinton buscaram aumentar os recursos (5,4% entre 1989 e 1998), sendo que o diminuto crescimento anterior (0,7% ao ano entre 1978 e

---

[1] Supôs-se que o orçamento do primeiro ano do novo presidente foi elaborado pelo governo anterior.

[2] Se 90% do orçamento correspondessem a salários, sua média teria crescido 17% – de 5,9 para 6,9 mil dólares mensais.

1989) refletiu a orientação permissiva do governo Reagan (1978-1980). A redução do quadro de pessoal de tempo integral permite afirmar que a FTC foi enfraquecida nesse período.

O orçamento da DA do Departamento de Justiça, em 1997, foi de US$ 92,45 milhões, cerca do dobro dos gastos da FTC na atividade antitruste, não havendo como avaliar a diferença entre as cargas de trabalho das agências, exceto comentar que somente a DA atua criminalmente (Klein, 1998a). A DA possuía 831 funcionários em 1997, 15% menos do que em 1980, demonstrando que o governo Reagan debilitou a agência e que os demais governos não se empenharam o suficiente em fortalecê-la. Dessa forma, a postura de focar a atuação nos casos mais significativos – também adotada pela FTC – explica-se em parte como forma de enfrentar a carência de recursos, prejudicando as investigações em casos menos expressivos e comprometendo a autonomia da agência.

No caso brasileiro, alguns meses após a aprovação, em 1994, da nova legislação, o presidente do Cade, Ruy Coutinho, esperava ver aprovada a estrutura de departamentos e um quadro de pessoal com mais de 200 funcionários, mas as medidas provisórias do governo criaram apenas dois novos cargos de conselheiro[3]. A precariedade era tanta que, mais de um ano depois, a SDE chegou a brigar com o Cade, pois este desejava ficar com 12 técnicos cedidos provisoriamente pela secretaria. Aliás, o Cade sequer possuía uma procuradoria para orientá-lo, quando os casos fossem levados ao poder Judiciário (ela foi criada em 1996), revelando que a política antitruste não desfrutava de apoio governamental.

Na gestão iniciada em 1996, apesar de várias tentativas de Gesner de Oliveira (presidente do Cade), o governo não reconheceu que o órgão possuía uma estrutura precária. Apesar de ter exigido uma melhor estrutura para aceitar a indicação, Gesner de Oliveira procurou alternativas, tendo solicitado empréstimos de US$ 4,6 milhões ao Banco Mundial e ao Banco Interamericano de Desenvolvimento (BID), mais do que o quádruplo do orçamento previsto para o Cade para 1996 (R$ 1 milhão), mas só houve notícias sobre tais empréstimos em 1998, com a chegada de US$ 1 milhão do BID. Não faz sentido que o Cade dependa de empréstimos para atuar, já que suas receitas não permitiriam honrá-los, exceto se o órgão viesse a aplicar muitas multas.

---

[3] As informações utilizadas provieram de matérias publicadas na imprensa.

Cabe acrescentar que Gesner de Oliveira recusou, em 1996, sob o argumento de se tratar de um imposto disfarçado, a proposta de Aurélio Bastos, titular da SDE, para que o Cade cobrasse a apreciação de ACs das empresas, prática vigente nos EUA. Esse não é um argumento razoável, já que a taxa cobrada nos EUA expressa uma noção de justiça fiscal. Aliás, Gesner de Oliveira mudou de posição em 1998, ano a partir do qual o Cade passou a cobrar uma taxa de R$ 15 mil por AC apresentado. Isto pode trazer um substancial aporte de recursos ao órgão, haja vista que, em 1997, o Cade teria recebido R$ 4,16 milhões se tivesse cobrado tal taxa (foram apresentados 277 ACs).

Somente em julho de 1996 o Cade foi dotado de um quadro de pessoal de apoio, mas tratava-se de uma estrutura muito frágil. Foi criada a procuradoria do órgão, que recebeu vinte procuradores recém-concursados, e foram criados 23 cargos em comissão – 12 assessores para os conselheiros e onze funcionários de apoio. Obtido através de transferências de outros órgãos governamentais, esse reforço de pessoal não significava o aporte de funcionários tecnicamente capacitados para lidar com questões antitruste. Aliás, Gesner de Oliveira reclamou que não foi criado o quadro de pessoal permanente do Cade, exigência prevista para ser cumprida em até 60 dias após a edição da nova lei e desde então ignorada, apesar de ter negociado em instâncias superiores. Assim, ações para capacitação dos quadros do Cade, estipulando que 20% do tempo de cada funcionário seriam dedicados ao treinamento (Cade, 1998), parecem ser medidas pouco eficazes.

O Cade fez gestões para receber os funcionários da Sunab (cerca de 300 fiscais), quando esta fosse extinta em 1998, mas eles foram transferidos para os Procon's estaduais, evidenciando que nem a maior afinidade dos novos conselheiros com o governo (vide item "Mandatos e nomeações", adiante) serviu para fortalecer o Cade. O limitadíssimo orçamento previsto para 1996 (R$ 1,2 milhão) teve um pequeno aumento ao longo do ano (R$ 0,6 milhão em créditos suplementares). O orçamento previsto para 1997 foi de apenas R$ 1 milhão. Gesner de Oliveira propôs R$ 7,4 milhões para exercício de 1998, mas o governo previu apenas R$ 3 milhões na proposta orçamentária. Gesner de Oliveira esperava que o Senado aumentasse para R$ 10 milhões a dotação orçamentária do Cade. Isso não só não ocorreu, como o governo acabou reduzindo a verba para R$ 2 milhões. Considerando que R$ 64 milhões foram alocados à Sunab e mais de R$ 20 milhões couberam a órgãos setoriais, como o Departamento Nacional de Combustíveis (DNC) e o Departamento Nacional de Águas e Energia

Elétrica (DNAEE), fica patente que o governo não estava empenhado em fortalecer o Cade.

Nesse sentido, por ter *staff* diminuto e pouco especializado, a demora do governo em indicar novos conselheiros fez com que o Cade muitas vezes não contasse com sete membros no conselho, sobrecarregando os conselheiros da ativa. O Cade atuou com seis membros por sete meses em 1994-1995 (junho-janeiro), nem sequer funcionou entre março e maio de 1996, atuou com somente cinco membros em 1997 (janeiro-abril) e a sétima vaga não foi preenchida de maio de 1998 a meados de 1999.

Em suma, apesar de as agências dos EUA terem perdido recursos nos últimos anos, seus orçamentos antitruste somavam cerca de US$ 140 milhões, cerca de 70 vezes a soma dos R$ 2 milhões gastos pelo Cade em 1998. Como o PIB dos EUA representava na época dez vezes o PIB brasileiro, é flagrante o pouco empenho do governo brasileiro para com a política antitruste, pois a cobrança da taxa para apreciação de ACs apenas triplicaria o orçamento do Cade em 1997. A defasagem do quadro funcional, nos EUA 1.040 funcionários, no Brasil apenas 50 – é muito expressiva, ressaltando-se que nos EUA há carreiras consolidadas e experiência acumulada.

2. Relacionamento com as empresas
Nos EUA, há obrigatoriedade de pré-notificação dos ACs às agências, combinada à exigência de que tais atos sejam realizados sob condição suspensiva – as empresas aguardam a decisão antes de tomar qualquer medida operacional de integração entre elas (Bureau of Competition, 1996). Isto elimina o risco de as empresas realizarem investimentos e eles se tornarem virtualmente irrecuperáveis, caso a agência não autorize o AC, e permite à agência deter um amplo espectro de alternativas para decisão. A vigência de tais dispositivos exige decisões rápidas porque as empresas ficam imobilizadas durante o processo. Ainda assim, esta solução é preferível, já que as empresas podem ter perdas ainda maiores se agirem livremente e as agências vetarem o AC.

No Brasil, as empresas podem notificar os ACs em até 15 dias depois de realizá-los e não precisam esperar qualquer manifestação do Cade para reestruturarem suas operações. Dessa forma, o Cade sempre imporia perdas às empresas se fizesse alguma restrição ao AC, perdas que cresceriam à medida que o órgão demorasse a julgar. O Cade necessitaria possuir uma estrutura melhor para poder atuar rapidamente como as agências dos EUA, que decidem a grande maioria dos casos em um mês[4]. Devido a esta carência e ao texto legal, o Cade dispõe de poucas alternativas para decidir, pois não é razoável impor consideráveis ônus às empresas tanto tempo depois da realização do AC, fazendo-as pagar pela ineficiência do Cade.

Discorrendo sobre o ciclo de audiências realizado em 1995, a FTC (Office of Policy Planning, 1996) diz ter utilizado os estudos setoriais da Fundação Alfred P. Sloan, ficando patente que a agência não tem feito estudos semelhantes, tornando-se vulnerável a manipulações das empresas, ainda mais porque triplicou o número de ACs desde 1991, que passaram a absorver dois terços dos seus recursos, perante os 50% que prevaleciam anos antes.

Embora William Baer, diretor do Bureau Econômico da FTC, sustente que a agência estava desencorajando acordos para resolver os casos rapidamente (antes do fim das investigações), apesar da insistência das empresas e de que a FTC tem ido às cortes quando as partes não concordam com toda a reparação requerida, disse que a agência não era insensível à necessidade de rapidez (Bureau of Competition, 1996). Exemplifica com a permissão para que a Hoechst adquirisse as ações da Marion Merrell Dow, desde que não exercesse o controle sobre as operações da última (até o fim da investigação) e que se comprometesse a aceitar a mais ampla decisão restritiva da FTC. Embora Baer não considere que essa concessão se torne usual – visto que nem sempre a FTC conseguiria definir o espectro dos problemas e soluções possíveis –, é difícil compreender como pode ser estabelecido com segurança o grau máximo de possível restrição ao AC antes do fim das investigações, até porque novas informações poderiam levar à redefinição dos mercados relevantes e/ou dos potenciais efeitos danosos à concorrência. Baer demonstra semelhante compreensão ao dizer que geralmente a FTC não multa as empresas que não pré-notifiquem o AC, exceto se reincidirem, o que não se justifica para as grandes empresas, que sempre dispõem de assessoria jurídica para suas atividades.

Assim, a FTC mostra-se bastante compreensiva para com as demandas das empresas. Devido à redução do seu quadro de pessoal, à

---

[4] Somente para os casos mais complexos os julgamentos podem chegar a três meses. As agências têm 30 dias para decidir se o AC exige análise minuciosa, a qual resulta em um prazo adicional de 60 dias para a decisão.

não realização de estudos técnicos, ao grande aumento no número de ACs e ao escasso tempo para seu julgamento, ela se torna vulnerável a manipulações de informações das empresas e se sujeita a consideráveis dificuldades para realizar suas complexas análises e para impor restrições às empresas.

No Brasil, os prazos para julgamento dos ACs somariam em tese um máximo de 120 dias a partir da apresentação pelas empresas. A Secretaria de Acompanhamento Econômico (SEAE), do Ministério da Fazenda, tem até 30 dias para emitir seu parecer, remetendo-o para a SDE, que dispõe de mais 30 dias para elaborar o seu e remeter a documentação ao Cade, que tem até 60 dias para julgar; se não o fizer nesse prazo, o ato seria considerado automaticamente aprovado. No entanto, todos esses prazos podem ser suspensos quando os órgãos solicitam informações às empresas e isto de fato vem acontecendo, parecendo que os órgãos têm usado este instrumento para formar um juízo mais sólido. O uso freqüente das solicitações de informações permite atenuar o problema do seu escasso e pouco qualificado quadro técnico, porém o aumento do prazo[5] tende a reduzir o espectro das alternativas de decisão, como acima visto.

Visando aumentá-las, Gesner de Oliveira propôs que as empresas envolvidas em ACs congelassem seus investimentos até que o Cade julgasse, prometendo que tais ACs teriam prioridade para julgamento. Não contando com repercussões públicas de apoio, a proposta saiu da pauta.

O Cade mostrou-se compreensivo para com as demandas das empresas em diversos momentos. Como resultado do conflito envolvendo o ministro Jobim (o Cade vetou o AC entre a Gerdau e a Pains em 1995[6]), foi aprovada a Resolução nº 1 do Cade, pela qual o órgão poderia reapreciar uma decisão relativa a AC se as empresas reformulassem a operação de forma a apresentarem fatos novos, relativos às quatro condições necessárias para aprovação de AC, estipuladas no artigo 54. Aumentar o direito de defesa não era uma necessidade premente, uma vez que a demora em julgar os casos mais preocupantes tem propiciado ao Cade estabelecer amplo diálogo com as empresas

---

[5] No caso Colgate/Kolynos e no caso das cervejarias, elas fizeram com que o Cade decidisse após mais de um ano.

[6] Vide capítulo 5.

envolvidas, permitindo-lhes reformular a operação antes da decisão. De qualquer forma, como as quatro condições do artigo 54 permitem discricionariedade ao Cade e como a regulamentação da reapreciação não estatuiu critérios claros sobre a pertinência dos fatos novos a serem apresentados, o Cade tornou-se mais vulnerável a pressões do poder econômico e do governo. Cabe salientar que as empresas não cogitavam recorrer ao Judiciário em razão da sua lentidão, de forma que a reapreciação era o único recurso em pauta.

Muito mais perigoso seria se Gesner de Oliveira encampasse a sugestão de advogados para que o Cade tivesse duas turmas de julgamento (passando a ter dez conselheiros), para duplicar o número de decisões e dar maior possibilidade de reformá-las. Além de não ser razoável criar a figura do conselheiro com mandato parcial – que só opinaria na primeira decisão ou na reapreciação –, essa sugestão estimula a rivalidade entre os conselheiros e incentiva as empresas a recorrerem das decisões.

Além disso, o Cade contemplou as empresas com um dispositivo pelo qual podem requisitar sigilo sobre informações julgadas essenciais (Resolução nº 10 do Cade, de 1º/4/1998). Assim, aumenta o risco de não haver plena transparência na atuação dos órgãos, talvez impedindo que se possa ter elementos para criticar as decisões tomadas, além de dificultar a participação qualificada de segmentos da sociedade civil, caso permitida. Quanto ao descumprimento da obrigatoriedade de apresentar os ACs em até no máximo 15 dias depois de sua realização, somente em 1997 foi criado e aplicado um regulamento para a cobrança de multas, mas seu valor – R$ 65 mil – chega a ser desprezível para grandes empresas. Estas podem considerar que a demora em notificar, aliada à lenta atuação do órgão, reduz a possibilidade de o AC ser vetado e, assim, o atraso é estratégia racional.

Autonomia perante o governo

1. Poder de decisão e posição hierárquica

Duas agências de natureza distinta conduzem a política antitruste nos EUA. A Divisão Antitruste do Departamento de Justiça é um órgão de governo, pois seu chefe é nomeado pelo secretário de Justiça, enquanto os comissários da FTC possuem mandato. Há indícios de que o governo pode interferir na atuação das agências porque não há uma regra clara para dividir o trabalho entre elas, já que a FTC afirma que a atribuição dos casos está baseada principalmente na *expertise* acumulada nos mercados envolvidos (FTC, 1997b). Mas, salientamos, trata-se de critério impreciso que não tende a reduzir o potencial de competição entre as agências. Não há elementos adicionais para avaliar a autonomia das agências, particularmente da FTC, mas não resta dúvida que essa duplicidade de agências dá ao governo um razoável poder de interferência, para além da questão orçamentária.

Transformado em autarquia em 1994, o Cade passou a ter maior autonomia potencial, por não ser mais um órgão subordinado ao Ministério da Justiça (estava apenas vinculado a esse ministério)[7], e por não poder mais ter suas decisões revistas no âmbito do governo (artigo 50 da Lei nº 8.884/94), enquanto o artigo 21 da Lei nº 8.158/91 permitia recurso ao Ministério da Justiça.

Entretanto, as duas secretarias de governo – SEAE e SDE – devem obrigatoriamente emitir parecer antes de o Cade julgar, possuindo cada uma o prazo de 30 dias para tanto, podendo assim limitar a autonomia do Cade perante o governo, seja impedindo decisões rápidas, seja sinalizando às empresas e ao Cade que o governo apreciaria uma determinada decisão.

2. Mandatos e nomeações
Os comissários da FTC são nomeados pelo governo para mandatos de sete anos, o que equivale a quase dois mandatos presidenciais. Como no Brasil os conselheiros têm mandato de apenas dois anos (com a possibilidade de uma recondução), um governo pode alterar completamente a composição do Cade durante o seu mandato. Esta limitação da autonomia do conselho não se justifica, não só por analogia ao caso dos EUA, mas principalmente porque o mínimo razoável seria que os mandatos tivessem a mesma duração que o mandato presidencial (quatro anos) e que os respectivos períodos não fossem coincidentes, de forma que um governo não pudesse nomear todos os conselheiros de uma gestão do Cade.

Esta regra torna-se ainda mais necessária porque tendem a ser indicados nomes afinados com as diretrizes governamentais, desdobramento ló-

---

[7] A Lei nº 4.137/62 vinculava o Cade diretamente à presidência do Conselho de Ministros (regime parlamentarista) enquanto a Lei nº 8.158/91 subordinava-o à SDE; logo àquele ministério.

gico do fato de que somente o governo tem a prerrogativa de indicar nomes, cabendo ao Senado apenas apreciá-los. Ainda que as indicações do governo viessem a ser rejeitadas, o Senado só poderia adquirir algum poder de nomeação se estivesse disposto a bloqueá-las sistematicamente, hipótese pouco plausível quando há muitas questões a serem votadas, ou se o governo discutisse os nomes com o parlamento, hipótese democraticamente salutar, mas não imperativa, já que há outros mecanismos de negociação para manter o parlamento afastado de questões dessa natureza.

Não foram obtidas informações sobre o processo de nomeação nos EUA, mas sabe-se que lá o Parlamento historicamente detém um grande poder. Por isso, pode-se supor que o governo tenha que discutir as nomeações, até porque as comissões do parlamento podem estar capacitadas a discutir a política antitruste, apesar da sua complexidade.

Foi possível analisar manifestações públicas quanto às nomeações de conselheiros do Cade para as gestões iniciadas em 1996 e 1998. As especulações sobre a mudança na composição do Cade, prevista para março de 1996, começaram cerca de um semestre antes. Apesar de o órgão ter vetado três ACs (Rhodia/Sinasa, Brasilit/Eternit e Gerdau/Pains), a disputa parecia estar circunscrita aos órgãos antitruste até 1995. Havia rumores de que o presidente do Cade, Ruy Coutinho, queria continuar e que o titular da SDE, Aurélio Wander Bastos, desejava ser indicado.

A sucessão veio a público em fevereiro de 1996, em meio ao conflito entre o Cade e o governo quanto ao caso Gerdau/Pains, demonstrando a importância dos cinco nomes a serem indicados[8]. Inicialmente, partidos da base política do governo sugeriram nomes – o ex-senador Mauro Benevides, do PMDB, e o assessor legislativo do PFL, Marcus Vinícius de Campos, o senador José Sarney indicou o deputado Vital Rego (PDT). O Ministério da Justiça examinava diversos nomes, como Hebe Teixeira e Marta Roriz, da SDE, e a economista Lúcia Salgado. Como até a Fiesp indicou um nome – o então ministro aposentado do Tribunal Superior do Trabalho, TST, Roberto Della Manna –, assim como Sarney – cujo apoio ao governo não era sistemático –, fica demonstrada a importância que o Cade passou a ter.

Pouco tempo depois, os ministros Pedro Malan e Nelson Jobim manifestaram que os novos conselheiros devessem ser técnicos, já que o

---

[8] Edgar Rosa e Edson Rodrigues Chaves tinham mandato até janeiro de 1997.

chefe de gabinete de Jobim, José Gregori, pensava em professores universitários com bagagem técnica e experiência prática. Antes da data das nomeações, os dois ministros e José Serra reuniram-se com o presidente Fernando Henrique Cardoso, chegando-se ao consenso de indicar técnicos especializados, com formação jurídica ou econômica, ainda que tivessem padrinhos políticos (*GM*, 1/3/1996, p. A-10). É bastante provável que o governo estivesse muito preocupado que a balcanização política pudesse gerar novos conflitos com o Cade. Ao mesmo tempo, a publicização da questão levava o governo a reafirmar seu discurso sobre as novas agências, enquanto materialização da propalada reforma do Estado, até porque os projetos das agências reguladoras setoriais estavam sendo elaborados.

Somente às vésperas da nomeação apareceram os nomes de Gesner de Oliveira, de Renault Freitas de Castro e de Paulo Dyrceu Pinheiro, respectivamente indicações dos ministros Pedro Malan, Dorothéa Werneck e Luiz Felipe Lampréia, precedidos em alguns dias pelos nomes de Lúcia Salgado (economista do Instituto de Pesquisas Econômicas Aplicadas – IPEA, indicação atribuída ao ministro Antônio Kandir), de Antônio Carlos Fonseca (talvez indicação do Ministério da Justiça) e de Leônidas Xausa (indicação do senador Pedro Simon, de quem Xausa era suplente). Apenas no último caso havia uma correlação partidária, de forma que as indicações pautaram-se por critérios político-administrativos. Como a temática antitruste ainda era muito incipiente no país, havia poucos especialistas disponíveis (dentre os conselheiros, apenas Lúcia Salgado já havia atuado nesta área), tornando menos questionável esta múltipla origem dos conselheiros. Por outro lado, a composição entre diversos órgãos de governo poderia permitir maior autonomia aos conselheiros.

O mandato de dois conselheiros terminou em janeiro de 1997, mas desta vez não houve uma acirrada disputa pelos cargos. O diplomata Paulo Dyrceu Pinheiro foi reconduzido por indicação do Itamaraty, que se interessava em consolidar a interlocução com o Cade visando à Associação de Livre Comércio das Américas (Alca), e o Mercosul. Edson Rodrigues Chaves desejava continuar, mas sua recondução era difícil, provavelmente porque fora figura central no conflito com o ministro Jobim. Ao sair, absteve-se de reiterar críticas às ingerências do governo (*GM*, 31/1/1997, p. A-13). O nome mais cotado para substituí-lo era o de Bolívar Moura Rocha (secretário da SEAE), tendo sido mencionados Magali Klamjic (assessora do Cade) e Arthur Barrionuevo Filho, que foi nomeado.

Não houve participação pública da classe política e a disputa pareceu estar restrita ao Ministério da Fazenda, inclusive porque o recém-nomeado ministro da Justiça, Íris Resende, era pouco afeito à matéria. Barrionuevo provavelmente contou com o apoio de Gesner de Oliveira e do ministro Bresser Pereira, dos quais era colega na Fundação Getúlio Vargas de São Paulo. O Ministério da Fazenda também preponderou nas nomeações referentes aos demais órgãos antitruste – substituição do titular da SDE, Aurélio Wander Bastos, que não queria sair e teve atritos com o Cade e com a SEAE, por Ruy Coutinho, o anterior presidente do Cade, indicação atribuída a Gesner de Oliveira. As declarações iniciais de Coutinho são emblemáticas, pois defendeu a extinção da Lei Delegada nº 4 (que permitia a prisão dos infratores à ordem econômica), repudiada pelo Ministério da Fazenda.

O predomínio do Ministério da Fazenda também se fez presente no processo de renovação que teve início em abril de 1998, através de especulações públicas de advogados e interessados. Embora a reapreciação favorável da associação entre Antarctica e Anheuser-Busch tenha sugerido uma recomposição entre os conselheiros, Renault Castro resistia em aceitar a reapreciação do similar caso Brahma/Miller e Antônio Carlos Fonseca estava, há tempos, antipatizado com os colegas, além de ambos estarem fazendo exigências para aprovar o caso Copesul. Ficou patente que não partilhavam da orientação liberal que passou a prevalecer depois que os conselheiros Lúcia Salgado, Leônidas Xausa e Paulo Pinheiro deixaram de postular decisões mais restritivas para aprovar ACs.

Os dois conselheiros ameaçados manifestaram interesse em sair do Cade, alegando motivos pessoais. Depois de terem sido vencidos no caso Copesul, Castro disse que a estrutura do Cade não condizia com suas responsabilidades e Fonseca criticou a falta de harmonização entre os órgãos e a ausência de informações e de técnicos bem treinados (*GM*, 13/4/1998, A-9, e *FSP,* 6/5/1998, 2-12).

É importante salientar que evitaram criticar a orientação mais liberal assumida pela maioria dos conselheiros (vide capítulo 6), certamente não contribuindo para o aprofundamento da discussão pública de questões antitruste. O fato de Fonseca pleitear outro cargo público[9] e

---

[9] A presidência de uma autarquia vinculada ao Ministério da Indústria, Comércio e Turismo.

de Castro pretender tornar-se consultor de empresas na área antitruste parece explicar esses posicionamentos. Fonseca estaria evitando criar atritos com a poderosa equipe econômica, enquanto Castro não pretendia firmar uma posição nitidamente contrária à política liberal, o que provavelmente o afastaria dos seus potenciais clientes privados.

Somente às vésperas da nomeação mencionaram-se possíveis candidatos às três vagas abertas[10]. Não foram escolhidos os nomes mencionados publicamente – o economista da FGV Luiz Schymura, o coordenador-executivo do PNBE Fernando de Oliveira Marques ou Hebe Romano (teria sido indicada pelo Ministério da Justiça), com exceção de Ruy Santa Cruz, funcionário da SEAE. As duas outras indicações fugiram do padrão sugerido por essas especulações. Houve uma nomeação tipicamente política – Mércio Felsky, indicado pelo pefelista Vílson Kleinubing – e outra aparentemente pessoal – Marcelo Calliari foi considerado uma indicação de Gesner de Oliveira.

A nomeação política provavelmente foi considerada pouco importante, dado o perfil dos conselheiros remanescentes (Gesner de Oliveira e Salgado, reconduzidos, e Barrionuevo com mais um ano de mandato[11]), tornando patente o controle do Ministério da Fazenda e simultaneamente o fortalecimento da posição do presidente Gesner de Oliveira. Nenhum segmento político reivindicou publicamente algum espaço e a indicação atribuída ao Ministério da Justiça não pareceu um engajamento político, mas sim um *lobby* dos funcionários do ministério.

Perspectivas de carreiras privadas

Analisando as restrições à participação de ex-funcionários da FTC em procedimentos da agência[12] (conhecida como quarentena), conclui-se que os que tiveram uma posição relevante podem atuar junto à FTC a partir de um ano após se desligarem da agência. Isto porque esta possibilidade é negada no caso de eles terem participado do caso ou obtido conhecimento específico ligado à investigação em até três anos antes da saída da FTC, mas, como a conceituação desse conhecimento não é pre-

---

[10] O conselheiro Pinheiro aceitou a nomeação para a embaixada de Singapura.
[11] Leônidas Xausa faleceu nessa época, mas sua vaga não foi preenchida de imediato.
[12] Trata-se de FTC *Rules of Practice*, §§ 4.1 – *Appearances*, item (b).

cisa, parece difícil que seja obstada a participação de um ex-funcionário por esse motivo, até porque é permitida a atuação de um escritório ao qual ele esteja associado, desde que seja assegurado que ele não atuaria.

Tomando um ano como regra, há grande incentivo para que ex-funcionários busquem seguir carreira no setor privado, inclusive porque, como as agências não têm aceitado queixas de pequenas empresas que pleiteiam indenizações, o campo de atuação para um profissional das questões antitruste estaria restrito à assessoria a grandes empresas, à atividade universitária – menos atraente financeiramente – ou a outras posições de governo. Portanto, a autonomia dos comissários tende a ser comprometida pelo incentivo a trajetórias ligadas às grandes empresas ou aos governos.

Não havia dispositivo legal, ou resolução do Cade, impedindo que ex-conselheiros possam, assim que se desligarem do órgão, atuar direta ou indiretamente junto a ele. No entanto, há dispositivos proibindo os conselheiros na ativa de exercerem profissão liberal e de emitirem parecer (incisos II e IV do artigo 6º da Lei nº 8.884/94). O conselheiro Arthur Barrionuevo praticamente violara o primeiro dispositivo, uma vez que foi coordenador de um curso sobre a defesa da concorrência na Fundação Getúlio Vargas (São Paulo), para um público não constituído de estudantes, mas por profissionais atuantes na área. Apenas a partir do final de 1997, Gesner de Oliveira propôs criar uma quarentena para os conselheiros do Cade, primeiro por um prazo de seis meses, depois de um ano. Os prazos são exíguos, mas é preciso levar em conta que os mandatos dos conselheiros também o são (dois anos), de forma que restringir sua atuação na órbita privada por mais tempo prejudicaria sua vida profissional. Para criar uma quarentena por um período razoável, exige-se o aumento do mandato para pelo menos quatro anos.

Apesar de a FTC contar com um dispositivo de quarentena, o prazo de apenas um ano torna-o insatisfatório. Uma solução razoável seria (no Brasil e nos EUA) manter, por certo tempo, o ex-conselheiro (ou ex-comissário) em alguma atividade de assessoramento à agência, sem ter contato com casos, ou estudando práticas antitruste e questões doutrinárias em outros países. Essa medida não afetaria a vida profissional dos ex-conselheiros e ao mesmo tempo dificultaria que atuassem estrategicamente.

Entretanto, a solução mais adequada implicaria mudanças muito mais profundas. Caso fossem nomeadas pessoas indicadas por associações ligadas aos consumidores, às pequenas empresas e aos trabalhadores, seriam menores as possibilidades de os conselheiros virem a ser seduzidos por ofertas oriundas do poder econômico e/ou do governo.

Trajetórias dos conselheiros (comissários)

Robert Pitofsky, *chairman* da FTC em 1998, foi indicado pelo presidente Clinton, em 1995, em substituição a Janet Steiger, que passou a comissária e, portanto, tinha a confiança do governo Clinton[13]. Pitofsky possui larga experiência profissional e acadêmica na temática antitruste, tendo atuado na FTC em dois períodos (1970-1973 e 1978-1981)[14]. Fez oposição tanto à orientação permissiva adotada pelo governo Reagan, quanto às posturas rigorosas prevalecentes nas décadas de 1960 e 1970 (Pitofsky, 1991). Apesar dessa posição intermediária, há uma tendência de vinculação com interesses privados porque Pitofsky atuou no escritório Arnold & Porter, de 1982 até 1995, provavelmente defendendo grandes empresas perante as agências, já que há indicações do virtual desaparecimento dos pedidos de indenização oriundos das pequenas empresas.

Mary Azcuenaga foi comissária da FTC de 1984 a 1998, indicada por Reagan e reconduzida por Bush, possuía grande experiência na área – era funcionária da FTC desde 1973. Suas posições, pelo menos no caso Boeing/McDonnel Douglas[15], não parecem revelar plena sintonia com a declarada permissividade do governo Reagan. Por não ter atuado em âmbito privado, não se pode supor qualquer vinculação com interesses empresariais.

Janet Steiger foi comissária de 1989 a 1997. Filiada ao Partido Republicano, atuava no governo desde 1980 – primeiro como comissária da Postal Rate Comission (nomeada por Carter), depois como *chairman* por sete anos a partir de 1982. Steiger manifesta-se contra a política de Reagan (Azcuenaga, 1991), parecendo ter uma posição próxima a Pitofsky, apesar das posições confiadas por Reagan e Bush. Steiger não tinha experiência anterior em questões antitruste, embora ter atuado na comissão

---

[13] A biografia dos comissários foi obtida em FTC (1997d).
[14] Primeiro como diretor do Bureau de Proteção ao Consumidor, depois como comissário da agência.
[15] Vide capítulo 4, seção "Decisões relevantes".

postal a ajudasse a lidar com o poder econômico. Como não atuou no âmbito privado, não há como vinculá-la a interesses empresariais.

Roscoe Starek foi nomeado em 1990 pelo governo Bush, ao qual era muito ligado, pois participou do grupo de transição. Como lidara com assuntos referentes a narcóticos e ao terrorismo, mostrava-se pouco afeito às questões antitruste, sugerindo que sua atuação pode ter sido orientada pelos interesses do grupo de Bush. Starek trabalhou no setor privado de 1972 a 1982, mas não parece estar vinculado a ele, pois não há menção aos cargos que ocupou.

Christine Varney atuou como comissária de 1994 a 1997, nomeada pelo governo Clinton, ao qual era muito ligada, pois comandou o gabinete da secretaria da presidência. Como não possuía qualquer experiência anterior com questões antitruste, pode-se supor que seguia as orientações do governo ao qual serviu tão de perto. Embora tenha atuado no escritório Hogan & Harston, não se pode afirmar que Varney tendesse a defender interesses privados, devendo ter prevalecido as orientações emanadas do governo Clinton.

Nota-se, portanto, que a maioria dos comissários não provinha dos meios privados e todos estavam atrelados aos governos que os nomearam. O fato de não possuírem experiência em matéria antitruste torna difícil supor que poderiam tomar atitudes autônomas diante das orientações governamentais.

Quanto ao caso brasileiro, de todos os conselheiros atuantes em 1997 quatro eram economistas, constituindo maioria no Cade; na gestão anterior (1994-1996) havia dois economistas, parecendo indicar que, então, ele pouco investigava, e se apoiava em pareceres das secretarias – jurídicos da SDE e econômicos da SEAE. Na gestão 1996-1998, fica patente um incremento no papel investigativo do conselho, que pareceu julgar (pelo menos os ACs) a partir de suas análises.

Não foi possível saber ao certo o perfil dos conselheiros da gestão 1994-1996, mas cinco dentre os sete membros já ocupavam essa posição desde 1992[16], quando a atuação do Cade era pouco relevante, sugerindo tratar-se de funcionários da administração pública, tendentes, portanto, a seguir a orientação do governo. Na gestão 1996-1998, três conselheiros

---

[16] A saber: Ruy Coutinho, Carlos Vieira de Carvalho, José Matias Pereira, Neide Malard e Marcelo Soares.

já atuavam na área econômica do governo. Dois deles em cargos de confiança – o presidente, Gesner de Oliveira, era secretário-adjunto da Secretaria de Política Econômica do Ministério da Fazenda (na gestão do presidente Fernando Henrique Cardoso) e Renault de Castro era diretor do Departamento Nacional do Café, do Ministério da Indústria, do Comércio e do Turismo. De outro lado, a economista Lúcia Salgado fez carreira técnica no IPEA – órgão do Ministério do Planejamento – e acadêmica (Universidade Estadual do Rio de Janeiro).

Dos três novos conselheiros, apenas Leônidas Xausa possuía ligação política com o governo, pois foi eleito, em 1990, suplente de senador pelo PMDB do Rio Grande do Sul, que apoiava claramente o governo. Por outro lado, o conselheiro Paulo D. Pinheiro seguia carreira diplomática (era embaixador no Paquistão) e Antônio Fonseca era procurador regional da República em Brasília. Dessa forma, os dois últimos conselheiros e Lúcia Salgado não pareciam possuir vinculação direta com o governo, somando-se a eles, em janeiro de 1997, o economista de carreira acadêmica, Arthur Barrionuevo, que assumiu o posto de Edison Rodrigues Chaves.

Embora não tenha sido caracterizado um perfil homogêneo dos conselheiros, o fato de eles não possuírem experiência no tema (exceto Lúcia Salgado) e de suas nomeações terem sido atribuídas a diversos ministérios sugere que o grau de autonomia deles perante o governo era pequeno. Por outro lado, por não haver uma regra de quarentena, os conselheiros têm maior autonomia para buscar articulações visando futura carreira privada.

As três nomeações de 1998 tendem a aumentar a qualidade das decisões do Cade, pois Marcelo Calliari – assessor para assuntos internacionais do Cade – e Ruy Santa Cruz – funcionário da SEAE – atuavam na área, embora Mércio Felsky tenha sido indicação política. De outro lado, o maior controle do Ministério da Fazenda sugere menor autonomia perante o governo.

Considerações finais

O aumento dos recursos das agências dos EUA foi modesto a partir de 1980 e, aliado à redução do seu pessoal de tempo integral, diminui sua autonomia perante o governo e, principalmente, prejudica sua capacidade de aplicar a lei rápida e plenamente. O caso brasileiro é muitíssimo pior: o orçamento e o quadro de pessoal são modestíssimos, demonstrando claramente que o governo não atribuía relevância ao Cade.

As agências dos EUA dispõem de um mecanismo – a notificação prévia de ACs – que lhes permite vetar operações sem gerar grandes perdas privadas. No entanto, as agências são vulneráveis às manipulações das empresas porque não fazem estudos setoriais para obter informações mais confiáveis. Ao atenderem às demandas empresariais por mais rapidez, no contexto de uma redução em seu pessoal, há um considerável estreitamento das suas alternativas de decisão. Apreciando AC somente após sua realização e não possuindo uma estrutura operacional adequada, o Cade tende a demorar a julgar. Assim, perde capacidade de vetar ACs sem gerar perdas privadas. Aceitando diversas demandas empresariais – reapreciar casos e manter os dados em sigilo – e punindo modestamente as ausências de notificação, o Cade tendia a estreitar ainda mais suas alternativas de decisão.

Há duas agências antitruste nos EUA, uma subordinada, a outra autônoma (FTC) perante o governo, o qual tem, portanto, algum grau de interferência, inclusive por não haver um critério claro para atribuir casos a uma ou a outra agência. Os mandatos são longos (sete anos) e as nomeações parecem ser discutidas com o Congresso, fatores que podem reduzir aquela interferência, apesar da limitação orçamentária e de pessoal. Enquanto autarquia, o Cade tem pequena autonomia, mas ela é em parte tolhida pela participação das secretarias de governo e pela limitação orçamentária. Os dois anos de mandato também a restringem, ainda mais porque somente o governo pode indicar conselheiros e porque o Congresso apenas ratifica essas indicações. A autonomia tende a ser pequena, especialmente por as nomeações terem sido pautadas pelo governo, em 1996, na forma de uma divisão entre ministérios, desde então pelo predomínio do Ministério da Fazenda, em 1998, consolidando um perfil liberal entre os conselheiros.

Como um ano após saírem das agências dos EUA seus ex-membros podem atuar junto a elas, há bastante incentivo para eles atuarem estrategicamente nas agências, visando prestar assessorias às empresas, apesar do longo tempo de mandato. Ainda não fora criado instrumento semelhante para o Cade, propiciando fortes incentivos para os conselheiros buscarem assessorar as empresas, havendo sinais de que isto já ocorria, já que o conselheiro Barrionuevo ministrou cursos para profissionais atuantes na área. Considerando o curto mandato, o incentivo para seguir a carreira privada é muito elevado.

A maioria dos comissários da FTC possuía estreitas relações com os governos que os nomearam o que, dada sua inexperiência no tema, favorece sua orientação pelos interesses dos governos, reduzindo a importância de sua autonomia institucional. Tais características sugerem carreiras públicas e tornam menos provável sua sedução por futuras carreiras privadas, embora outros incentivos sinalizem em sentido contrário. Os conselheiros da gestão 1994-1996 do Cade possuíam pouca experiência no tema e eram funcionários públicos, tendendo a serem orientados pelos interesses do governo, até porque o mercado privado era pequeno. Na gestão seguinte, aumentou-se a capacidade técnica dos conselheiros e nem todos provinham do governo, mais isso apenas relativiza sua pequena autonomia perante o governo, dados os inúmeros fatores apontados, notadamente quanto às nomeações e ao tempo de mandato. Apesar da origem acadêmica, as facilidades de eles seguirem carreiras privadas, devido ao crescimento do mercado de assessorias, aumentam o potencial de sedução das empresas.

Em suma, a limitação da capacidade de ação das agências e a sujeição dos conselheiros ao governo não são muito significativas nos EUA e as carreiras privadas, para eles, são atrativas. Isso não caracteriza uma tutela do governo (de tais poderes) sobre as agências, mas dá a ele grande capacidade de questionar as decisões. No Brasil, a autonomia de decisão é menor e o governo possui mais poderes para tutelar o Cade. A atratividade do poder econômico é também potencialmente elevada, de forma que há grande dificuldade para resistir a questionamentos oriundos dele.

4

A ATUAÇÃO DAS AGÊNCIAS DOS EUA

As mudanças dos anos 1980 e os discursos atuais

Logo ao assumir, o governo Reagan propôs eliminar todo o orçamento antitruste da FTC e o novo chefe da DA, William Baxter, chegou a dizer que as decisões das Cortes nos anos 1960 eram ridículas. De forma ainda mais grosseira, Baxter disse que as decisões eram "arquitetadas a partir de uma variedade de teorias esotéricas e infundadas, e meramente enfeitadas por meio de proposições econômicas excêntricas em um número de decisões que eram essencialmente absurdas" (Correia, 1991).

Urgia reformar a legislação porque ela dificultava a capacidade competitiva das empresas dos EUA. A proposta foi muito criticada, particularmente pelos pequenos empresários, e não teve apoio do Congresso.

Pitofsky (1991) diz que nos oito anos de governo Reagan a política antitruste limitou-se ao questionamento de cartéis horizontais, grandes ACs horizontais e práticas predatórias, virtualmente deixando de lado todo o resto. Não trouxe nenhum caso de RPM (fixação de preço de venda) à baila, apesar de as Cortes e de o Congresso, diversas vezes, sustentarem sua ilegalidade[1]. Também não questionou qualquer AC vertical – contrariando suas próprias diretrizes de 1984 –, nem alguma

---

[1] O Congresso pediu que a DA retirasse a proposta de diretrizes para restrições verticais em 1986 (Correia, 1991).

tentativa de monopolização (seção 2 do Sherman Act) ou restrições verticais que não incluíssem preço, que poderiam ser julgadas ilegais pelas suas próprias diretrizes. O governo Reagan permitiu uma onda recorde de ACs que, entre 1980 e 1986, passaram de 824 para 1939 casos, evoluindo do montante de US$ 73 bilhões, em 1983, para US$ 177 bilhões em 1986, incluindo os gigantescos ACs horizontais na indústria petrolífera, como Gulf/Socal e Texaco/Getty[2].

A revogação das diretrizes para restrições verticais de 1985 parece ser o único grande marco do rompimento com a orientação da era Reagan. Tais diretrizes legalizavam quase todas as restrições à concorrência ao longo da cadeia produtiva (entre as esferas da produção e da distribuição), tratando os acordos de fixação de preços segundo suas motivações e implicações. Pressupunha-se que tais acordos geravam eficiências, mas a DA avaliou que havia uma excessiva valorização da teoria sobre os fatos e que em certos casos aquelas diretrizes contrariavam as jurisprudências legais – como a fixação de preços na cadeia produtiva, a qual era sempre julgada ilegal (de *per se*).

Salgado (1997) afirma que as mudanças dos anos 1980 teriam decorrido principalmente da perda de competitividade da indústria dos EUA, mas também contaram com as alterações no ambiente político – articulação de interesses das empresas e a própria ascensão de Reagan – e nos meios intelectuais – as críticas da Escola de Chicago, da teoria dos mercados contestáveis e da teoria da economia dos custos de transação. Dessa posição decorreria que somente a ascensão de Clinton não teria sido capaz de reverter tais mudanças.

No entanto, ao se observar casos importantes ocorridos nos anos 1980 (Kwoka & White, 1994), a política não foi claramente permissiva, já que a AT&T foi desmembrada (1982) e foram vetados os ACs Mobil/Marathon (1981) e Coca-Cola/Dr Pepper (1986), embora tenham sido aprovados os casos Du Pont (1980) e GM/Toyota (1983).

A secretária de Justiça do governo Clinton, Janet Reno, fez uma única recomendação para Anne Bingaman, chefe da DA: "enforce the law rigorously and do the right thing" (Bingaman, 1983). Parecendo significar "resista às pressões e faça o que deve ser feito", a expressão

---

[2] Em 1983, foram 137 casos acima de US$ 100 milhões; em 1986, 353 casos superaram este montante.

sugere que a agência estaria tendo grandes dificuldades para atuar. Como Bingaman era experiente em litigação antitruste, sua indicação sinalizaria uma política mais vigorosa.

Algum tempo antes, a comissária Azcuenaga disse que a FTC assumiu uma postura antitruste rigorosa, atribuindo-a às mudanças lideradas pela chairman Janet Steiger nos dois últimos anos, especialmente quanto à repressão às práticas anticoncorrenciais, reforçando a visão da retomada de uma política rigorosa sob o governo Bush (Pitofsky, 1991).

Os discursos sobre as decisões

Em 1997, o número de ACs notificados às agências cresceu pelo sexto ano consecutivo, chegando ao recorde de 3.702 operações, 136% acima das 1.529 transações apresentadas em 1991 (Bureau of Competition, 1998). Como qualquer ACs em que uma das partes tenha faturado mais de US$ 15 milhões anuais deve ser notificado, esses recordes não indicam estar em curso uma grande onda de centralização de capital nos EUA. Pelo mesmo motivo, não se pode dizer que o questionamento a cerca de 2% das transações (média entre 1994-1997) evidencie uma política antitruste permissiva.

A FTC descreve sumariamente os riscos à concorrência e as medidas negociadas quanto aos 23 acordos celebrados em 1996 (FTC, 1997a) – dos 43 casos submetidos a uma investigação mais detalhada, três foram proibidos e dezessete foram plenamente aprovados. Pode-se notar que em sete casos o problema verificado foi a formação de um monopólio, enquanto em outros doze foi alegada uma substancial redução da concorrência. Desses doze, em apenas dois casos são citados percentuais de mercado, em dois se fala em maior probabilidade de colusão e, nos oito restantes, é possível supor elevados percentuais de concentração, pois em três deles se trata da união das maiores concorrentes, hipótese mais provável nos demais cinco casos. Entre os restantes quatro casos, em três deles o problema era o risco de os ACs levarem ao monopólio de fornecimentos no setor de defesa e em um tratou-se da eliminação de um concorrente que atuava agressivamente.

Apesar da exposição sumária, pode-se supor que a FTC buscou questionar apenas ACs que resultaram em elevadíssimos graus de concentração de mercado – não só pelo grande número de monopólios (7 casos ou 30% do total) e de uniões entre os maiores concorrentes citados (8 casos), como principalmente porque apenas para três casos parece possível supor que a concentração não era tão elevada – os dois casos de maior probabilidade de colusão e aquele no qual houve a eliminação de um concorrente agressivo. Não foi possível saber quantos dos casos não questionados teriam revelado graus de concentração preocupantes[3], mas não elevadíssimos, e porque a FTC os aprovou sem impor condições. As orientações reveladas nos casos aprovados através de acordos parecem dar razão a Mueller (1996) quando ele diz que as agências só estavam dispostas a questionar transações que envolvessem elevadíssimos graus de concentração.

As condições impostas pela FTC para aprovação de ACs em 1996 consistiram na sua esmagadora maioria em alienações parciais de ativos, já que em apenas quatro casos (dentre os 21 acordos celebrados) outras condições foram impostas. Supondo que a atenção estava focalizada nos casos com elevadíssimos graus de concentração, é necessário salientar que as agências poderiam estar sujeitas a menores resistências se propusessem alienações de ativos referentes apenas a algumas partes envolvidas nas transações – restringindo o âmbito de produtos (para a indústria, como a farmacêutica e a de defesa) ou de regiões (para os supermercados, hospitais, distribuição de gás, instituições financeiras e funerárias).

O diretor do Bureau de Competição da FTC (Bureau of Competition, 1997) afirma que a agência limita o escopo e o prazo de sua interferência quando negocia com as empresas, pois isto gera benefícios como evitar custosas litigações judiciais e permitir que a parte não problemática da transação possa acontecer, fazendo com que os consumidores sejam beneficiados pelos ganhos de eficiência derivados dos seus aspectos pró-competitivos. Ocasionalmente os acordos assumem características regulatórias[4], mas isso seria necessário para combinar a preservação das eficiências com o tratamento dos problemas concorrenciais.

---

[3] Segundo as diretrizes para fusões, isto aconteceria quando fosse apurado um IHH superior a 1.800 pontos com variação (devida à transação) de mais de 50 pontos. Para maiores detalhes, vide capítulo 2, seção "Orientações das normas legais", item 1.

[4] Como o licenciamento de marcas ou tecnologias ou condições para facilitar o acesso a mercados.

Entretanto, tais medidas suscitam riscos concorrenciais, pois não é simples assegurar que as empresas compradoras desses ativos se tornem concorrentes efetivos, já que tais ativos geralmente abrangem um restrito conjunto de produtos ou regiões, potencialmente insuficientes para gerar as necessárias economias de escala de produção, distribuição, inovação e propaganda. Reconhecendo haver tais riscos, o Bureau realizou estudos sobre a efetividade das decisões tomadas entre 1990 e 1994 e concluiu ser necessário reduzir o prazo para a consumação da alienação e, em certos casos, aumentar o conjunto de ativos envolvidos. Isto demonstra que a ênfase na alienação parcial de ativos não foi precedida por estudos e evidências de que ela ensejaria uma substancial concorrência no mercado.

Embora o Bureau avaliasse que tais medidas em geral tivessem obtido sucesso, apontou problemas em metade dos casos que tratavam de ativos selecionados[5], somando 25% de todos os casos. Ao não mencionar as participações de mercado das novas empresas, não se soube qual seria o indicador de sucesso. Além disso, é duvidosa a avaliação de que as alienações foram bem sucedidas, visto que, dentre os casos problemáticos, figuram operações relevantes como a transação entre os grupos Ciba e Sandoz.

A FTC chegou a mencionar que poderia utilizar o monitoramento posterior à decisão para assegurar-se da sua efetividade. Comentando a solução da FTC para o caso Eli Lilly/PCS Healthy Systems, Pitofsky (1995a) avaliou que a última (intermediária entre a primeira e os consumidores) poderia penalizá-los via preço e/ou restrição à escolha de medicamentos, favorecendo a Eli Lilly. Obtendo mais informações através de comentários públicos, a FTC avaliou que o primeiro acordo, pelo qual a Eli Lilly se comprometia a não incorrer nessas práticas, não era satisfatório, visto que se tratava do terceiro caso de integração vertical nesse segmento (Varney, 1995). Embora Pitofsky tenha preconizado esse monitoramento para os ACs em mercados que estão passando por rápidas mudanças tecnológicas – quando forem altamente incertos os efeitos anticompetitivos de um lado, os ganhos de eficiência do outro –, não houve outra análise nessa linha, nem mesmo para essa espécie de mercado.

---

[5] Aqueles que não representavam uma empresa imediatamente apta a operar como tal (*free-standing business*).

Decisões relevantes

A decisão tomada no caso Staples/Office Depot pode ser considerada um exemplo de rigor da política antitruste. Segundo a seção 13(b) do FTC Act, a corte distrital pode autorizar uma injunção preliminar para proibir um AC. A corte autorizou-a após examinar os direitos das partes, a probabilidade de sucesso da FTC na litigação e se a injunção atendia ao interesse público.

A decisão pode ser considerada exemplarmente rigorosa, pois a análise e a fundamentação das conclusões da FTC foram bastante consistentes, técnica e logicamente (FTC, 1997e). Para concluir que o mercado relevante para análise restringia-se às grandes lojas (*superstores*) de material de escritório, não foi preciso fazer o teste hipotético (previsto nas diretrizes para fusões) sobre a probabilidade de que um aumento de 5% fosse rentável por um período significativo. Foram obtidas séries de preços mostrando que estes são menores nas cidades onde as três *superstores* nacionais[6] estão presentes e maiores (em mais de 5%) naquelas onde apenas duas (ou somente uma) delas concorrem, especialmente quando a Office Depot está ausente. Isso mostra que os consumidores não procurariam outras empresas (que não as *superstores*) ou outras cidades em número suficiente para inviabilizar um aumento de preço das *superstores*. Apurou-se que o grau de concentração (*superstores* nas cidades) era elevadíssimo, alcançando 100% em 15 áreas metropolitanas e 94% em outras 27 cidades. A FTC salienta que os demais varejistas não oferecem o leque de produtos, a imediata disponibilidade em estoque e a conveniência que os consumidores requerem.

Embora não se possa obter tantas informações sobre preços em todos os casos, fica patente a importância dessa análise para definir com maior rigor o mercado relevante e os efeitos deletérios dos ACs. Recorrer a informações de varejistas e concorrentes ou a comparações internacionais poderia fazer com que a definição do mercado relevante dependesse menos de testes hipotéticos.

Descobrindo que a Office Depot tem sido a empresa líder na redução de custos e de preços, a FTC constatou riscos de efeitos unilaterais danosos à concorrência[7] (previstos nas diretrizes), uma vez que as duas

---

[6] Além das duas, somente a OfficeMax atua nacionalmente.

[7] Trata-se de efeitos que, face ao poderio da empresa, prescindem de ações coordenadas entre os concorrentes.

superstores eram vistas pelos consumidores como as substitutas mais próximas, uma perante a outra. Assim, o AC faria com que o aumento de preço de uma empresa pudesse conduzir consumidores à outra, tornando-o rentável para o grupo como um todo. Como a FTC descobriu que as empresas estavam planejando abrir várias *superstores*, o AC também ameaçava reduzir a concorrência.

A obtenção de evidências históricas de que se tratava da eliminação do concorrente mais eficiente e agressivo qualifica de forma bastante convincente os riscos do ACs para a concorrência. Embora seja muito difícil obtê-las para todos os casos preocupantes, mais uma vez isso não quer dizer que as agências não pudessem tentar chegar tão longe, realizando estudos setoriais e contando com contribuições de terceiros.

A principal barreira à entrada detectada foi a necessidade de economias de escala em propaganda e distribuição e obter, assim, custos baixos suficientes para concorrer e para ter poder de barganha com fornecedores, o que requer a entrada em vários mercados em nível nacional. Essa entrada era difícil, pois as três empresas expandiram-se sistematicamente, cobrindo todas as regiões. Nota-se que a FTC discutiu a oportunidade (restrita pela expansão das grandes empresas) e a probabilidade (elevadas barreiras) de entrada, não avaliando apenas a suficiência (o terceiro critério das diretrizes para fusões), análise menos necessária quando há avaliações confiáveis para os dois primeiros critérios, embora não tenha mensurado essas barreiras.

Quanto às eficiências, a FTC não as considera atribuíveis especificamente ao AC (critério das diretrizes) porque as reduções de custo provavelmente ocorreriam se as empresas melhorassem por si suas políticas de compras e continuassem se expandindo.

Satisfeito com a intenção de a FTC proibir o AC, o diretor da Consumer Project on Technology (CPT), James Love, aporta evidências que reforçam a posição da agência (Love, 1997). Salienta que a diferença de preços entre as cidades, conforme o grau de concorrência, ocorria até mesmo para produtos com custos idênticos (vendas por reembolso postal). Alude a estudos que revelaram maior domínio das *superstores* em itens de valor inferior a mil dólares. Teria sido muito relevante a FTC expor essa diferenciação, pois era pouco provável que as *superstores* tivessem grande poder de mercado para todos os bens que vendem. A CPT refere-se ainda ao risco de a Staples exercer poder sobre seus fornecedores, barrando até a entrada de novos produtos, embora não aporte evidências. Nota-se, portanto, que segmentos da sociedade civil podem fazer contribuições relevantes para as decisões, até quando estas decorrem de uma investigação bastante rigorosa.

O desfecho do caso Time-Warner/Turner/Tele-Communications, Ind caracterizou uma inusitada decisão regulatória. O grupo Time-Warner (TW), produtor de programas para TV a cabo (possuía dois canais valorizados pelos consumidores (*premium*) – HBO e Cinemax) e o segundo maior distribuidor de TV a cabo (17% do mercado), desejava comprar 80% da Turner, empresa líder na produção desses programas (CNN, TNT, TBS), para os quais passaria a deter 40% do total do mercado. O grupo Tele-Communications, Inc. (TCI), o maior distribuidor de TV a cabo (27% do mercado) e também forte concorrente nos programas, possuía 24% da Turner e concordou em trocar essa participação por 7,5% do capital da TW, tendo ainda o direito de preferência pelos 7,4% que o *chairman* da Turner receberia como resultado da transação. Ela foi aprovada sob várias condições por três votos a dois, situando Pitofsky, Steiger e Varney de um lado (doravante FTC) e Azcuenaga e Starek (doravante opositores) do outro[8].

A FTC avaliou que havia um único mercado de programas, enquanto os opositores afirmaram que os programas da TW e da Turner não concorriam no mesmo mercado, argumentando que os canais CNN (Turner) e HBO (TW) têm preços diferentes (o segundo custa dez vezes o primeiro), já que o primeiro é um canal básico (oferecido a todos os assinantes) e o segundo um canal *premium*, vendido à parte. A FTC afirmou que os operadores de TV a cabo precisam ter acesso a canais *marquées* (mais conhecidos, como CNN e HBO) para obter assinantes, de forma que a transação daria à TW a capacidade de obrigá-los a aceitar ambos a preços maiores, sob pena de perder assinantes.

Cumpre ressaltar a ausência de uma discussão mais rigorosa quanto à necessidade de os operadores de TV a cabo contarem com canais *marquées*, já que não houve informação sobre quantos e quais são. Enquanto os opositores aludem à concorrência entre os dois canais como se cada canal fosse negociado individualmente, a FTC não evidencia que o poder de mercado das empresas decorria do fato de que os operadores não poderiam

---

[8] Vide respectivamente Pitofsky, Varney & Steiger (1996), Azcuenaga (1996), e Starek (1996).

ter acesso a pacotes alternativos de canais viáveis que prescindissem da presença dos canais pertencentes àquelas empresas.

Embora a hipótese da FTC pareça ser mais plausível, inclusive por afirmar que muitos programadores entraram no mercado desde 1991, nenhum alcançou parcela maior do que 1% do mercado, acrescentando que a potencial entrada em canais básicos não poderia avançar sobre os canais *marquées*. Azcuenaga afirma que entraram 23 canais somente em 1995, que grupos poderosos[9] lançariam redes e que a entrada de distribuidores por satélite aumentaria em muito o espaço para novos canais. Embora a FTC tenha concluído que esta entrada alcançava apenas 3% do total de assinantes, considerou que as barreiras à entrada eram elevadas com base em depoimentos de que o lançamento de um novo canal viável requer a cobertura de 40 a 60% dos atuais assinantes, tornando muito difícil para um novo concorrente alcançar as economias de escala requeridas. A falta de evidências que fundamentem essa conclusão da FTC é questionável, já que tais percentuais são geralmente associados a indústrias altamente intensivas em capital e tecnologia.

Como já estavam operando mais de 100 programadoras, do argumento da FTC deduz-se que apenas um ou dois poderiam alcançar grandes parcelas de mercado, de forma que a grande maioria poderia ocupar apenas pequenos nichos, suficientes somente para sua sobrevivência. Segundo Starek, tais economias de escala fariam com que qualquer verticalização fosse questionada, uma vez que cada grande distribuidor que entrasse na programação, vinculando ambos os segmentos, eliminaria programadores concorrentes e teria poder de mercado. No entanto, nenhuma dessas posições discutiu rigorosamente a oportunidade, a probabilidade e a suficiência de entrada, conforme previsto nas diretrizes para fusões.

Baseada na forte posição estrutural da TW após o AC (40% dos programas) e supondo ações coordenadas entre TW e TCI, a FTC avalia que a TW poderia praticar vendas casadas de canais para aumentar as barreiras à entrada para programadoras concorrentes, privando-as das economias de escala necessárias para competir. Azcuenaga enfatiza que a prática de vendas casadas pode não ser anticoncorrencial se for um meio de oferecer descontos para encorajar os operadores a carregar

---

[9] Como Microsoft (associada com a NBC), Fox e Westinghouse.

mais canais ou para fazer uma promoção cruzada entre canais. No entanto, isso refletiria motivações de empresas que buscam conquistar maiores participações no mercado, aplicando-se menos àquelas que já detêm expressiva parcela do mercado como a TW, o que Azcuenaga se absteve de discutir.

Para a FTC, a TW e a TCI poderiam fixar preços para excluir programadoras concorrentes da distribuição de TV a cabo e/ou discriminar os distribuidores concorrentes na venda de programas. A primeira exclusão baseou-se nas elevadas economias de escala requeridas para viabilizar uma programadora, aliada ao fato de que, como o terceiro distribuidor detém apenas 6% do mercado, os novos programadores precisariam fazer acordos com muitos pequenos distribuidores, caracterizando assim uma barreira à entrada.

O fato de a TCI deter 15% da TW e poder chegar a possuir 25% incentivaria ambas as empresas a adotarem práticas anticoncorrenciais para favorecerem-se mutuamente – a TCI prejudicando programadores concorrentes da TW, esta prejudicando distribuidores de TV a cabo concorrentes da TCI. Os opositores avaliam que a TCI não teria incentivo para agir dessa forma porque seus lucros provêm muito mais de suas atividades de distribuição do que poderiam advir da participação na TW. No entanto, não levam em conta as múltiplas opções de divisão de mercados (em programas e distribuição) que poderiam resultar em rateio dos lucros entre elas. Aliás, a possibilidade de colusão é maior devido ao fato de já haver um acordo pelo qual a TCI carrega certos canais da Turner por 20 anos, a um preço fixado 15% abaixo do preço médio praticado ou do menor preço acertado com qualquer outro distribuidor. Cabe salientar ainda que as eficiências da transação não foram levadas em conta, pois não pareceram consideráveis[10].

Além de impor cláusulas proibindo práticas anticoncorrenciais – que são redundantes (como restringir a realização de novos acordos) –, a FTC estipulou uma série de medidas altamente discutíveis. Para evitar que a TCI pudesse influir nas decisões da TW, a FTC impôs que sua participação na TW (7,5%) fosse transferida para outra empresa a ser

---

[10] Trata-se de melhores opções de programação para os consumidores, menores custos de transação (para programação e distribuição) e economias derivadas da integração de operações e das bibliotecas de programas (como filmes).

criada, na qual a TCI não poderia votar na eleição da diretoria, nem influenciar em qualquer decisão. Além de parecer ser muito difícil tornar passiva a participação da TCI na TW, não foi justificado porque a FTC não pensou em outra forma pela qual a TCI vendesse a participação na Turner, já que esta tem um grande poderio financeiro.

Há medidas para evitar discriminação das distribuidoras de TV a cabo dessas empresas sobre as programadoras concorrentes, incluindo que a TW deve propiciar informações sobre suas atividades de distribuição para a Time-Warner Entertainment (TWE), na qual há um acionista (US West) que não tem interesse nessa discriminação (isso reduziria o lucro da TWE), por isso informaria à FTC. No entanto, a US West poderia aceitar essa discriminação, mediante acordo com a TW, frustrando a efetividade de uma medida comportamental não valorizada pelos discursos da FTC.

Ainda mais surpreendente, a FTC estabeleceu um procedimento de fixação de preços para evitar discriminação contra as distribuidoras de TV a cabo concorrentes. Ao vender programas da Turner, a TW não poderia cobrar dessas distribuidoras um preço cujo diferencial, perante os preços cobrados das três maiores distribuidoras, fosse maior do que o prevalecente antes da transação. Os opositores reagem fortemente, dizendo que não cabe à FTC regular preços, remetendo à tradição e à doutrina antitruste. Cumpre ressaltar que não se justifica não ter havido nos relatórios da agência a discussão sobre a utilização de medida tão incomum, seja para que os decisores justificassem o uso extemporâneo, seja para que o público pudesse avaliar a decisão e discutir o possível uso em outros casos. Mais importante ainda é que parece fazer pouco sentido optar pela regulação de preços, pois essa medida pressupõe ter havido grave risco à concorrência, o qual poderia ser evitado por uma medida estrutural – a alienação de programas detidos por empresas com tamanho poder de mercado.

A FTC impôs à TW uma medida ainda mais surpreendente: distribuir outro canal de notícias 24 horas que pudesse rivalizar com a CNN, devendo oferecê-lo a 50% dos assinantes de pacotes básicos até 1999 ou 2001. Os opositores combatem-na fortemente, dizendo que há programadores entrando e que essa medida apenas se justificaria se houvesse monopólio. A FTC deveria ter explicado porque escolheu a CNN, já que as empresas possuem canais com maior poderio (como a HBO). Aliás, a Fox News e a Bloomberg apontaram que, como a escolha seria da TW, poderia ser selecionado um canal de menor qualidade ou competitividade perante a CNN. A FTC disse que faria exigências, evitando escolher diretamente para não ser acusada de proteger algum dos concorrentes.

Em suma, essa medida, aliada aos procedimentos de regulação de preços, sugere que a solução mais racional, efetiva e eficiente (menos custosa) seria propor a alienação de alguns canais, o que seria de se esperar quando se observam as decisões da FTC para casos semelhantes. Aliás, a proibição das discriminações demonstra serem elevados os riscos à concorrência, já que, se não o fossem, não seria necessário proibir expressamente o que a própria lei já declarou ser ilegal.

Portanto, o extremo esforço da FTC em impor condições às empresas, sem lhes acarretar grandes ônus de um lado, privilegiando os distribuidores por outro, gerou uma decisão questionável sob múltiplos aspectos e afastada da doutrina antitruste prevalecente nos textos legais, nas diretrizes para fusões e na própria prática das agências. A decisão pareceu ter assimilado pressões dos distribuidores, beneficiados com o tabelamento de preços, e baseou-se em uma análise pouco fundamentada em evidências e argumentos consistentes.

A decisão no caso Boeing/McDonnel Douglas revelou-se questionável e indicou sinais da perda de autonomia das agências antitruste. Trata-se da compra da McDonnel Douglas (MD) pela Boeing por US$ 13,3 bilhões, ambas grandes corporações fabricantes de aviões comerciais e de defesa – aqui apenas os primeiros serão discutidos. As empresas anunciaram a transação em dezembro de 1996 e foram autorizadas a consumá-la em julho de 1997 (pela FTC e depois pela Comissão Européia), após acirrados conflitos entre as agências e governos de cada jurisdição.

Apenas três empresas disputavam o mercado mundial: a Boeing detendo entre 60 e 65% das encomendas, a MD de 5 a 10% e a Airbus de 30 a 40%. Os comissários da FTC, à exceção de Mary Azcuenaga[11], concluíram que a transação não diminuiria substancialmente a concorrência nos mercados de aviões comerciais, baseando-se na conclusão de que a MD não vinha sendo – nem poderia se tornar – um efetivo concorrente da Boeing.

A FTC desmente especulações de que acreditava que os EUA deviam possuir uma única empresa poderosa (a Boeing) para contribuir com a

---

[11] Vide, respectivamente, Pitofsky et al. (1997), e Azcuenaga (1997).

balança comercial e com a geração de empregos. Afirmam que os estatutos antitruste não permitiriam esse posicionamento – somente o Congresso poderia assumi-lo – e que tais objetivos seriam atendidos por uma vigorosa concorrência interna e externa, salientando que as cortes assim decidiram (aludem ao caso Alcan de 1945). No entanto, embora nesse caso não tenha ficado explícita essa articulação, vários textos da agência demonstram que ela leva em conta a questão da competitividade.

Para concluir que a MD não mais se constituía em uma força concorrencial significativa, a FTC baseou-se em declarações de cerca de 40 companhias de aviação de que deixariam de comprar da MD devido à debilidade da sua linha de produtos. A FTC recolheu evidências de que a MD tem investido muito menos do que os concorrentes em instalações, pesquisa e desenvolvimento de produtos, de forma que seus aviões teriam desempenho muito inferior e não possuiriam características comuns, que propiciariam economias de escala no uso de partes intercambiáveis ou no treinamento de pilotos.

Azcuenaga discorda, mostrando haver evidência de que a MD exerce uma pressão concorrencial no mercado, apesar de deter apenas 4% dele, por estar disputando (e até mesmo vencendo) as encomendas das companhias de aviação. Revela que a MD possuía encomendas de US$ 7 bilhões em 1996, apenas US$ 200 milhões a menos do que em 1995. A substancial divergência entre as evidências das partes somente poderia ser esclarecida se fossem informadas quantas encomendas a MD conquistou nos últimos anos. Os fatos de a American Airlines, segunda maior companhia do mundo, ter firmado um contrato de exclusividade com a Boeing por 20 anos em 1996, substituindo aviões da MD, e de a Continental Airlines ter firmado um contrato semelhante em 1997, mostram perdas da MD, mas não são suficientes para corroborar a avaliação da FTC. Por outro lado, as declarações das companhias de aviação podem estar expressando o receio de represálias da Boeing, requerendo evidências sobre diferenças de performance ou de preferências dessas companhias para serem consideradas totalmente livres de pressões da Boeing.

A CPT enviou duas cartas à FTC expressando sua oposição ao AC (Nader, 1996 e Nader, Love & Waissman 1997). Trazem informações não comentadas pela agência, inclusive por Azcuenaga, que colidem frontalmente com a conclusão da FTC. Diz que vários executivos das companhias de aviação avaliavam que o AC teria efeitos altamente preocupantes.

A CPT diz que a MD não concorre significativamente no mercado de grandes jatos (aviões com capacidade para quinhentos passageiros), mas o faz agressivamente nos mercados de aviões menores (de porte médio e para vôos regionais, transportando respectivamente 250 e 150 passageiros), para os quais já recuperou os gastos de desenvolvimento e teria menores custos de produção que a Boeing e a Airbus. Embora estas últimas geralmente conquistem as encomendas, o fazem porque bancam a oferta da MD, demonstrando o efeito positivo da MD nos preços. Aliás, a CPT comenta que a Continental Airlines, uma grande companhia, obteve expressivos descontos da Boeing e que havia conversado previamente com a MD. Além disso, a MD também seria um forte concorrente para as encomendas das menores empresas, para as quais suas rivais não ofereceriam os descontos concedidos às maiores companhias.

A desistência da MD de entrar no mercado de superjatos (mais de mil passageiros) foi tomada pouco antes de a transação com a Boeing ser anunciada (em 1996), mostrando que a MD tencionava se expandir e sugerindo que esta pode ter sido a principal motivação da Boeing para propor a transação (quanto aos aviões comerciais). É possível que a maior motivação fosse o segmento dos aviões de defesa, já que os especialistas do setor dizem que os lucros da MD provêm desse segmento, havendo déficit quanto aos aviões comerciais. Se a MD estava em decadência, se não havia escassez de oferta no mercado e como não foi alegado que a aquisição geraria expressivos ganhos de eficiência, a única motivação plausível parece ser o aumento do poder de mercado da Boeing (em ambos os segmentos). A possível expansão da MD poderia ter tornado este momento o mais propício.

O sucesso da MD como fornecedora no mercado de defesa e sua experiência na aviação comercial não tornam tão improvável sua entrada no mercado de superjatos. Além disso, a concorrência potencial pode fazer com que as companhias de aviação adiem suas encomendas enquanto aguardam a entrada de uma nova empresa. Assim, a MD não parecia estar fadada a ficar restrita a nichos de mercado pouco valorizados. É feita menção também ao fato de a MD apresentar razoável rentabilidade.

A CPT manifesta grande preocupação com a eliminação da concorrência potencial, também não abordada pela FTC, avaliando que a Boeing e a Airbus podem agir conjuntamente para bloquear a entrada, recusando o licenciamento de tecnologia (no qual a MD tem sido menos intransigente) ou pressionando as companhias de aviação. Analistas postulam que, em face das elevadas barreiras à entrada (custos irrecuperáveis relativos ao desenvolvimento de aviões, ao preenchimento dos requisitos regulatórios, à aquisição de patentes e à formação de uma complexa rede de fornecedores subcontratados), as duas empresas não enfrentariam concorrência adicional por 15 ou 20 anos, sendo que, devido os subsídios aportados à Airbus, foi sugerido que um novo entrante teria de arcar com perdas de US$ 30 bilhões durante quinze anos até alcançar viabilidade econômica. Analisando publicações da imprensa e contando com a colaboração de especialistas, a relevante contribuição da CPT demonstra a importância da participação das entidades da sociedade civil no aporte de informações e opiniões pertinentes, ainda mais quanto às decisões relativas aos ACs, as quais dependem de complexas avaliações sobre prováveis efeitos prejudiciais à concorrência.

Apesar de tais argumentos não serem irrefutáveis, não pareceu razoável a FTC ter tratado o mercado de aviões comerciais como um único mercado, não distinguindo aeronaves por porte ou os clientes pela sua importância. Aliás, foi revelado que a Boeing reconheceu que a demanda dirige-se cada vez mais para os aviões menores. As companhias de aviação, preocupadas em reduzir gastos, têm procurado mais jatos com cabine de corredor único, motivando a Boeing a produzir bijatos 737 e jatos regionais (até cem passageiros).

Era necessário discutir as alegações sobre os menores custos da MD nos aviões menores, mas a FTC não fez qualquer menção aos custos de produção. Se de fato a MD pensava em entrar no mercado de superjatos, a FTC não poderia deixar de comentar essa possibilidade, já que avaliou que a MD estava em decadência. Também deveria ter demonstrado porque a empresa estava em má situação financeira, embora fosse rentável, já que em 1994 sua margem líquida de lucro (lucro líquido dividido pelo faturamento) era maior do que a da Boeing: 4,56 a 3,91%.

Examinando declarações das autoridades européias à imprensa, nota-se que várias outras questões concorrenciais relevantes foram suscitadas. No entanto, a FTC manifestou preocupação apenas quanto aos contratos de exclusividade por 20 anos que a Boeing firmou com três companhias de aviação (American Airlines, Delta Airlines e Continental Airlines) e decidiu somente observar seus potenciais efeitos anticoncorrenciais, levando em conta que as três companhias detinham apenas 11% do mercado, apesar de elas assim poderem se tornar os primeiros clientes dos novos aviões da Boeing. O DG-IV, órgão antitruste da

Comissão Européia, considerava tais contratos inaceitáveis. Excluir a concorrência de uma parte significativa do mercado é uma conduta injustificada, revelando o exercício do poder de mercado da Boeing. Nesse sentido, as três empresas disseram que pretendiam cumprir os contratos, mesmo com o DG-IV os tendo proibido.

O DG-IV preocupou-se também com o fato de a Boeing passar a prestar serviços para os possuidores de aviões da MD. Como esta respondia por 24% dos aviões em uso, a Boeing passaria a ter informações de vários clientes, podendo vincular tais serviços à venda de novos aviões. Não se justifica que a FTC não tenha comentado essa questão.

De outro lado, os recursos oriundos dos contratos da Boeing com o Departamento de Defesa poderiam subsidiar o desenvolvimento de aviões comerciais, transferindo tecnologia produzida para as atividades militares. O fato de a FTC não ter discutido essa questão não surpreende, já que há tempos os EUA protestam contra os subsídios dados pela União Européia à Airbus. A alusão do DG-IV a um dispêndio anual de US$ 3 bilhões naqueles contratos não parece justificar esta preocupação, devido ao fato de que, conforme acordo realizado cinco anos antes com os EUA, os subsídios da União Européia poderem chegar a 3% do faturamento anual ou a 30% do custo dos projetos da Airbus. Aliás, as atividades militares da União Européia também poderiam gerar essa transferência, embora tenha sido dito que os gastos são fragmentados em vários países. Nota-se, portanto que ambos os governos violam as regras básicas de concorrência, parecendo que o impacto dos gastos europeus é mais expressivo, já que eles cobrem prejuízos da Airbus.

A última questão suscitada pelo DG-IV refere-se à possibilidade de a Boeing pressionar seus fornecedores para obter exclusividade ou interferir nas relações com seus rivais. Como esta questão poderia afetar muitas empresas dos EUA, a omissão da FTC em discuti-la não parece razoável. Aliás, várias empresas européias fornecedoras da Boeing preocupavam-se com a possibilidade de uma guerra comercial, certamente influenciando alguns governos europeus a buscar chegar a algum acordo.

A FTC argumenta que não está aplicando a doutrina da empresa em falência iminente (*failing firm*), pois a MD ficaria no mercado num futuro próximo por ainda possuir uma carteira de pedidos. A virtual inexistência de novas encomendas, combinadas à sua má situação financeira, levara à previsão de que a MD não poderia reverter esse quadro.

Azcuenaga salienta que há jurisprudência para casos nos quais a participação no mercado superestima o futuro significado concorrencial de uma empresa, mas diz que ela não deveria ser aplicada aqui[12]. Se a MD conquistou menos clientes do que pretendia, isso não significa que seria incapaz de concorrer no futuro. Diversamente, a jurisprudência baseou-se na ausência de reservas de carvão estritamente necessárias à futura operação da empresa, permitindo avaliar que ela sairia do mercado. Azcuenaga lembra que as diretrizes para fusões prevêem estritos requisitos que demonstrem se tratar de uma *failing firm* ou algo semelhante – a saída dos bens do mercado (*exiting assets*), que a FTC teria adotado aqui. Diz ser inaceitável que a FTC atribua tamanha relevância aos juízos dos executivos, por natureza mais questionáveis do que as finitas reservas de recursos naturais. Aliás, Azcuenaga (1991) já manifestava essa preocupação, pois avaliava que as alegações das empresas não estavam fundadas na incapacidade de permanecer no mercado.

Azcuenaga diz que essa decisão abre um perigoso precedente, incentivando as empresas a manipularem informações se as agências atribuírem tanta importância a juízos de seus executivos. A FTC ironiza essa preocupação, afirmando que a comissária parece considerar as evidências de desempenho inferior da MD como um resultado dessa manipulação. A preocupação de Azcuenaga é muito pertinente porque a decisão deveria ser normatizada rapidamente, para circunscrever a aceitabilidade dessa hipótese.

A posição da FTC encontra um certo apoio nas diretrizes para fusões. No item 1.4.1 consta que: "Participações de mercado serão calculadas utilizando o melhor indicador do significado concorrencial futuro" e no item 1.5.2.1 está escrito: "Entretanto, mudanças recentes ou em andamento no mercado podem indicar que a atual participação de mercado de uma determinada empresa ou subestime ou superestime seu significado concorrencial futuro" (Ibrac, 1996a). Como exemplo, é citada uma empresa que não possa ter uma tecnologia relevante para a competitividade de longo prazo.

Embora tais textos permitam uma ampla margem de discricionaridade, nem assim a FTC os mencionou. Considerando que as diretrizes para fusões são algo recentes (datam de 1992), que as agências

---

[12] Refere-se ao caso United/General Dynamics. Decisão da Suprema Corte, 415US486, 1974.

resolveram emendá-las em 1997 quanto ao tratamento das eficiências em função de discussões públicas (Office of Policy Planning, 1996) e que estas sequer mencionaram a reavaliação das participações de mercado, a análise revelou uma discricionaridade pouco fundamentada.

As diretrizes estipulam que a empresa deveria ser incapaz de saldar suas obrigações financeiras de curto prazo e de se reorganizar sob o regime de concordata; deveria ter tentado vender tais ativos a outros adquirentes, mas não teria obtido uma oferta igual ao preço de liquidação dos seus ativos (valor deles se utilizados em outro mercado relevante), e que tais ativos sairiam do mercado, se a transação em pauta não se consumasse (Ibrac, 1996a).

No entanto, pode-se observar que a FTC já estava considerando desde 1996 um relaxamento na observância dos estritos requisitos para aceitar a doutrina da *failing firm*. O *staff* da FTC afirma que os estritos requisitos necessários para aceitar a defesa de um AC sob essa doutrina podem ser flexibilizados quando a análise antitruste considera mudanças nas condições da indústria, que poderiam reduzir as preocupações com a concorrência (Office of Policy Planning, 1996). Pitofsky (1996b) sugere que bastaria a empresa provavelmente estar a caminho da falência. Descartando mudanças nas diretrizes, a FTC arroga-se uma discricionaridade pouco justificada, pois, diversamente dos cuidados tomados quanto à aceitação das alegações de eficiências, a posição assumida aqui carece de pleno rigor e não remete a jurisprudências passadas.

O conflito entre as autoridades extrapolou o nível das agências, uma vez manifesta a intenção do DG-IV de vetar a transação. A primeira reação dos EUA proveio da Boeing, alertando sobre os riscos do veto provocar uma guerra comercial, questionando a jurisdição do DG-IV e salientando o apoio do vice-presidente Al Gore (declarou que o governo tomaria qualquer medida para evitar que a Europa dificultasse a transação) e de sete senadores que estiveram com Clinton. Como o governo dos EUA não parece ter repudiado tais declarações, pode-se supor que já se pensava em retaliações contra a União Européia.

A CPT alerta que, se a agência não aplicou a lei porque a Boeing é um importante exportador dos EUA, seus esforços para uma rigorosa aplicação internacional das leis antitruste pareceriam hipócritas. Reforça esse risco a intervenção de Charlene Barshefsky, representante dos EUA na Organização Mundial do Comércio (OMC), na reunião da União Européia que avaliava o caso Boeing/MD, pois ela disse que os EUA queriam garantias de que a investigação seria conduzida exclusivamente sobre os princípios da política de concorrência e não sobre princípios políticos estranhos (Nader, Love & Waismann, 1997). Como ao que se sabe não houve conflitos entre as agências dos EUA e da União Européia e como a FTC não mencionou ter consultado o DG-IV antes de decidir, a advertência de Barshefsky dificilmente deixaria de ser entendida como ameaça de que os EUA não aceitariam o veto à transação.

Após a aprovação da FTC (1/7/1997), e à medida que chegava a data para o DG-IV decidir (23/7/1997), ficou mais evidente não haver uma discussão de mérito antitruste e sim um confronto direto entre governos. A recusa da Boeing em aceitar o veto podia levar a multas de 10% do seu faturamento e a outros óbices à sua atuação na Europa, tendo Jacques Chirac e o ministro da economia alemã reforçado essa posição.

O presidente Clinton retrucou, dizendo que a OMC poderia resolver a questão (pedido de arbitragem) e que os EUA tinham como se contrapor à decisão européia, sem recorrer a uma guerra comercial. Disse que os motivos europeus eram inconsistentes e que eles estavam tentando proteger a Airbus: "Preocupa-me muito o que os europeus disseram. Não acredito que a Airbus tenha um concorrente real na Europa" (OESP, 18/7/1997, p. B-12).

Somente às vésperas da decisão evitou-se um conflito maior, pois a Boeing abriu mão dos contratos de exclusividade, o que coincidiu (não por acaso, supõe-se) com um entendimento entre os ministros de Relações Exteriores dos EUA e da Alemanha (Klaus Kinkel). Este declarou: "Não podemos, de modo algum, permitir que ocorra uma guerra comercial apenas porque as partes envolvidas não têm muita noção da realidade" (*GM*, 23/7/1997, p. A-10).

No âmbito dos EUA, a CPT disse que a decisão poderia consolidar o princípio "dois é suficiente" e sinalizar que empresas politicamente poderosas poderiam escapar de uma séria apreciação antitruste. Tais riscos são consideráveis, devido à decisão da FTC e às declarações das autoridades, incluindo a manifestação do secretário de Defesa, William Perry, de que qualquer fusão no setor de defesa era boa. O próprio Clinton foi claro quando disse que a transação permitiria a consolidação e com ela a eficiência da indústria de defesa, além de por ela serem preservados os 14 mil empregos da MD.

Em face de tantas preocupações que extravasam o âmbito antitruste – afetando a atuação internacional dos EUA (na OMC e na cooperação com agências antitruste), as compras do Departamento de Defesa e a percepção de que o governo protege o *big business* –, melhor seria ter vetado a transação, ainda que a análise antitruste não fosse conclusiva. Mais importante que o questionável mérito da decisão da FTC foi a forma injustificadamente discricionária e não fundamentada pela qual ela foi tomada, carecendo de legitimidade, pois afastou-se da orientação prevista nas jurisprudências e nas próprias diretrizes estatuídas pelas agências. Para isso contribui muito também a nítida falta de autonomia da agência, manifesta especialmente no fato de outras autoridades, incluindo o presidente Clinton, assumirem publicamente a linha de frente da disputa, brandindo argumentos alheios ao mérito antitruste. Se a FTC não buscar recuperar sua autonomia, pode perder credibilidade, no ponto de as empresas sentirem-se completamente liberadas para realizar transações altamente prejudiciais à concorrência, gerando uma onda ainda maior de atos de concentração.

Discursos de legitimação

A FTC assegura que sua atuação é baseada na premissa fundamental das leis antitruste – de que a concorrência resulta em produtos melhores a menores preços, impulsiona a eficiência e a inovação e fortalece a economia dos EUA (FTC, 1997a). Klein (1997) vai além ao afirmar que uma sólida política antitruste não é contraditória com qualquer interesse público relevante, pois visa aumentar a competitividade das empresas, ao promover a rivalidade, encorajar a eficiência e garantir ampla oportunidade para todos os concorrentes.

Klein insiste que a política antitruste participou do comprometimento nacional para com a concorrência (aliada à abertura comercial e à desregulamentação dos mercados), contribuindo para o ótimo desempenho econômico dos EUA, mostrando que não é mera coincidência que a economia mais concorrencial do mundo seja também a mais forte. A abertura dos mercados à concorrência externa é fato, mas não é justificado o papel específico da política antitruste. Ao contrário, é pouco plausível supor que a escassa limitação das agências ao grande número de ACs realizados desde os anos 1980 teria tornado a economia dos EUA mais concorrencial. Klein recorreu a Porter (1990), para quem uma ativa rivalidade doméstica estava fortemente associada com o sucesso internacional; mas Porter faz outra avaliação dos EUA, pois diz que a abertura ao exterior esteve combinada ao relaxamento da política antitruste, de forma que as empresas – consolidadas há tempos em oligopólios letárgicos (*sleepy*) – adaptaram-se ao novo ambiente através de ACs, reduzindo seus esforços de inovação.

Aliás, documentos das agências demonstram haver conflitos entre as noções de concorrência e de competitividade. Analisando as conclusões relativas a um ciclo de audiências públicas realizadas em 1995, nota-se que a FTC deu grande atenção à questão da competitividade externa das empresas dos EUA (Office of Policy Planning, 1996). Sustenta ter sido confirmada uma das premissas sobre as quais as audiências se basearam: a concorrência global está sendo expandida aceleradamente e os rivais mais ferozes das empresas dos EUA geralmente são empresas estrangeiras. Em conseqüência, foram feitas várias sugestões para ajustar a política antitruste, no sentido de não impedir desnecessariamente a capacidade das empresas dos EUA competirem globalmente. A FTC preocupa-se com a competitividade, mas não possui mandato (texto legal ou jurisprudência) ou diretriz para articulá-la com as questões antitruste. Validando a argumentação empresarial, deixa de lado o discurso oficial das agências de que o melhor meio de incrementar a competitividade é incentivar a concorrência interna, pelo qual a política antitruste não seria contraditória com a política de competitividade.

Aliás, a FTC não expôs claramente quais ajustes na política antitruste seriam requeridos para não prejudicar a competitividade das empresas. De acordo com as diretrizes das agências, pode-se supor não ser necessário alterá-la se o mercado já estiver amplamente sujeito à concorrência internacional, pois a FTC não teria razão para barrar qualquer ACs, por não haver poder de mercado relevante. Haveria preocupação se o mercado não estiver nessa situação e se as empresas contassem com poder de mercado e barreiras à entrada para se contraporem a uma concorrência internacional, não amplamente efetiva, ou para potenciar estratégias mais agressivas internacionalmente.

No primeiro caso, as diretrizes somente permitiriam à FTC aprovar o AC, se ele previsse a obtenção de economias de escala ou o incremento dos esforços inovativos – as eficiências reveladoras de condutas próconcorrenciais. No entanto, esse ajuste precisaria ser combinado com a eliminação (imediata ou não) das barreiras à concorrência internacional, para evitar que os ACs resultassem basicamente em maior poder de mercado. Não parece que as discussões se refiram a casos dessa espécie, já que não houve menção a mercados ainda não globalizados. Dessa forma, o fomento a estratégias mais agressivas no mercado internacional parece ser a hipótese mais plausível, sugerindo que as empresas utilizariam seu poder no mercado interno como alavanca para disputar os mercados externos. Se essas estratégias não se consumassem, nenhum benefício ocorreria.

Parece ser altamente temerária a perspectiva de chancelar a concentração de mercado, se as contrapartidas são promessas de substanciais avanços no mercado externo. Em face das leis e jurisprudências antitruste dos EUA, assumir tal perspectiva seria uma postura pouco fundamentada. Na ausência de outros estatutos legais ou de espaços democráticos de discussão, expressaria uma política de governo propensa a favorecer certos interesses empresariais. Aliás, Pitofsky (1996c) justifica a consideração pelas eficiências em função do objetivo de recuperar, ou reforçar, a competitividade dos EUA, alegando que é preciso se adequar ao fato de que as políticas antitruste dos outros países são mais permissivas. Pitofsky, ao adotar os argumentos manifestos pelo empresariado desde os anos 1970, compromete o discurso da FTC e as posições que ele próprio defendia (Pitofsky, 1991).

Por um lado, as agências sinalizam simultaneamente que a política antitruste visa gerar benefícios aos consumidores, mas busca também não onerar desnecessariamente as empresas (tempo para decidir, documentos exigidos e restrições à aprovação de ACs). A conciliação de interesses faz-se através de uma disjuntiva intertemporal – as empresas são satisfeitas no início, presumindo-se que gerarão ganhos de eficiência e então os repassarão aos consumidores. Klein (1998a) também elogia Thurman Arnold, o que se choca frontalmente com a prática de subordinar a satisfação dos consumidores às promessas das empresas.

A FTC assume como objetivo obter acordos ou vitórias judiciais que continuem resultando em substanciais economias para os consumidores e em significativos efeitos reparadores e inibidores de restrições à concorrência. Estabelece como meta a geração de economias de US$ 1 bilhão entre 1997 e 2002, embora até então em poucos casos (FTC, 1997a) tenham sido estimadas as economias envolvidas.

Por outro lado, estipular metas quantitativas parece resvalar perigosamente na demagogia, por não ser possível saber de antemão quais transações seriam questionadas e, principalmente, quais montantes estariam envolvidos. No entanto, a impressão contrária tende a prevalecer, já que a meta é modesta por significar economias anuais de apenas US$ 200 milhões. Mesmo tomando os poucos casos questionados em 1996 (25, entre acordos e proibições), a meta expressaria uma economia de somente US$ 8 milhões por caso, valor diminuto pois todos os casos em pauta envolveram grandes empresas.

De outro lado, a busca de legitimação junto a amplas parcelas da população parece estar passando basicamente pelo questionamento de posições quase monopólicas (Microsoft, na DA, Intel, na FTC). Tais casos não serão discutidos, pois objetiva analisar as decisões relativas aos ACs, para os quais as agências não parecem buscar demonstrar tanto rigor perante o público.

Transparência e participação

Todos os acordos negociados pelas agências são disponibilizados ao público, mas CPT (1997) reclama da falta de publicização sobre a apreciação dos ACs, dizendo que os membros das agências são instruídos a não prestar informações ao cidadão, não anunciar quais ACs estão sendo apreciados e nem mesmo franquear dados públicos de censos industriais ou de matérias da imprensa, restringindo-se a solicitar o envio de estudos especializados ou de documentos confidenciais.

Mencionando casos para os quais o público forneceu informações muito úteis (West/Thomson e Staples/Office Depot), a CPT pleiteia condições para maior participação dos consumidores e das pequenas empresas, solicitando às agências que anunciem quais ACs estão sob revisão, que abram espaço para comentários públicos e que solicitem as informações necessárias, seguindo-se assinaturas de cerca de 90 pessoas[13]. Tais providências seriam um passo modesto para permitir que o público possa participar em tempo hábil. Além disso, todos os discursos disponibilizados pelas agências na internet foram dirigidos aos especialistas em questões antitruste ou a comitês do Congresso, embora não fossem mencionados apenas tais interesses.

---

[13] Incluindo mais de quinze entidades voltadas a direitos da cidadania (um terço ligado ao direito de informação e três entidades de defesa do consumidor), cerca de quinze pessoas ligadas à academia, quatro empresas de advocacia e outras dezesseis empresas.

Discorrendo sobre o ciclo de audiências promovido em 1995, a FTC faz menção apenas a audiências ocorridas nos anos 1920 e 1930, evidenciando uma grande ausência de debates públicos ao longo da história (Office of Policy Planning, 1996). As audiências duraram dois meses e buscaram discutir como as atuais mudanças no ambiente concorrencial deveriam ensejar ajustes nas políticas antitruste e de proteção ao consumidor. Três meses antes, a agência especificou as questões a serem tratadas e solicitou saber quem desejava participar.

Identificando os 139 participantes, nota-se que (62%) as pessoas estavam preocupadas em discutir a relação entre a política antitruste e os grandes interesses empresariais – 36% representavam empresas ou associações empresariais e 26% pertenciam a firmas de advocacia. Outros 26% provinham da academia (economistas e juristas), restando apenas seis pessoas de entidades estatais e quatro vinculadas a agências de outros países (Canadá e México). Das sete pessoas restantes, apenas quatro poderiam estar veiculando interesses de pequenas empresas ou consumidores.

Somente duas mesas foram dedicadas às pequenas empresas, mas apenas um dos seis participantes pertencia a uma entidade representativa[14]. Uma mesa avaliou se a política antitruste estava criando barreiras à competitividade das pequenas empresas, enquanto a outra discutiu suas relações com as mudanças nos sistemas de distribuição. Não foi tratada a crescente dificuldade de as pequenas empresas concorrerem, devido ao grande aumento dos ACs. Há referências aos interesses dos consumidores em três mesas, mas não houve participação de entidades representativas. Duas mesas trataram da percepção dos consumidores sobre a concorrência externa e novos produtos. Uma outra discutiu se a política antitruste deveria garantir que as eficiências geradas num AC fossem compartilhadas com os consumidores, cuja ausência de representação faz pouco sentido.

Considerando ainda que nenhum membro das cortes ou do Congresso participou das audiências, fica patente que a FTC buscou se legitimar apenas junto aos segmentos empresariais e ao público especializado a eles articulado, reforçando o fato de que os membros de agências participam somente de eventos promovidos por esses segmentos.

Por outro lado, a FTC deve colocar os acordos negociados com as empresas à disposição de comentários públicos por sessenta dias. Esse

---

[14] Um representante da associação dos padeiros independentes.

dispositivo permite a participação da sociedade, mas apenas quando a FTC decide impor condições para autorizar a realização de um AC, o que abrange menos de 2% dos casos apreciados. Além disso, como o prazo entre o acordo e a aprovação das alienações de ativos caiu de quatro para dois meses (Bureau of Competition, 1998), prazo igual ao aberto para comentários públicos, parece que a agência os aprecia muito rapidamente.

O fato de a FTC nem sequer publicizar informações de natureza pública, aliado à ausência de representantes da sociedade civil no ciclo de audiências, demonstra que a agência não é permeável a dúvidas de legitimidade provindas do grande público e tampouco se dirige a ele buscando apoio. Nesse sentido, Klein (1998a) diz que o interesse pela política antitruste estava restrito aos profissionais e empresas envolvidas, até que a mídia começou a dar destaque ao caso Microsoft. Mueller (1994) diz que a agência governamental voltada às pequenas empresas – Small Business Administration – encoraja a formação de novas empresas, mas não mostra interesse por questões antitruste. Aliás, ela nem sequer participou das citadas audiências.

Por fim, nessas audiências o empresariado demandou maior transparência sobre o questionamento das transações, incluindo o uso dos modelos econométricos. Assim, o respaldo dado às agências decorreria mais do compartilhamento de uma orientação mais liberal do que da aceitação dos critérios e normas empregados.

Considerações finais

Os dois governos Reagan (1980-1988) parecem ter imposto um enfoque permissivo às agências antitruste, uma vez que deixaram de se pautar pelas próprias diretrizes para fusões editadas na época, ainda que estas já revelassem caráter mais liberal. Não há dúvida que a perda de competitividade da economia dos EUA e a forte mobilização empresarial impulsionaram tais mudanças. Parece que o governo Clinton apenas revogou as diretrizes para restrições verticais editadas nos anos 1980, já que as diretrizes para fusões de 1992 pouco diferem das anteriores (de 1982-1984), não sugerindo uma significativa reversão da orientação de Reagan.

Discorrendo sobre os acordos resultantes de questionamentos a ACs, as agências dão a entender que se preocupam somente com elevadíssimos graus de concentração e que buscam solucioná-los através de alienações parciais de ativos, apesar de suas próprias avaliações mostrarem que tais medidas muitas vezes não resultam em empresas de significativo potencial competitivo. Isto sugere que minimizar as restrições às empresas é um objetivo crucial.

Quanto às decisões recentes da FTC, notou-se que o veto no caso Staples/Depot revelou-se exemplar, baseado em várias evidências convergentes. A decisão no caso Time Warner/TCI careceu de evidências e argumentos que justificassem as inusitadas restrições impostas, ainda mais quanto às proibições de práticas ilegais, contraditórias em seus próprios termos. Ficou sugerida uma proteção aos distribuidores (tabelamento) e uma limitação a restrições mais rigorosas, que foram suscitadas pela análise.

A aprovação ao caso Boeing/McDonnel Douglas mostrou-se bastante questionável, assemelhando-se à orientação permissiva da era Reagan. Autorizando um duopólio mundial por avaliar que a McDonnel Douglas não era um concorrente significativo, a FTC baseou-se em depoimentos de companhias de aviação, ignorou evidências de que a MD tinha papel relevante (ao menos nos aviões menores) e não se baseou nas jurisprudências anteriores ou nas suas diretrizes para fusões. Como os governos dos EUA e da União Européia centralizaram o conflito, ficou evidenciada a falta de autonomia da FTC.

Essa decisão e vários textos das agências tornam implausível seu discurso de legitimação de que o rigor antitruste não conflita com a competitividade das empresas dos EUA, ainda mais porque não dizem que a orientação permissiva dos anos 1980 prejudicou a concorrência. Outro discurso de legitimação postula que o objetivo é beneficiar os consumidores sem onerar desnecessariamente as empresas, mas, embora acene aos primeiros prometendo economias (quanto aos ACs), elas de fato são modestas em face do montante das transações.

Além dessa discutível ambivalência, ficou evidenciado que a atuação das agências não é amplamente transparente e que suas práticas de legitimação (a audiência pública e os conteúdos e estilos dos seus textos) foram dirigidas apenas aos meios empresariais.

5

A ATUAÇÃO DA GESTÃO 1994-1996 DO CADE

À primeira vista, pode parecer que a regulação do poder econômico se tornou pouco relevante no Brasil depois do Plano Real, o qual propiciou maior concorrência e liberdade de escolha para os consumidores, além de a inflação ter caído muitíssimo. No entanto, as importações não são capazes de concorrer significativamente com a produção nacional em vários setores, devido aos custos de transporte (para bens cuja relação entre tais custos e o valor do produto seja elevada) ou a outras barreiras que dificultam a entrada (marcas consolidadas ou sistemas de distribuição, fortes, por exemplo, no setor de cervejas). Além disso, as precárias contas externas do país levaram a aumentos de barreiras tarifárias e não tarifárias, inibidoras da concorrência.

Por outro lado, a internacionalização da propriedade das empresas nacionais tem sido muito mais relevante que a entrada autônoma das multinacionais, de forma que não tem aumentado a pluralidade de empresas ofertantes e, mais importante, as fortes posições de mercado adquiridas pelas multinacionais tornam-se mais resistentes à contestação porque os novos proprietários sabem defendê-las melhor. Assim, os frutos da incorporação de inovações tecnológicas e da maior eficiência das multinacionais só tendem a ser compartilhados com os consumidores quando houver ameaça das importações.

Nesse contexto, os consideráveis ganhos de produtividade podem não estar sendo repassados aos consumidores, lembrando ainda que os preços vigentes na entrada do Plano Real provavelmente eram maiores do que os praticados internacionalmente. Estas duas considerações, aliadas ao barateamento de insumos e de equipamentos, ensejado pelo grande aumento das importações[1], sugerem um grande diferencial entre os preços correntes e os que poderiam vigorar com maior concorrência.

Como comentado no capítulo 1, a política antitruste poderia colaborar na liberalização da taxa cambial e assim gerar benefícios para as finanças públicas e para o crescimento econômico, para os quais a maior dispersão do poder econômico também seria salutar. Os efeitos sociais devido à concentração econômica também são consideráveis, já que ela tende a diminuir a carga fiscal sobre o capital e reduzir o poder de barganha dos trabalhadores. Além disso, essa concentração do capital e a internacionalização do seu controle diminuem acentuadamente o poder de regulação estatal, levando inclusive à concessão de vultosos incentivos fiscais aos investimentos de multinacionais poderosas.

Quanto ao impacto da nova legislação na sociedade, houve poucas manifestações públicas logo após a sua aprovação[2]. A grande maioria dos advogados apontou defeitos ou problemas na lei. Condenou o excesso de poder do Cade, a caracterização das infrações independentemente de culpa, as multas elevadas e a intenção de controlar preços ou lucros, temendo uma atuação discricionariamente repressiva que não se verificou na prática.

Cabe salientar que o advogado Tércio Sampaio Ferraz (*GM*, 19/8/1994) foi o único a defender a tipologia aberta das infrações (sem definição clara do que seja prática abusiva), porque ela seria inerente ao direito econômico, já que não se podem prever detalhadamente as condutas ilícitas quando são avaliados os prováveis efeitos dos ACs ou de vendas casadas, por exemplo, de forma que a incerteza inerente a essa tipologia somente seria superada pela criação de jurisprudências. Nota-se, portanto, a precariedade do debate no meio jurídico, pois Ferraz foi o único que expressou um consenso existente na jurisprudência internacional sobre o tema.

---

[1] A participação das importações no consumo aparente dos setores de bens de capital e de insumos da cadeia química aumentou respectivamente de 25 para 40% e de 19 para 30% no período 1993-1996 (Moreira & Correia, 1997).

[2] As informações utilizadas provieram de matérias da imprensa escrita.

A Confederação Nacional da Indústria (CNI) entendeu que a nova lei, *in totum,* era inconstitucional por ela prever que o recurso ao Judiciário devesse ser precedido pelo pagamento das multas em juízo, e porque estas representam montante muito maior do que o lucro de diversas empresas[3], e frisou, sobretudo, a inconstitucionalidade do seu artigo 20, que prevê condenação independentemente de culpa. Tais manifestações não prosseguiram – nem geraram efeitos –, provavelmente porque o que importava é a forma pela qual a lei é aplicada e não seu conteúdo. Dessa maneira, a CNI não teve motivos para ir além de uma oposição inicial a tais dispositivos.

Apenas Emerson Kapaz, então coordenador do PNBE, disse que a lei era muito positiva (*GM,* 19/8/1994), não obstante conter elementos subjetivos nas definições de algumas condutas que caracterizam abuso. No entanto, até 1998, o PNBE não se manifestou sobre a atuação do Cade, embora tenha sido mal-sucedido em três representações feitas ao órgão[4].

As primeiras decisões rigorosas

O caso Rhodia/Sinasa foi provavelmente o primeiro AC julgado sob a Lei nº 8.884/94, cuja decisão repercutiu junto à opinião pública. O grupo Rhodia firmou, em 1994, uma *joint-venture* com o grupo Sinasa, constituindo a empresa Rhodia-Ster (Ibrac, 1995a). O relator José Matias Pereira definiu o mercado relevante como as atividades comuns a ambas as empresas: a fabricação de fibras acrílicas e de poliéster. Considerou que essas fibras não poderiam ser substituídas por fibras de algodão, uma vez que seus preços de importação não mostraram correlação. No entanto, não justificou a exclusão das demais fibras químicas (sintéticas ou artificiais) do mercado relevante, embora fossem semelhantes às fibras acrílicas e as de poliéster.

Com base nessa discutível definição, apurou-se que a Rhodia detinha o monopólio da produção nacional, ao concentrar 76 e 88% da demanda interna das fibras de poliéster e de acrílico respectivamente. Ocorreu também uma significativa integração vertical, pois o grupo Rhodia já detinha o monopólio de grande parte das matérias-primas

---

[3] Pois podem variar de 1 a 30% do faturamento bruto. Vide também capítulo 2, item 2 da seção "Orientações das normas legais".

[4] Contra Oxiteno, Prosint e Iap. Vide Cade (1997 e 1998).

necessárias à fabricação das fibras de poliéster[5], obrigando um eventual novo concorrente a fabricar tais insumos para poder disputar o mercado. Ele dependeria ainda da existência de capacidade ociosa e de uma exitosa negociação com os produtores de insumos básicos petroquímicos. É plausível que essa forte integração vertical restringisse a concorrência à Rhodia apenas às importações de fibras, pelo menos em médio prazo. A conselheira Neide Malard não vê maiores problemas porque as multinacionais (principais clientes) podem recorrer às importações, mas ressalta, quanto às empresas menores, que o monopólio interno permite preços 15% superiores aos dos importados em sua origem, ainda maiores ao serem incluídos os demais custos de internação (frete, seguro, transporte, etc.).

Para justificar o AC, a Rhodia alegou que a Celbrás (grupo Sinasa) poderia até encerrar suas operações devido ao grande endividamento, mas os conselheiros disseram não haver demonstração clara da sua insolvência. A Rhodia alegou também que o AC era necessário para aumentar a produtividade, os investimentos em pesquisa e em desenvolvimento e a escala de produção, para poder enfrentar a concorrência, mas não traz informações a respeito. Malard diz que a Rhodia já possuía a escala média de produção para as fibras de poliéster e que o aumento de escala para as acrílicas é pequeno (3 mil toneladas), em face do tamanho médio prevalecente na Europa e nos EUA.

Quanto às eficiências, os expressivos aumentos de produção prometidos não se referem aos mercados em pauta e se relacionam a um decréscimo dos investimentos[6], dos quais apenas a metade seria aplicada nas citadas. A alegação menos fundamentada foi uma previsão de que os investimentos da Rhodia permitiriam criar de 100 a 150 mil empregos no setor têxtil, como se a empresa pudesse prever o crescimento dos seus clientes. Não sinalizando qualquer redução de custo, também faz pouco sentido a Rhodia afirmar que os benefícios para os consumidores apareceriam nos produtos finais feitos pelos seus clientes, dos setores têxtil e vestuário.

---

[5] Como o PTA (ácido tereftálico purificado), com o sócio Amoco (EUA), MEG e acrilonitrila, excluindo apenas a dimetil formanida (também fabricada pela Basf) e os catalisadores.

[6] Para todos os produtos, a Celbrás investiu US$ 236 milhões e a Rhodia US$ 130 milhões nos quatro anos precedentes (1989-1993), diante dos US$ 256 milhões prometidos para 1994-1998.

A decisão dos conselheiros fundamentou-se na ausência de expressivos ganhos de eficiência que justificassem autorizar a formação de um monopólio na produção nacional de fibras acrílicas e de poliéster. Embora ela esteja baseada em escassas evidências aportadas pela Rhodia, cabe lembrar que foi pouco justificada a opção pelas citadas fibras como mercado relevante. Além disso, não foi razoável considerar não ter havido alteração no mercado de polietileno tereftálico (PET), pois se formou um monopólio na cadeia produtiva (integração vertical) – a Rhodia no insumo básico e a Celbrás nos demais elos da cadeia produtiva, já que era a única empresa parcialmente integrada na produção de PET (fabricava resinas, transformados e embalagens PET para garrafas). Por não ter vetado completamente o AC, permitindo-o quanto ao PET, o Cade pode ter buscado evitar conflito acirrado com as empresas e com o empresariado, já que esta foi a primeira decisão restritiva. O mesmo pode ter ocorrido nos demais órgãos de governo, pois a SEAE e a SDE deram pareceres recomendando a aprovação.

Este caso ensejou a primeira reclamação pública contra o Cade. Edson Vaz Musa, presidente da Rhodia no Brasil, disse que o Cade não aceitou que a aquisição visava enfrentar a concorrência externa (*EX*, 19/7/1997, p. 26). A Rhodia não insistiu na crítica pública e a imprensa deu pouco destaque ao caso. Isso talvez explique porque a parte provavelmente mais relevante da transação foi preservada – a produção de PET, garantindo monopólio na produção das garrafas descartáveis cujo consumo tanto crescia.

O Cade também vetou o AC entre Brasilit e Eternit em 1994 (Ibrac, 1995a). A relatora Malard sustentou que os produtos de fibrocimento (caixas d'água e telhas de amianto) eram os produtos relevantes para a análise antitruste, pois seus substitutos[7] são mais caros. De outro lado, como o conselheiro Marcelo Soares salientou que o custo do transporte era significativo (chega a 13% do valor dos produtos), é discutível que o mercado relevante abrangesse todo o país, como Malard afirmou.

A Brasilit detinha 28,8% e a Eternit 23,1% do mercado nacional, com as unidades incluídas no AC (RS e PR) representando acréscimo de 171,5 pontos no índice Herfindahl-Hirschmann (IHH), que tota-

---

[7] Caixas de fibra de vidro, de aço inoxidável e de polietileno, e telhas de barro, cerâmica, alumínio ou aço zincado.

lizava 1.738,1 pontos. O grau de concentração seria mais elevado se o mercado relevante fosse a região Sul – IHH de 2.256,8 pontos[8].

Mais relevante é que todos os conselheiros concordaram já haver plenas condições para Brasilit e Eternit coordenarem suas condutas, devido às diversas parceiras constituídas. As empresas haviam se associado para deter o monopólio da produção e da distribuição nacional da matéria-prima amianto e são sócias na Eterbrás-TEC (fibrocimento em SP, MG, GO e RJ). Aliás, parecia haver uma divisão geográfica de mercados entre elas – a Brasilit operando na BA e no PR e a Eternit no PA, em PE e no RS – e a associação em pauta (Eterbrás Sul) deixaria a Eternit com o PR, SC e o Paraguai e a Brasilit com o RS, Argentina e Uruguai, divisão mencionada pelas empresas. A relatora diz que as empresas pagam mais pelo amianto do que os concorrentes, gerando maior lucro para a empresa que ambas controlam, o que facilitaria a divisão dos lucros da coordenação. A relatora sustenta que as empresas aumentaram os preços após a criação da Eterbrás-TEC (cerca de 10% e 47%, para caixas d'água e telhas, entre 1991 e 1993). As empresas alegaram que os preços das telhas caíram 2% (de 1991 a 1994), mas não houve menção à variação dos custos ou dos preços praticados em diversas regiões, não sendo obtida evidência sólida.

Os conselheiros consideram que o AC poderia gerar eficiências (através de sinergias tecnológicas), mas sustentam que isto não garante benefícios aos consumidores, o que é plausível por causa da coordenação entre as empresas. Desqualificam a alegação de que o AC permitiria aumentar a produção para atender ao Mercosul, pois as empresas disseram que sua ociosidade já era elevada (45%), assim como a da Eterbrás-TEC.

A desconstituição da operação foi aprovada pelo Cade em 21/11/1994. Dois conselheiros (a relatora e Carlos Eduardo Vieira de Carvalho) argumentaram não haver benefícios aos consumidores (preços) que justificassem a eliminação da concorrência entre as empresas, enquanto dois outros (Soares e Pereira) basearam-se apenas nessa eliminação e se preocuparam especialmente com o mercado da região Sul, ao contrário dos dois primeiros, demonstrando não ter sido satisfatória a discussão sobre mercado relevante.

---

[8] A Brasilit detinha 17,45 e a Eternit 14,37%, tendo sido citado que a Isdralit detinha 33% do total.

Além disso, os sinais de coordenação entre as empresas deveriam levar a investigações sobre suas condutas, devido à ênfase nos benefícios aos consumidores. Em suma, pode-se concluir que a decisão não foi adequadamente fundamentada com evidências, muito embora estas apontassem para uma decisão mais rigorosa (novas investigações).

Ainda em 1994, o Cade vetou o AC entre Albarus e Rockwell (Ibrac, 1995b). Segundo o relator Marcelo Soares, os eixos leves (tipo Salisbury) e suas partes são os produtos relevantes, pois não haveria como substituí-los em certos veículos. O âmbito é nacional porque as importações eram irrelevantes. As duas empresas eram as únicas vendedoras de eixos completos, a Rockwell detendo 88% e a Albarus 12% do mercado, embora no mercado de reposição (vendas iguais a dois terços dos eixos completos) detivessem apenas 10% do total.

O relator afirma que o monopólio não prejudicaria os clientes porque se trata das montadoras de veículos, mas não discutiu o mercado de reposição, no qual o eventual domínio poderia penalizar os consumidores. O relator observou que os preços caíram de 1991 até 1993, mantendo-se a partir daí, mas não menciona o nível de redução. Como as empresas pretendiam mantê-los para reverter prejuízos, elas não cogitavam de gerar benefícios aos consumidores.

As empresas alegaram que o AC era necessário para que os eixos continuassem sendo fabricados, mas a Rockwell vinha tendo sucesso (sua ociosidade caiu de 57% em 1989 para 30% em 1993), tomando mercado da Albarus. Os investimentos propostos para 1995-1997 – US$ 1,4 milhão por ano – são inferiores aos efetuados por cada empresa nos últimos cinco anos[9], de forma que, evidencia-se, não se pretendia modernizar as fábricas. O AC também não era indispensável para aumentar as exportações (de 42 mil eixos entre 1993 e 1996), pois isso poderia ser atingido apenas com a redução da ociosidade da Albarus (48 mil eixos), sem contar a da Rockwell (59 mil eixos). Como a estimativa de produção de eixos completos e de seus subconjuntos, apenas em 1997, ultrapassaria o nível de 1993 (235 a 192 mil eixos), ainda assim, com ociosidade de 23%, fica patente que o AC não era necessário para aumentar as economias de escala.

---

[9] Investiram US$ 1,46 milhão anual (Rockwell) e US$ 2 milhões (Albarus) em média entre 1989 e1993.

Os conselheiros votaram pela desconstituição da operação, argumentando que o conjunto de eficiências alegadas não compensava a eliminação da concorrência, tendo como preocupação mais comum os benefícios aos consumidores. Apenas Ruy Coutinho aprovou o AC, condicionando-o à formalização de um TCD, porque o monopólio nacional não seria problemático, pois os consumidores teriam inequívoco acesso ao mercado internacional e porque a oferta é pulverizada no mercado de reposição, mas não aduz evidências para contestar as argumentações predominantes. O TCD previa programa de investimentos e preços internos compatíveis com os internacionais, plena justificação da dispensa de trabalhadores e adequadas práticas ambientais. As duas últimas preocupações são louváveis, mas não estão prescritas na lei, revelando postura pouco fundamentada. As duas primeiras são demasiadas vagas para fundamentar a proposta, quanto mais para neutralizar os efeitos anticoncorrenciais do AC. A SEAE inspirou o TCD sugerido por Coutinho e a SDE recomendou aprovar o AC, mais uma vez evidenciando um conflito entre órgãos de governo e o Cade.

Cabe salientar que nem o presidente Itamar Franco, nem seus ministros manifestaram-se quanto a esses vetos do Cade. Embora esse governo tenha sido o principal responsável pela formulação e aprovação da nova legislação, houve manifestação pública apenas quanto ao reajuste das mensalidades escolares.

No final de 1994, a conselheira Neide Malard escreve um artigo de caráter doutrinário (Malard, 1994). Diz que o controle dos ACs objetiva prevenir o exercício ou o aumento do poder de mercado, que a preocupação fundamental é distributiva, centrada na defesa dos consumidores diante dos aumentos de preços: de um lado, o preço excessivo transfere renda aos acionistas das empresas, de outro alguns consumidores ficam sem o produto, pois não se dispõem a pagar mais caro por ele.

Malard inspirou-se nas diretrizes para fusões dos EUA, que elegem o exercício do poder de mercado como o perigo a ser evitado e aludem a diversos componentes da estrutura do mercado (vide capítulo 2) que, junto com o grau de concentração, permitem avaliar os efeitos que a conduta do agente poderia causar. No entanto, Malard dá maior importância à evolução dos preços e dos lucros (cujos aumentos mostrariam uma posição dominante abusiva) às respostas da demanda, à introdução de tecnologias e aos investimentos, provavelmente porque a legislação brasileira lhes atribui relevância, o que não ocorre nos EUA.

Entretanto, quando Malard discute as condições para aprovação de AC pelo Cade, avalia que o artigo 54 prevê que um AC só constitui uma prática restritiva se caracterizar infração à ordem econômica, parecendo ignorar que se trata de prevenir e não de reprimir a ocorrência de infrações, como a legislação dos EUA enfatiza. Mais importante: esse artigo admite atos que forem benéficos ao mercado (capítulo 2), e não apenas quando não forem maléficos ao mercado.

Diz que a lei não permite determinar quais ACs podem prejudicar a concorrência, mas avalia que o princípio da interpretação sistemática autoriza seu intérprete a valer-se das diferentes práticas e transações comerciais abrigadas no direito positivo brasileiro. Esta argumentação faz pouco sentido porque não se pode considerar meritória a aplicação da lei antitruste nos períodos anteriores à Lei nº 8.884/94, como Malard o faz ao aludir à remansosa jurisprudência do Cade. A valorização do órgão só faz sentido se aludir à re-fundação da política antitruste a partir de 1994, quando o órgão passa efetivamente a atuar.

Malard propõe um roteiro de análise de ACs que combina elementos das legislações dos EUA e do Brasil. No entanto, não alude aos parâmetros de grau de concentração, como se faz nos EUA, nem discorre mais detidamente sobre as características do mercado e das barreiras à entrada, ao contrário do que se observa nas diretrizes dos EUA. Dois dos três últimos procedimentos do roteiro versam sobre os ganhos de eficiência, o primeiro deles questionando se o ato é o único meio para obtê-los – uma variante da condição prevista na lei[10] –, mas não discorre sobre a possibilidade de um ato de menor abrangência, em termos de atividades (produtos) ou de regiões, poder gerar aqueles ganhos. O segundo procedimento é examinar se as alegadas eficiências resultariam em bem-estar dos consumidores, variante da condição prevista na lei[11], mas Malard não menciona preços, qualidade ou aumento excessivo do lucro.

O último procedimento consiste em avaliar se há risco de alguns bens deixarem o mercado, caso o ato não seja autorizado. Embora faça

---

[10] Trata-se do item IV do parágrafo 1º do artigo 54 – obedecer aos limites estritamente necessários à realização dos objetivos aludidos no item I. Vide Bastos (1995).

[11] Trata-se do item II daquele parágrafo – partilhar eqüitativamente os benefícios com os consumidores.

sentido, inclusive por ter sido adotado nos EUA (doutrina da *failing firm*), cabe ressaltar que a Lei nº 8.884/94 não o prevê.

Em suma, a posição de Malard não se revela coerente, porque não leva plenamente em consideração como a lei brasileira estipula condições que as empresas devem cumprir para que o AC possa ser aprovado, orientação diversa da lei dos EUA, que se preocupa com os riscos à concorrência e pode ou não levar em conta as eficiências. Mais relevante ainda, Malard começa privilegiando os interesses dos consumidores, mas deixa de fazê-lo quando discorre sobre a análise dos ACs, abandonando também a ênfase no exame sobre preços e lucros excessivos. Essa mudança parece visar uma sinalização de menor rigor ao empresariado, discrepando da atuação do Cade que, desde setembro de 1994, começou a atuar rigorosamente quanto aos ACs, decisões que Malard não cita. Sem conseguir transmitir competência técnica, Malard não opta claramente por qualquer linha de justificação para o poder exercido pelo Cade.

Os conselheiros da gestão 1994-1996 do Cade não procuraram expor de forma sistemática suas orientações em matéria antitruste nos meios de comunicação. Seu presidente, Ruy Coutinho, enfatiza, cerca de seis meses depois do início de sua gestão (*GM*, 28/12/1994), que as infrações tipificadas na lei – maior autonomia do Cade e valor elevado das multas (de 1 a 30% do faturamento) – levariam à maior efetividade do Cade, ensejando, inclusive, mais respeito das empresas para com o órgão. Em seguida (*GM*, 1º/1/1995), avalia que a nova lei antitruste deveria reverter o quadro de elevada concentração de mercado da economia brasileira, no médio e longo prazo, uma vez que ela impediria novos ACs. Coutinho vai além, dizendo ser ideal que o Cade pudesse ordenar a cisão de empresas, se comprovados abusos de preços dos oligopólios. Depois (*GM*, 27/6/1995), afirmou que o Cade estava investigando doze ACs não comunicados ao órgão, salientando que as multas poderiam chegar a R$ 4,5 milhões, ou até a 30% do faturamento, em caso de reincidência.

Nota-se que Coutinho tenta chamar a atenção para um órgão desconhecido, enfatizando que o Cade tinha poderes tão consideráveis que lhe permitiriam proceder até à cisão de empresas. Entretanto, as decisões do Cade não corresponderam à orientação rigorosa de seu presidente, especialmente no caso Gerdau/Pains (ver adiante). Buscando construir imagem pública favorável, Coutinho preferiu fazer declarações impactantes, ao contrário dos demais conselheiros, os quais, provavelmente, partilhavam da idéia de que era preciso tomar decisões rigorosas. Essa hipótese faz sentido porque Itamar Franco pedia maior rigor no controle de preços em 1994 e porque o governo Fernando Henrique, até agosto de 1995, nomeou José Milton Dallari com essa manifesta intenção.

O caso Gerdau/Pains

A decisão mais importante da gestão 1994-1996 do Cade foi vetar por duas vezes a aquisição da Siderúrgica Pains pelo grupo Gerdau (Ibrac, 1995b, 1996b).

O relator José Matias Pereira considerou o segmento de aços longos comuns (barras, perfis, vergalhões e fios-máquina), em âmbito nacional, como mercado relevante, pelo fato de que a maioria das plantas localizava-se no Sudeste, mas atendia a todo o país e que as importações não afetavam o mercado, pois os custos de internação eram altos, em face da elevada relação entre o custo de transporte dos produtos e seu valor. Ruy Coutinho e o conselheiro Edgar Rosa divergiram, mas não trouxeram evidências de concorrência externa. O grupo Gerdau, controlador de oito empresas[12], passaria a ter, em 1994, 46,2% do segmento (a Pains tinha 7,2%), no qual os três maiores grupos passariam a deter 77% – Mendes Júnior com 17% e Belgo Mineira com 14% –, revelando acentuado grau de concentração. As barreiras à entrada foram consideradas elevadas, pois nova planta custaria US$ 100 milhões e demoraria 36 meses para entrar em operação, e é necessária forte estrutura para distribuir os produtos.

O exame das eficiências prometidas pela Gerdau não concluiu que os consumidores seriam beneficiados (via preços ou qualidade) e por isso não ensejaram a aprovação ao AC. A Gerdau alegou que os preços internos seguem os preços internacionais (somando as despesas de internação aos primeiros), tornando pouco provável que as eficiências fossem repassadas aos consumidores. Além disso, Marcelo Soares disse que os preços mantiveram-se iguais (em termos reais) no Brasil, mas variaram no exterior[13], e que não se observou queda de preços após as privatizações, nas quais a Gerdau tomou parte ativamente.

---

[12] A saber, Açonorte, Cearense, Comesa, Cosigua, Cosinor, Guaíra, Riograndense e Usiba.

[13] Subiram entre 1985 e 1989 e caíram entre 1989 e 1992.

Como na reapreciação desse caso as argumentações acima foram aprofundadas cabe, pois, examiná-las mais detidamente. O relator diz que os custos de transporte diferenciam substancialmente os preços nas diversas regiões do país (o frete representaria 25% do preço do Nordeste e 14% em áreas mais afastadas do Sudeste), mas isso não o levou a considerar cada uma dessas áreas como um mercado relevante separado, o que tornaria o grau de concentração maior para o estado de Minas Gerais, onde ficava a Pains.

Quanto à concentração, o relator rejeitou a inclusão dos relaminadores entre os potenciais concorrentes, pois representavam apenas 3% do mercado e, principalmente, porque não poderiam competir de fato, visto que dependiam dos concorrentes de maior porte para adquirir os tarugos a serem relaminados. Malard – que aprovou o AC – também inseriu a Mannesmann no segmento (não atuava nele desde 1994) e contou com a entrada da Açopalma e da Sipasa e com o aumento de produção da Aliperti, mas não comentou como a pequena redução no grau de concentração mudaria a análise[14]. Desconsiderou ainda que a Açopalma vinha adiando sua entrada no mercado e que a Sipasa parecia atender apenas às necessidades do grupo Concremix. Aliada a Edgar Rosa, Malard ignorou que Marcelo Soares dissera que o redirecionamento dos concorrentes demoraria trinta meses para se consumar.

A questão da capacidade ociosa como barreira à entrada foi incorporada à análise, aliando ao nível existente (cerca de 25% do segmento) o fato de as empresas exportarem apenas para evitar a ociosidade, visto que os preços externos são menores e os custos de transporte elevados. Como o grupo Gerdau exportava entre 30 e 40% da produção, nota-se que a entrada de empresas no mercado era difícil, reforçando a necessidade de elevados investimentos e de ampla nacional rede de distribuição, discutidas na primeira decisão. De outro lado, Malard avalia que a elevada ociosidade dificulta a coordenação entre as empresas, mas não leva em conta que o poderio dos dois grupos tende a facilitá-la.

Quanto aos ganhos de eficiência, a Gerdau afirmou reduções de custos que chegariam a 22% (de US$ 350 para US$ 291 a tonelada), mas não comentou a necessidade de investimentos para implantar uma

---

[14] Os grupos Gerdau e Belgo Mineira (aliando a Mendes Júnior, supondo a aquisição ao término do arrendamento – o que de fato ocorreu) passariam a deter em conjunto 74,3 ao invés de 88,4% do mercado.

nova tecnologia que reduziria o uso de sucata e de energia (principais insumos produtivos). Malard e Rosa afirmaram que a redução dos custos levaria à queda nos preços, mas os demais conselheiros estavam descrentes, amparados pela avaliação de que as exportações são pouco lucrativas e tornam necessário que os preços internos sejam elevados, caracterizando um subsídio cruzado. Outra conduta anticoncorrencial revelou-se quando a Gerdau fechou a privatizada Cosinor, inviável economicamente. Como não é razoável supor que a Gerdau ignorasse tal condição quando a adquiriu, faz sentido sustentar que a aquisição visou evitar que algum concorrente a comprasse, prevendo o posterior fechamento da Cosinor.

A proposta de re-direcionamento de parte da produção (55%) da Pains para o segmento de aços longos especiais foi o eixo do pedido de reapreciação, mas seu efeito desconcentrador é pequeno (a Gerdau passaria a deter 44% e não 46,2% como antes), além de a questão central ser a eliminação de concorrente no segmento de aços longos comuns. A Gerdau afirmou ser o setor siderúrgico concentrado no mundo, pelo excesso de capacidade produtiva, para aumentar a competitividade via redução de custos, especialização da produção e inovação tecnológica. No entanto, isso não se aplica a esse caso, pois a Gerdau não se referiu à necessidade de eliminar o excesso de capacidade – ao contrário, promete aumentá-la –, nem de enobrecer a qualidade dos produtos.

O Cade manteve o veto ao AC em outubro de 1995, mas sua decisão não foi implementada porque o ministro Jobim acolheu o recurso do grupo Gerdau, suspendendo-a *sine die*. O Cade tentou executar judicialmente a decisão, mas seu presidente, ao reassumir o cargo, decidiu suspender essa iniciativa em janeiro de 1996 (vide seção a seguir).

A título de comparação, cabe comentar que pouco depois (fevereiro de 1996) o Cade aprovou, no mesmo segmento de mercado, a aquisição de 49% do capital votante da Dedini pela Belgo Mineira (Ibrac, 1996c). A estratégia de produção e de investimentos da Belgo indicou incremento da competitividade da Dedini, pois sua ociosidade foi reduzida de 50 para 11% entre 1993 e 1995, elevando sua parcela de mercado nas vendas dos vergalhões para a construção civil de 12 para 18%. A Belgo explicou tal êxito alegando que nova tecnologia levou a uma queda de 20% nas perdas (portanto, nos custos) dos consumidores e que repassou aos preços (queda de 7,3%) a diminuição do ICMS cobrado no Estado de São Paulo (de 18 para 12%). Tais condutas fizeram com que os conselheiros considerassem que as eficiências e o repasse aos consumidores neutralizavam o impacto anticoncorrencial decorrente da possibilidade de consumar-se o duopólio (vide nota 14). Formalizaram metas de produção, de vendas e de preços em um termo de compromisso de desempenho, TCD.

Cabe comentar que o Cade reapreciou o veto ao caso Albarus/Rockwell em dezembro de 1994, mas sua aprovação decorreu de grandes mudanças nos benefícios prometidos pela Albarus. A reapreciação da operação será analisada levando em conta apenas o TCD celebrado em 19/12/1995[15]. O principal compromisso assumido no TCD foi uma redução de preços às montadoras e ao mercado de reposição, sujeita a um cronograma anualmente crescente, chegando, respectivamente, a 4,6% e a 21,3% em 2000[16]. Estes compromissos estão associados a volumes de produção, havendo cláusula prevendo que os índices podem ser revistos diante de mudanças na conjuntura (interna e externa), nas estratégias de compras das montadoras e/ou nas regulações governamentais (tarifas, câmbio, etc.). Como a redução média dos preços iria de 1,59 a 3,38, e de 5,68 e 9,33%, entre 1997 e 2000, esses compromissos parecem factíveis e fundamentados. Cabe criticar que o TCD também proíbe a Albarus de dividir mercados com a Rockwell e de conceder privilégios à sua controlada Pellegrino (distribuidora), obrigações que não fazem sentido, pois as empresas deveriam saber que tais atos são ilegais.

As decisões tomadas pela gestão 1994-1996 do Cade, quanto aos ACs, também podem ser analisadas pelo conteúdo dos TCDs firmados com as empresas. Na tabela abaixo, estão listadas metas e restrições incluídas nas cláusulas desses TCD. As cláusulas são produto de negociações, levando em conta as propostas apresentadas pelas empresas quando submetem o AC ao Cade. Foram classificadas da seguinte forma:

Metas:
- Pro: aumento da quantidade produzida;
- Exp: incremento na quantidade ou valor das exportações;
- Inv: aumento na capacidade produtiva instalada;

---

[15] Pois não estava publicamente disponível (no *DOU* ou na *Revista do Ibrac*) qualquer informação adicional.

[16] Para as montadoras, os preços seriam reduzidos em 0,8, 1,7, 3,0 e 4,6% (de 1997 a 2000, pois em 1996 haveria reorganização da produção). No mercado de reposição, as respectivas reduções alcançariam 4,9, 10,4, 15,7 e 21,3%.

- Prd: diversas formas de redução de custos e de ganhos de produtividade;
- Tec: incorporação de novas tecnologias ou investimento para gerá-las;
- Qua: melhoria de qualidade de produtos ou serviços;
- Emp: manutenção do emprego ou requalificação/recolocação de trabalhadores dispensados;

Restrições:
- Pre: índices ou situações prevendo redução de preços;
- Con: veto a algumas condutas das empresas;
- Ati: alienação de ativos, suspensão ou licenciamento de seu uso ou obrigação de colocá-los à disposição de outrem.

Compromissos assumidos nos TCD, gestão 1994-1996

	\multicolumn{10}{c}{Metas – Restrições}
AC	Inv	Pro	Prd	Tec	Exp	Emp	Qua	Pre	Con	Ati
Yolat									X	
Norto	X	X	X				X	X		
Albar	X	X			X				X	X
Melli	X	X			X			X	X	X
Ajino	X		X	X	X	X	X		X	X
Fairw	X		X	X			X			

Fonte: *DOU*, Ibrac (1995a) e (1997a), Cade (1997) e Mattos (1997). Legenda: Yolat – Yolat/Cilpe; Norto – Norton/Carborundum; Albar – Albarus/Rockwell; Melli – Mellita/Jovita; Ajino – Ajinomoto/Oriento; Fairw – Fairway (Rhodia/Hoechst).

A gestão 1994-1996 pareceu ter como principal objetivo a defesa dos consumidores, haja vista que cinco dos seis TCD assinados em sua época[17] possuíam cláusulas sobre preços (quatro estipulando percentuais de redução) ou qualidade (três deles previam ambas) e que em três casos as restrições a condutas visavam proteger os consumidores de menor renda (através da manutenção da produção), incluindo nesse rol o único caso (Yolat/Cilpe), no qual não havia cláusula de preço ou de qualidade, além

---

[17] As decisões dos casos Belgo/Dedini, Helios/Carbex e Verolme/Ishibrás foram objeto de TCDs assinados na gestão seguinte, não havendo como saber se os termos foram estritamente pautados pelas razões de decidir da primeira gestão.

de em mais dois casos – Mellitta/Jovita e Ajinomoto/Oriento – os consumidores de menor renda também terem sido protegidos.

A inclusão de cláusulas de investimento (aumento de capacidade) em cinco TCDs reforça a preocupação com os consumidores (em três deles prevêem maior produção) e alia a atenção ao quadro macroeconômico, como os três TCD que buscavam aumentar as exportações.

Conflitos com o governo e repercussões públicas

O governo entrou em conflito com o Cade a partir do primeiro veto ao caso Gerdau/Pains. A Gerdau solicitou reapreciação em maio de 1995, alegando que uma decisão administrativa irrecorrível afronta o princípio constitucional de ampla defesa, devendo ser admitido recurso mesmo se a lei não o prever.

A decisão havia sido polêmica no Cade (quatro votos contra três) e também tinha oposto as secretarias de governo, pois a SEAE deu um parecer favorável à transação, ao contrário da SDE. Portanto, havia razoável possibilidade de a decisão ser revertida.

O ministro Jobim estava disposto a acolher o recurso, logo a contestar o Cade. No entanto, houve uma solução pacífica, pois a Resolução nº 1 do Cade, de 7/6/1995, em seu artigo 18, permitiu ao órgão reapreciar ACs se as empresas fizessem alterações pertinentes quanto aos ganhos de eficiência e à sua distribuição aos consumidores.

Como observado, o Cade decidiu manter o veto à aquisição da Pains, para surpresa do governo e da Gerdau, cuja primeira reação foi dizer que iria recorrer à Justiça, argumentando que o Cade não percebeu que, numa economia globalizada, as fusões são rotineiras e que o órgão não obedeceu à estratégia do governo (*GM*, 6/11/1995). No entanto, a empresa preferiu recorrer ao ministro da Justiça, em 1/11/1995, às vésperas de expirar seu prazo para apresentar uma proposta para desfazer a transação. Fundamentou seu recurso em vários artigos constitucionais. Quanto ao mérito, a Gerdau alegou que[18]:
- não foi levada em consideração a relevância da operação para a economia nacional, aspecto contemplado na Lei nº 8.884/94;
- o mercado brasileiro está aberto aos produtos internacionais;

---

[18] Os argumentos da Gerdau e a atuação legal do Cade podem ser observados em *DOU*, 23/10/1996, p. 21570.

- há a tendência em interpretar a lei em razão do aumento de competitividade nacional, em face de um mercado em definitivo processo de globalização;
- o ato de concentração alcança os objetivos prefixados pela legislação – aumento de produtividade, melhoria de qualidade, maior desenvolvimento tecnológico e não eliminação da concorrência em parte substancial do mercado; e
- ainda que o Cade não conhecesse esses argumentos, a aquisição não afetaria substancialmente o mercado, pois a Pains detinha dele apenas 7%.

A Gerdau volta a mencionar argumentos refutados pelo Cade por duas vezes, fundamentando, precariamente, seu recurso, pois não enfatiza a proposta que suscitou a reapreciação – destinar o aumento de capacidade produtiva da Pains para o mercado de aços especiais, no qual a Gerdau contribuiria para estimular a concorrência, ao mesmo tempo reduzindo a concentração para os aços longos comuns.

Para avaliar melhor o caso, o ministro foi receptivo à solicitação da Gerdau, suspendendo a decisão do Cade, apesar de a Lei nº 8.884/94 (artigo 50) não admitir recurso no âmbito administrativo, como confirmaram juristas ouvidos. Jobim não estava seguro de que poderia intervir, mas, na dúvida, suspendeu a decisão, salientando que o adiamento por uma semana não prejudicaria ninguém. O Cade ignorou o recurso, determinando à procuradoria a execução da decisão, quando esgotado o prazo para que a Gerdau informasse como iria cumpri-la.

No entanto, a procuradoria geral do Cade manifestou-se pela impossibilidade de dar cumprimento à decisão, por não terem sido determinadas as providências a serem tomadas pela Gerdau para desfazer a aquisição da Pains, nem o prazo necessário para tal, além de não estar estipulado o valor da multa, em caso de descumprimento. Sem essas providências, inexistiria o título executivo extrajudicial, exigível conforme os pressupostos legais. Dessa forma, os conselheiros do Cade viram-se diante de um obstáculo interno à decisão que buscavam implementar.

Por outro lado, o ministro Jobim resolveu tornar a suspensão *sine die*, alegando que o Cade teria a última palavra somente quanto às infrações à ordem econômica, pois o artigo 50 da Lei nº 8.884/94 está inserido no Título V, dedicado a tais infrações, não havendo qualquer alusão a esse respeito no Título VII, que trata dos atos de concentração[19]. Encontra amparo legal também na Constituição Federal (artigo 5º, item LV): "... não podendo o administrador público cercear o direito de petição e de ampla defesa daqueles que demandam a administração pública" (item 5).

No entanto, o ministro não se pauta apenas pelas justificativas legais para acolher o recurso da Gerdau. Afirma que o Cade não pode julgar de forma independente em relação aos demais órgãos da administração e às políticas de governo, conforme a citação abaixo:

> A administração pública é um todo coeso e orgânico que deve articular, coerente e hierarquicamente, todas as unidades administrativas, sejam os órgãos ou entidades da administração direta ou indireta. A descentralização administrativa não se destina a viabilizar condutas autônomas, distintas da orientação central, que possam divergir, em prejuízo do administrado, das políticas e estratégias de governo. A decisão de qualquer dos órgãos ou entidades da administração, subordinados ou vinculados, não pode ficar infensa de apreciação superior como única e especial forma de se alcançar uniforme e coerentemente os objetivos de governo, que a administração pública viabiliza. Neste sentido, os recursos administrativos são instrumentos postos à disposição do administrado, com o fim de viabilizar, na administração, o direito das partes em obter tratamento equânime, hábeis para assegurar a coerência e os objetivos das políticas e estratégias de governo. Os órgãos da administração, mesmo que descentralizados, não têm autonomia decisória plena. O revés seria a instalação da sublevação processual, principalmente quando, previamente à apreciação judiciária, a própria administração não se lhe resguardasse o direito de apreciar e rever os seus próprios atos a qualquer tempo. (item 2)

Assim, para o ministro, o Cade deveria ser subordinado ao governo, desconsiderando que a lei lhe atribui o caráter de tribunal administrativo. Questão de natureza diversa é a articulação entre a política antitruste e as políticas de governo, as quais, por não serem previstas em lei, não

---

[19] Vide o despacho do ministro no *DOU* de 14/11/1995, p. 18223, item 3. Outros itens serão citados em seguida.

podem ser exigidas do Cade. No entanto, ainda não é isso que está em discussão, pois a argumentação do ministro refere-se aos interesses do governo, não às políticas de governo passíveis de legislação, haja vista o seguinte trecho: "O ato de concentração é um ato complexo que relaciona a legislação vigente e a política econômica governamental, o que não significa que não possa vir a ser infrativo, nas formas prescritas na Lei" (item 3).

Por fim, o ministro expõe sua interpretação sobre a aplicação da lei ao dizer que "o julgamento baseado em mera presunção de prejuízo futuro, que não identifica os elementos do ato ilícito, justifica o cabimento de recurso administrativo, que é corolário indeclinável do Estado de Direito" (item 5).

De maneira pouco fundamentada, o ministro ignora que o tratamento dos ACs tem caráter preventivo e como tal está consagrado pelas experiências mais consolidadas em matéria antitruste (EUA e Europa). A consciência de que se trata de análise probabilística levou ao estabelecimento de diretrizes para tolher a elevada discricionariedade das agências. Exatamente porque estas conseguiram avançar na compreensão de questões de natureza tão complexa, é que faz pouco sentido postular o envolvimento de outros órgãos de governo. Cabe ainda aludir ao argumento da operacionalidade: se o argumento do ministro valesse para as decisões das agências dos EUA, elas não seriam tomadas em tempo hábil, em face dos múltiplos recursos de instâncias de governo.

Além do mais, o ministro, no despacho, em momento algum entrou no mérito do julgamento do caso. Considerando que o Cade é o órgão tecnicamente preparado para julgar questões tão complexas e que ele apreciou o caso por duas vezes, a aceitação do recurso só faria sentido se o ministro aludisse a argumentos, ou a evidências, não levados em consideração pelo Cade. Mais relevante: em nenhum momento o ministro mostra como a decisão do Cade poderia estar contrariando políticas de governo, já que este não declarou ter uma política voltada ao setor siderúrgico. Aliás, o governo deixou bem claro que preferia adotar uma política horizontal para toda a indústria, ou seja, buscar objetivos que atendam a todos os setores, como as medidas que visam o aumento da competitividade sistêmica da economia nacional, adotando políticas setoriais apenas excepcionalmente, como no caso da indústria automobilística.

O ministro resolveu manifestar-se sobre o mérito do caso apenas na imprensa (*GM*, 15/11/1995), concordando com a Gerdau de que o mercado está aberto à competição internacional e que a aquisição não elimina a concorrência. Uma opinião tão sucinta não justifica a aceitação do recurso, ainda mais por não estar baseada numa análise técnica sobre a decisão do Cade. Faz ainda menos sentido que o ministro tenha solicitado novo parecer da SDE, porque essa secretaria já havia se manifestado contrariamente à transação. Aliás, a isenção do ministro é questionada pelo deputado Miguel Rosseto (PT/RS), que reagiu contra o abuso de autoridade do ministro entrando com representação junto à Procuradoria Geral da República, lembrando que o grupo Gerdau foi o principal doador da campanha de Antônio Britto, candidato do PMDB ao governo do Rio Grande do Sul, em 1994, apoiado pelo ministro Jobim[20]. Embora não tenha sido possível apurar se houve conexão entre a decisão do ministro e a manifestação da procuradoria do Cade, importa reter que as três argumentações – a da Gerdau, a da procuradoria e a do ministro – são fundamentalmente diferentes, igualando-se apenas em seu propósito de rever a decisão do Cade, sugerindo assim uma articulação entre as três instâncias.

A Gerdau tentou negociar, mas não teve sucesso, de forma que os conselheiros solicitaram à Procuradoria Geral da República que acionasse o Ministério Público para promover a execução da decisão. Por não terem obtido resposta, os conselheiros – sob a presidência interina de Edson Rodrigues Chaves – enviaram àquela procuradoria, em 2/1/1996, proposta de execução da decisão[21], obrigando a Gerdau a desfazer a aquisição em 24 horas, sob pena de haver intervenção na empresa.

No entanto, o presidente Ruy Coutinho (voto vencido) reassume o cargo e desautoriza essa medida, dizendo que foi uma atitude pessoal de Chaves, que refuta essa afirmação (*FSP*, 5/1/1996). Coutinho argumenta que a execução da decisão deveria ser elaborada pelo Ministério Público, conforme decisão anterior do Cade, tomada com a sua presença (*GM*, 5/1/1996). Entretanto, não se restringe a discutir a lógica processual, pois afirma que o Cade estava negociando com a Gerdau

---

[20] O grupo teria contribuído com R$ 466,7 mil dos R$ 2,8 milhões declarados (16,7% do total).

[21] Vide *DOU* de 23/10/1996, p. 21570.

sem urgência, porque aguardava uma proposta da empresa – como se o órgão não houvera deliberado sobre o assunto e que isso não estava mais em cogitação, visto que a Gerdau não apresentara proposta nos prazos previstos.

Coutinho vai mais além e discute o mérito da decisão ao mostrar-se preocupado com os rumos que divirjam da política econômica do governo, dizendo que o órgão deveria adotar uma "postura moderna". Trata-se, sem dúvida, de declaração pouco fundamentada, pois não cabe ao presidente colocar-se em oposição à decisão do conjunto dos conselheiros. É provável que tais declarações tenham resultado de fortes pressões políticas – principalmente do governo –, pois o conselheiro Chaves desistiu de continuar argumentando, ao dizer que agiu de acordo com a lei, mas que não queria mais polemizar publicamente com Coutinho porque isso enfraqueceria o Cade (*OESP*, 6/1/1996).

O saldo desse conflito parece ter sido a virtual eliminação da autonomia do Cade, pelo menos no pouco tempo de trabalho que restava aos conselheiros[22], haja vista que haviam vetado diversos ACs mas, a partir de então, não se opuseram a nenhum ato de concentração até o término dos mandatos.

O conflito entre o Cade e o governo poderia ter tomado proporções maiores, pois se aproximava o momento de apreciar o caso Colgate/Kolynos. Apesar dos esforços da Procter & Gamble (P&G) para acelerar o processo – interpelando judicialmente a Colgate e enviando ao Cade um dossiê sobre o caso, a SEAE deu parecer apenas em 22/1/1996, concluindo que o AC conferia expressivo poder de mercado à Colgate, de difícil contestação devido às elevadas barreiras à entrada (Ibrac, 1996d).

Logo após a divulgação desse parecer, representantes das empresas mais interessadas no caso – Colgate e P&G – tiveram uma audiência com o ministro Jobim, superior hierárquico do titular da SDE, Aurélio Wander Bastos, cujo parecer seria divulgado em poucos dias. Ao ter adiantado que o relatório dos técnicos da secretaria "não é muito favorável à Colgate... mas que a última palavra do órgão ainda depende de uma avaliação jurídica mais completa" (*GM*, 26/1/1996), o secretário demonstrou estar sendo submetido a fortes pressões.

---

[22] Dois meses, dado que seus mandatos expirariam em 8/3/1996.

A Procter & Gamble manifestou preocupação pela demora no julgamento e reafirmou sua oposição à transação, salientando que ela inviabilizaria os grandes investimentos que desejava fazer no Brasil, uma ameaça considerável quando se trata de grupo econômico atuante em diversos setores e que faturou R$ 400 milhões no país em 1994.

A audiência da Colgate teve seu presidente mundial, William Shanahn, à frente, que falou dos investimentos que iria realizar, protestou contra a reclamação da P&G quanto à demora dos órgãos do governo, tachando-a de *inadmissível*, e completou: "Comprei a Kolynos numa concorrência, não aceito clima de disputa" (*OESP*, 2/2/1996).

A SDE evitou condenar por completo a aquisição, dizendo que os dados não refletiam com clareza os benefícios aos consumidores e que era necessário identificar um projeto de saúde bucal preventiva, cobrando-o da Colgate. Como cabe ao poder público a concepção de programas na área – por ser imperativo analisar com isenção as medidas necessárias – e como o parecer da SDE não se referiu ao ministério da Saúde, esse parecer não foi devidamente fundamentado.

Embora os pareceres da SEAE e da SDE não se vinculem à decisão do Cade, parecia que o AC seria vetado. Como o mandato de seis dos sete conselheiros expirava no início de março, o caso poderia ser aprovado por decurso de prazo, se o Cade não o julgasse 60 dias após receber o parecer da SDE, desmoralizando o órgão.

No entanto, a dinâmica institucional desse caso seria influenciada pelo exacerbado conflito entre o Cade e o ministro Jobim, por conta do caso Gerdau/Pains. Um grupo interministerial elaborava propostas para tornar a lei menos rígida e, por isso, o ministro Jobim estudava a idéia de editar uma medida provisória para suspender os prazos de trabalho do Cade.

Além dessa intimidação aos conselheiros, cabe mencionar que o então procurador *ad hoc* do Cade, José Nazareno Dias, emitiu um parecer criticando a falta de conteúdo das informações produzidas até então, considerando, portanto, que os autos não estavam devidamente instruídos. A SDE rebateu tais críticas dizendo que a falta de informações decorria da sua obrigação de emitir o parecer em 30 dias, mas o procurador demonstrou que isso não constava da lei (*GM*, 29/2/1996).

De fato, a lei diz que os prazos para emissão dos pareceres podem ser suspensos se faltarem documentos ou esclarecimentos[23], como a SEAE alegou ao demorar um ano para se manifestar. O fato de a posição do procurador ter sido chancelada pelo Cade, implicando a elaboração de novo parecer da SDE e levando o caso à apreciação pela nova gestão, pode ser interpretado como sinal de que surtiram efeito as pressões do governo, manifestas nas intenções de mudar a lei e/ou de suspender os prazos de julgamento.

Pode-se supor que o ministro Jobim desejava influir nesse caso, já que deixou de reiterar aquelas intenções quando soube dos novos conselheiros nomeados. Examinando a dinâmica institucional nos dois casos polêmicos, fica evidente a grande interferência do governo sobre o Cade, ferindo gravemente sua autonomia e levando a que a indicação dos novos conselheiros tenha se pautado por nomes afinados com o governo (vide capítulo 3).

Apesar de não ter havido mudança na lei, as discussões a esse respeito consolidaram o predomínio de uma orientação mais liberal, sob o comando do ministério da Fazenda. Ruy Santa Cruz, funcionário desse ministério, posicionou-se de forma arrojada, a qual não faria sentido assumir se ele não tivesse sido autorizado por seus superiores (*GM*, 4/1/1996, p. A-3). Propunha reduzir a ênfase sobre as estruturas de mercado, deslocando-a para as condutas, para assim compatibilizar a atuação dos órgãos com as modernas tendências internacionais – o que não é fato (ver capítulo 4) –, postulando ser necessário comprovar a abusividade do poder econômico.

De outro lado, foi elaborada uma medida provisória modificando a lei (*FSP*, 5/3/1996, p. 2-8), atribuindo à SDE o poder de encaminhar ou não o AC para a apreciação do Cade. Tudo indica que Aurélio Wander Bastos (SDE) e o ministro do Planejamento, José Serra, foram os principais mentores da medida. No entanto, prevaleceu a posição do ministério da Fazenda, à qual Jobim aderiu, não concordando que os poderes do Cade fossem transferidos para a SDE.

Nota-se que existiam forças políticas postulando maior limitação da autonomia do Cade do que as então atribuídas à Fazenda, no caso da SDE porque esta desejava obter maiores poderes às custas do Cade. Como

---

[23] Conforme o parágrafo oitavo do artigo 54 da Lei nº 8.884/94.

eram estes os pólos da disputa sobre a política antitruste dentro do governo, seria praticamente inviável que o Cade atuasse de forma autônoma ou rigorosa quanto à concentração do poder econômico, pois não teria quem o defendesse junto aos mais fortes núcleos de poder.

Para reforçar tais conclusões, cabe comentar como o governo Fernando Henrique Cardoso manifestou-se durante a gestão 1994-1996. Logo em seu início, tendo transcorrido cerca de seis meses do começo do Plano Real, o ministro da Fazenda, Pedro Malan, disse que iria cobrar explicações de oligopólios por não terem atendido aos apelos para não reajustar os preços no início do ano (*GL*, 7/1/1995). Menciona grandes multinacionais, como Unilever (marca Gessy Lever), Nestlé e Refinações de Milho Brasil, mas não cita a legislação antitruste. Houve várias manifestações de José Milton Dallari, da SEAP, pelo menos uma delas também se referindo a grandes empresas[24]. Elas ocorrem com regularidade até agosto de 1995, quando o secretário se demite devido a denúncias de tráfico de influência. Após esse fato, não houve notícia de questionamento a poderosos interesses econômicos.

Entretanto, logo de início o governo deu sinais de que pretendia imprimir uma orientação liberal aos órgãos antitruste, pois a SDE arquivou processos administrativos instaurados no governo Itamar, referentes a aumentos abusivos de preços na conversão para o Real (*FSP*, 31/1/1995, p. 1-6). A SDE alegou que os reajustes das passagens de ônibus e dos planos de saúde haviam sido autorizados pelos órgãos competentes, acrescentando ainda que os reajustes tinham seguido aproximadamente a inflação do período.

O fato de os então conselheiros do Cade não terem sido indicados pela equipe econômica não seria obstáculo para uma atuação rigorosa. Se desejasse, o governo poderia ter acionado as secretarias de governo (SDE e SEAE) para processar empresas, pois dificilmente os conselheiros resistiriam a esse intento, dado que, desde 1994, optaram por decisões rigorosas para valorizar o órgão. Assim, o governo não revelou interesse em reprimir o abuso do poder econômico. Como as negociações com empresários poderosos deixaram de ser divulgadas, fica fortalecida a hipótese de que o governo queria

---

[24] Reclamações quanto aos reajustes dos aços planos e produtos de higiene e limpeza. Vide *FSP* e *GL*, 12/4/1995.

apenas acenar com punições até que a queda da inflação se consumasse, utilizando-se de um quadro técnico afeito a essa espécie de postura – Dallari, assessor do ex-ministro Delfim Netto no Conselho Interministerial de Preços (CIP).

Nessa linha, o presidente Fernando Henrique Cardoso estabeleceu que a Sunab também deveria aplicar o Código de Defesa do Consumidor (CDC) e que a SDE e a SEAE deveriam cooperar, anunciando que o primeiro alvo eram as mensalidades escolares (*GM*, 1/2/1996). O fato de não ter sido mencionada a legislação antitruste pode ter visado atingir o Cade, pois o conflito com o ministro Jobim era bastante intenso. Como naquele momento ficou patente que não se tratava de enfrentar poderosos interesses econômicos, fica sugerido que não havia interesse em que a legislação antitruste tivesse papel fundamental.

Nesse sentido, o estilo Dallari parecia reviver em 1996 quando, ao assumir a SEAE, Bolívar Moura Rocha disse que sua função era monitorar os preços de produtos de maior impacto sobre o custo de vida, como combustíveis, transportes e planos de saúde (*FSP*, 11/5/1996). Disse que ouviria as montadoras de automóveis, cujos preços teriam subido injustificadamente, devido à alta alíquota de importação, e que seria editada uma medida provisória estabelecendo parâmetros para reajustes de preços. No entanto, rapidamente o secretário abandonou esse discurso, sugerindo que suas declarações iniciais buscavam apenas tentar afirmar poderes – problema recorrente para técnicos de extração liberal que querem ser respeitados pelas empresas e, ao mesmo tempo, ser vistos como seus aliados.

Luís Nassif, colunista da *Folha de S.Paulo*, foi o articulista que mais discutiu publicamente o tema antitruste (dez artigos entre 1995 e 1998). Dois artigos abordaram o caso Gerdau/Pains. No primeiro (*FSP*, 12/10/1995, p. 2-3), Nassif afirma que a decisão do Cade pode ter sido equivocada, pois:

1. Como o mercado estava aberto às importações (alíquota de 10%), a aquisição da Pains não é relevante, pois o grupo Gerdau teria reduzida parcela da produção mundial.
2. Quanto aos preços, considerou que o produto era mercadoria padronizada, com cotação internacional, cuja evolução pautaria os preços internos.
3. A concentração é necessária para a competitividade internacional da siderurgia brasileira.

Nota-se que Luís Nassif adotou a argumentação da Gerdau, sem tê-la confrontado com os argumentos e as evidências subjacentes à decisão do Cade, que mostrou que as importações não afetavam o mercado brasileiro e que não havia evidências de que o AC beneficiaria os consumidores.

No segundo artigo (*FSP*, 7/2/1996, p. 2-3), Luís Nassif retoma o caso para criticar a decisão do Cade, a qual não teria levado em conta as características do setor e qualquer uma das prioridades industriais do país, argumento pouco fundamentado porque o governo não estabeleceu tais prioridades.

Na mesma época, Luís Nassif discutiu o caso Colgate/Kolynos em três artigos. No primeiro (*FSP*, 8/1/1996, p. 2-3), antes de o Cade julgar, dá voz às críticas da Procter & Gamble de que o fato de a Colgate deter 80% do mercado afastaria a possibilidade de entrada de concorrentes. Antes da decisão, Luís Nassif diz que o ministério da Justiça comportou-se como advogado de uma causa (*FSP*, 7/7/1996, p. 2-3), alterando o parecer da SDE – antes contrário à operação, ao alegar ser preciso examinar como a Colgate poderia contribuir para melhorar a saúde bucal da população e quais seriam os efeitos benéficos dos investimentos e das exportações.

No dia seguinte, Nassif reviu sua opinião sobre a atuação ministerial, dizendo que a documentação enviada por Jobim mostrava que o parecer da SDE era taxativo quanto aos riscos da operação (por causa do elevado grau de concentração), apenas lamentando não haver dados sobre saúde bucal da população (*FSP*, 8/2/1996, p. 2-3). Não se soube se o ministro interferiu, mas foi observado que Aurélio Bastos, secretário da SDE, declarou que seu parecer não era conclusivo.

Por outro lado, quando criticou a suposta intromissão de Jobim, Luís Nassif postulou o fim das interferências individuais, propondo a criação de instâncias consultivas – compostas por membros dos ministérios da área econômica ligados à política industrial – que definiriam parâmetros mínimos para a atuação do Cade. Assim, subordina a aplicação da lei às diretrizes da área econômica, sem discutir os argumentos favoráveis ou contrários à tese e sem atentar que o governo não praticava uma política industrial institucionalizada, ou seja, parametrizada por determinadas regras de ampla abrangência.

Nasiff vai ainda mais longe ao propor que um conselho técnico definisse o que é abuso do poder econômico, desconsiderando o caminho democrático, mais virtuoso, de contar com a ampla participação de segmentos da sociedade (*FSP*, 20/2/1996, p. 2-3). Uma semana depois, Luís Nassif expõe, sem opinar a respeito[25], o projeto da SDE para mudar a lei antitruste, o que fez pouco depois, mas utilizando-se de meio de menor alcance[26]. Condena a mudança que daria todo poder à SDE, eliminando o Cade como órgão legalmente independente. Cerca de um mês depois, Luís Nassif expõe novamente a proposta da SDE, mas somente aí cita posição alternativa[27], que defende o julgamento dos ACs pelo Cade, porque também deve atuar preventivamente – não apenas lidar com as infrações – para proteger os direitos difusos da sociedade. Embora pareça inclinar-se por essa posição, Luís Nassif não a desenvolve a ponto de esclarecê-la, diferentemente do que fez para a proposta da SDE.

Joelmir Betting dedica apenas uma coluna à questão antitruste no Brasil, avaliando que o Cade extrapolou ao não autorizar os ACs comandados pela Gerdau e pela Rhodia, por prejulgar as intenções e os objetivos dos grupos (*OESP*, 1/11/1995). Entretanto, Betting é quem prejulga, pois não traz evidências para dizer que aquelas empresas buscavam competitividade através de maior escala de produção e que os consumidores seriam beneficiados por preços e qualidade dos produtos. Betting sugere que o Brasil deve incentivar os ACs para buscar maior conglomeração dos grupos econômicos, à qual atribui o êxito do Japão e da Coréia, posição que não é consensual (Porter, 1990, discorda). Também não atentou que esse êxito supõe exportar grande parte da produção, o que aquelas empresas não propuseram.

Ao contrário, o articulista de *O Estado de S. Paulo*, Antônio Carlos Pereira, critica o senso comum de que a globalização necessariamente signifique maior competição entre as empresas, já que, como o comércio intrafirma cresce mais do que o comércio mundial, a globalização poderia visar apenas aumentar o faturamento e o lucro das empresas globais (*OESP*, 12/3/1996, p. A-4). Enunciar essa hipótese é salutar, mas seu efeito é fugaz, visto que a imprensa difunde apenas o referido

---

[25] Nassif expõe a proposta de Bastos (SDE). As mudanças no Cade. Vide *FSP*, 28/2/1996, p. 2-3.

[26] Vide *Dinheiro Vivo*, v. VI, n.10, 4, 10/3/1996. Supôs-se que Nassif escreveu o artigo por ser dono da agência.

[27] Trata-se de observações de Mário Possas e Elizabeth Farina. Vide *FSP*, 18/4/1996, p. 2-3.

senso comum. Pereira defende que o Cade não deve ser extinto nem perder poder para o Ministério da Justiça, avaliando que a legislação não é tão ruim, mas não discute o mérito das decisões do Cade, pouco contribuindo para elucidar a questão.

O articulista da *Folha de S.Paulo*, Fernando Rodrigues, avalia que a legislação é muito rígida, porque ela confunde a existência de poder econômico com o uso abusivo desse poder, ao fixar um limite de parcela de mercado (20%) a partir do qual todos os ACs devem ser aprovados pelo Cade (*FSP*, 6/3/1996, p. 1-2). Demonstra desconhecer a lei, pois esta diz apenas que os atos que estão abaixo daquele limite em princípio não apresentam risco à concorrência.

O diminuto espaço dado aos conselheiros do Cade e a pouca qualidade da discussão prevalecem nos editoriais da imprensa, embora haja uma diversidade de posições. A *Gazeta Mercantil* criticou acentuadamente a atuação do Cade, dizendo que ele é um monstrengo porque não tem razão de ser em uma economia aberta à competição, em rápida e constante transformação tecnológica (*GM*, 5/1/1996, p. A-2). Radicaliza ao dizer que:

> Quando se fala em desregulamentação, é inadmissível a existência de um órgão que se pauta por critérios políticos e cuja única função é criar entraves burocráticos a empresas nacionais que lutam para preservar o desenvolvimento industrial que conquistamos.

Sem examinar os argumentos do Cade, a acusação mostra-se ainda mais precária, pois, quanto ao caso Gerdau/Pains, diz que o setor de aços longos comuns é dos mais expostos à concorrência internacional, não alegada pela Gerdau.

Ao contrário, o jornal *Folha de S.Paulo* defende a lei e a importância do Cade ao dizer que, nos principais países do mundo, a legislação é rigorosa e os órgãos poderosos, entendendo que altos graus de concentração podem tender a elevar a inflação, ainda mais se a concorrência externa diminuir em face do aumento dos déficits externos – um risco no caso brasileiro (1º/3/1996, p. 1-2). Embora faça pouco sentido dar tanto destaque à retomada da inflação – uma hipótese algo remota –, o jornal mostra conhecimento do quadro internacional e foge ao senso comum sobre as virtudes da globalização. Aliás, vai além ao sugerir que, para não ficar distante dos segmentos sociais, o Cade deveria ser composto por representantes da sociedade civil –

empresários e consumidores –, sugestão mais democrática do que a feita por seu articulista Luís Nassif.

Entre os economistas, as opiniões também divergem. Maílson da Nóbrega, consultor econômico-financeiro e ex-ministro da Fazenda (governo Sarney), opinou, embora não possuísse conhecimento aprofundado sobre o assunto. Sustenta que é preciso mudar a lei para reduzir sua subjetividade e com ela a importância de burocratas de mente atrasada, aos quais Maílson atribui um conhecido preconceito contra a iniciativa privada (*FSP*, 18/1/1996, p. 2-2). Criticando a decisão do Cade no caso Gerdau/Pains, Maílson alude apenas ao argumento geral de que raramente se pode falar em dominação de mercados em economias abertas. Afirma que o declínio do ímpeto antitruste nos EUA era necessário para enfrentar a concorrência japonesa, transformando-se de movimento político em especialidade jurídica. Maílson revela desconhecimento do assunto, visto que a questão antitruste nos EUA é bem mais complexa (vide capítulo 4).

Mário Henrique Simonsen, outro ex-ministro da Fazenda pouco familiarizado com o assunto, reitera o senso comum sobre a necessidade dos ACs para alcançar economias de escala e competitividade internacional, dizendo que o Ministério da Fazenda deveria investigar tais motivações (*EX*, 28/2/1996, p. 13). Caberia ao Cade apreciá-los somente se houvesse barreiras naturais à concorrência externa, conceito que deixa de lado os estudos de economia industrial, que mostram ser muitas as barreiras à entrada criadas pelas empresas.

Do lado contrário, Jorge Fagundes foi um dos poucos especialistas que se manifestaram publicamente[28]. Contesta o senso comum sobre a globalização, alegando que certos bens são imunes à concorrência internacional (no caso em que os custos de transporte são elevados comparados ao valor dos produtos) e que outros são protegidos por barreiras tarifárias e não tarifárias, salientando que oligopólios com grande poder de mercado podem praticar condutas anticompetitivas que não se restringem à manipulação dos preços. Defende o Cade, dizendo que críticas revelam interesses feridos e/ou o desejo de alterar ilegitimamente as decisões do órgão, através de mecanismos políticos obscuros. No entanto,

---

[28] Integra o Núcleo de Estratégias Empresariais Comparadas das Faculdades Cândido Mendes. Vide *FSP*, 8/3/1996, p. 2-2.

não discute o mérito das decisões do Cade, pouco contribuindo para questionar concretamente o referido senso comum.

Numa linha semelhante, Mário Possas, da UFRJ, um especialista em economia industrial no Brasil, defende a manutenção do Cade (a SDE não deveria julgar AC) e da Lei nº 8.884/94, mas o faz apenas numa revista especializada (Possas, 1996). Criticando o senso comum da globalização, ao dizer que a lei permite aprovar ACs que visem aumentar a eficiência e que a política antitruste é respeitada em todo o mundo, Possas diz que, se as empresas puderem demonstrar-se capazes de gerar maior eficiência, o TCD permite acompanhar suas promessas, de maneira que a lei não dificulta *a priori* a realização de tais atos. No entanto, não discute o mérito das decisões, dizendo apenas que os eventuais erros do Cade se devem à carência de recursos – até mesmo de qualificação funcional –, mas que sua autonomia decisória é preferível porque reduz a discricionariedade a que estão sujeitos os órgãos de governo. Assim, não é capaz de granjear apoio público às suas teses, nem para justificar suas posições doutrinárias.

Cabe analisar também as diversas manifestações de advogados, especialmente acerca do conflito Cade/Jobim. Especialistas em direito econômico contestam o ministro, afirmando que as decisões do Cade não comportam revisão no âmbito administrativo[29].

Carlos Francisco de Magalhães, profissional da área, diz que o Cade deve continuar realizando o exame prévio dos ACs, porque a atividade repressiva da lei é ineficaz – consenso entre os especialistas – devido à longa duração dos processos e às exigências legais do contraditório e da busca de provas (*OESP*, 30/1/1996, p. B-2). Assim, o autor considera que a eliminação do artigo 54 (controle dos ACs) significaria, na prática, a morte do Cade, que seria praticamente anulado se fosse transformado em órgão de governo, pois os conselheiros não disporiam de independência ou de especialização técnica. No entanto, ao dizer ser necessário dar mais destaque aos pareceres econômicos, para harmonizar os julgamentos do Cade com a política estratégica do governo para cada setor, não explica como ficaria a autonomia do órgão. Magalhães propõe a criação de recurso da decisão, a ser encaminhado ao próprio

---

[29] Conforme o artigo 50 da Lei nº 8.884/94. Vide: "O Cade é independente", *GM*, 4/1/1996, p. A-7.

Cade, e que houvesse aumento no número de conselheiros, instalando-se uma câmara pela qual o recurso seria apreciado por conselheiros que não participaram do julgamento originalmente. Dificultando entender como seria preservada a autonomia do Cade e trazendo grande incerteza ao processo decisório, suas recomendações conciliatórias apontam para a valorização do trabalho dos advogados, pondo sob alguma suspeita sua defesa doutrinária sobre o Cade, já que havia a ameaça de o governo tomar o processo em suas mãos e, assim, diminuir muito o trabalho dos advogados.

Na mesma matéria, Onofre Sampaio atribui o conflito à incompatibilidade congênita da lei; ela estabelece que devem ser considerados aspectos de política industrial, mas, como não os especificou e nem o governo formulou tal política, o Cade acabou usando parâmetros próprios nas decisões. Como no caso Gerdau-Pains o Cade pautou-se pela falta de evidência sobre os benefícios aos consumidores, a posição de Onofre Sampaio mostrou-se pouco fundamentada.

José Del Chiaro critica os defensores das mudanças que tirem poder do Cade e da lei, afirmando terem saudade das decisões arbitrárias do período autoritário, e que os ataques ao Cade prescindem de rigor técnico e deturpam os fatos, pois se apegam a aspectos ou a decisões isoladas (*FSP*, 28/2/1996, p. 2-2). Não defende, no mérito, as decisões do Cade e atribui eventuais equívocos à ausência de uma política industrial, tal como Sampaio.

Em suma, nota-se que os advogados defendem a lei e a autonomia do Cade, sem avaliar o mérito das decisões, dando a impressão de se tratar da defesa de interesses corporativos.

Fábio Feldmann foi autor do substitutivo que se tornou a lei antitruste. Defende a lei e a autonomia do Cade, para que este possa enfrentar os interesses dos grandes grupos econômicos[30]. Dizendo que o problema crucial é a falta de fortalecimento real e institucional do órgão, salienta que para isso contribui a desatenção da sociedade civil organizada. A citação abaixo é contundente, condenando implicitamente o ministro Jobim no caso Gerdau-Pains:

> Certamente, o governo está diante de uma encruzilhada difícil, na qual o discurso social-democrata deve fazer sentido na escolha de opções

---

[30] "Cade: o dilema da social-democracia". Vide: *FSP*, 14/3/1996, p. 1-3.

que de fato viabilizem o ingresso do país na democracia contemporânea, em vez de reforçar a sobrevida de práticas do capitalismo de senzala, associadas, neste momento, ao paroquialismo de políticas que não entendem a importância das estratégias relativas ao abuso de poder econômico ou entendem demais de financiamento de campanha em época de eleições.

Por fim, Feldmann conclama seu partido (o PSDB) e o governo a resistir às pressões, evitando intervenções arbitrárias nas decisões do Cade. Nenhum correligionário sinalizou orientação semelhante, ou criticou Feldmann, indicação de que os socialdemocratas não tinham muito interesse pela temática antitruste.

Até 1996, foram poucas as queixas empresariais públicas sobre condutas anticoncorrenciais. A TAM contestou a compra da Cia. de Aviação Regional do Nordeste pela Rio Sul, subsidiária da Varig, dizendo que esta passava a oligopolizar o mercado e que a transação era semelhante ao caso Colgate/Kolynos (*GL*, 25/4/1995), cuja publicização chamou a atenção do empresariado para o Cade. No entanto, a reclamação da TAM não é justa porque o alegado oligopólio a inclui, por ela deter 48% e a Varig 37% do mercado de aviação regional. É provável que tenha pensado em recorrer ao Cade por não ter sido atendida pelo Departamento de Aviação Civil (DAC), órgão que controla a concorrência no setor.

Apesar da maior visibilidade do Cade, não foi citado na querela entre a *Folha de S.Paulo* e a Rede Globo o duopólio existente nas TVs por assinatura (*FSP*, 30/1/1995, p. 2-6).

A Votufértil, pequena empresa de fertilizantes, falida em 1994, denunciou que seis dos seus concorrentes (Manah, Iap, Fertiza, Takenaka, Fertibrás e Solorrico) monopolizaram a produção de insumos, necessários à produção de fertilizantes – quando adquiriram, no período 1993-1994, as estatais Fosfértil, Ultrafértil e Goiásfértil, discriminando o acesso a tais insumos. A Votufértil acionou o Judiciário, cuja proibição a práticas discriminatórias fez com que o Cade negociasse com as empresas um Termo de Compromisso de Cessação[31]. É possível supor que a reclamação da Votufértil deva ter decorrido, basicamente,

---

[31] Em *FSP*, 9/10/1995, p. 2-3, há a denúncia; em *GL*, 9/11/1995, a citada proibição; em *GM*, 5/3/1996, p. A-8, o termo de compromisso.

da situação pré-falimentar em que se encontrava, portanto, de quem nada tinha a perder.

Quando se cogitava mudar a legislação, o Conselho de Estudos Jurídicos da Federação do Comércio do Estado de São Paulo (FCESP) criticou-a por restringir a livre economia de mercado, por limitar o direito de defesa das empresas e por proibir – ao invés de incentivar – fusões que permitam a competitividade ou a sobrevivência das empresas, reverberando o senso comum sobre a globalização e repelindo a intervenção estatal (*OESP*, 14/3/1996).

Por fim, cabe comentar que somente no final de 1995 um conselheiro do Cade defendeu a posição do órgão. Neide Malard repeliu a interferência do governo e disse que o Cade iria até ao Judiciário para fazer valer sua decisão no caso Gerdau/Pains (*CB*, 4/12/1995, p. 1B). Segundo Malard, a interferência era ilegal e o Cade deveria praticar uma política de Estado, baseada em lei, e não uma política de governo, para não ser capturado pelos grupos econômicos que sempre participaram da vida política brasileira. A posição de Malard é consistente porque ela não votou contra a decisão em pauta, mas não defende no mérito a decisão tomada pelo Cade.

Essa gestão mostrou alguma transparência ao permitir a publicação das decisões mais importantes. Como será analisado mais detidamente no próximo capítulo, seria adequado publicizar um pequeno extrato de todas as decisões, para não optar pela publicação plena de apenas alguns casos. Quanto à participação da sociedade, a gestão 1994-1996 não só não a estimulou, como também não acolheu iniciativas autônomas, como as cerca de dez mil denúncias apuradas pelo Movimento da Cidadania contra o aumento abusivo de preços, encaminhadas ao Senado em 1995, quando o governo ainda atuava através do controle de preços (*FSP*, 21/3/1995).

Considerações finais

As decisões da gestão 1994-1996 do Cade quanto aos ACs revelaram uma orientação comum: altas concentrações de mercado só foram aprovadas quando foram assegurados benefícios aos consumidores (principalmente referentes a preços), caso contrário, eram vetadas. A isso se alia o fato de as decisões terem revelado coerência entre si, abrindo-se, assim, a perspectiva de segmentos sociais mais amplos se interessarem pelas questões antitruste.

Todas as decisões foram enunciadas (e publicadas) através de uma linguagem tecnicamente sofisticada, dificultando em muito a possibilidade de ensejarem o entendimento e o interesse de segmentos da sociedade civil (como entidades ligadas a consumidores, empresas e trabalhadores). Disso decorreu haver grande dificuldade para que as decisões dessa gestão suscitassem o interesse da sociedade em geral, levando em conta inclusive que o órgão não buscou apoios na opinião pública. Suas poucas manifestações públicas foram, de um lado, bombasticamente populistas, de outro, defendiam a autonomia do órgão, mas não expunham sua orientação (beneficiar aos consumidores), nem como ela estava fundamentada em evidências.

De início, houve alguma passividade das empresas prejudicadas. Como o governo Itamar Franco criou a nova lei e o presidente reclamou bastante dos reajustes de preços dos medicamentos, essa passividade talvez refletisse a avaliação que o Cade estava sendo respaldado pelo governo, embora este não o tenha feito publicamente. Quando o Cade contrariou o grupo Gerdau, em março de 1995, esse grupo mostrou sua força política mobilizando a mídia especializada e o governo (através de Nelson Jobim) para reverter a decisão, sendo que o Cade não procurou apoios públicos e as empresas potencialmente prejudicadas (da construção civil) também silenciaram. As pressões resultaram na criação do dispositivo de reapreciação, mas o Cade manteve a decisão anterior.

Quando o ministro Jobim suspendeu a decisão, os conselheiros reclamaram publicamente, porém se apegaram apenas aos poderes legais, não enunciando claramente sua posição nos meios de comunicação e deixando de buscar apoios na sociedade para afirmar a autonomia do Cade. Era de se esperar a intervenção do governo, devido a que nele predominava a orientação liberal quanto aos atos de concentração. Assim, é provável que os conselheiros acreditassem que a empresa buscaria negociar uma revisão da decisão, antes de o governo intervir, o que afirmaria o poder do Cade sem afetar tanto as empresas. Entretanto, isso não ocorreu, provavelmente porque o grupo Gerdau confiava em seu poder junto ao governo.

Portanto, não foi surpresa que as manifestações públicas dos segmentos sociais (na imprensa escrita) não tenham discutido as razões alegadas pelo Cade em suas decisões. De um lado, houve questionamento à atuação do órgão a partir de posições pré-concebidas; de outro, defesa apenas da lei e da autonomia do Cade, sem discussão do mérito das decisões. Jornalistas especializados repetiram argumentos das empresas ou do governo, propalando de forma não fundamentada o senso comum sobre as virtudes da globalização (a concorrência seria livre devido à abertura do mercado ao comércio exterior), ou das necessidades por ela impostas (devido a essa abertura, as empresas nacionais precisariam se juntar para poderem ser competitivas). A *Gazeta Mercantil* adota essa linha e diz que o Cade apenas cria entraves burocráticos (sugerindo, assim, corrupção). A *Folha de S.Paulo* defende a existência do Cade e até a participação da sociedade civil, mas em apenas um momento.

Enquanto ex-ministros, que nunca atuaram na área, também propalam o senso comum, advogados e especialistas em economia industrial defendem apenas em tese a necessidade do Cade e de sua autonomia. Do campo político, apenas Fábio Feldmann resolveu se manifestar, clamando que os social-democratas defendessem a autonomia do Cade, mas sem aludir ao mérito das decisões. Houve poucas queixas públicas empresariais sobre abusos de poder econômico; em apenas uma delas a Votufértil acionou o Judiciário, porém sua falência parecia indicar tratar-se apenas de um último recurso de sobrevivência.

Em suma, houve um intenso questionamento à legitimidade das decisões da gestão 1994-1996 do Cade, motivado pelos interesses do governo e do empresariado, prescindindo de discussão qualificada sobre o mérito das decisões. Esta ausência nutriu-se do fato de o Cade não proferir discursos de justificação sobre suas decisões, embora elas fossem passíveis de obter respaldo junto aos consumidores, o que praticamente alijou a sociedade desses processos (exceto pela mera publicação das decisões).

6

A ATUAÇÃO DA GESTÃO 1996-1998

Logo após ser indicado presidente do Cade, Gesner de Oliveira afirmava que a política antitruste deveria ser articulada com a política econômica em geral, com a política industrial em particular. Entretanto, fez questão de exigir que o órgão tivesse poder efetivo. Quando o Senado examinou sua indicação, Oliveira colocou essa articulação como uma de suas cinco prioridades, especificando tratar-se das relações com as políticas de comércio exterior e de privatização. Quanto a esta última, afirmou que nem sempre a ótica da concorrência era levada em consideração, salientando que o Cade tem representação no Conselho Nacional de Desestatização (CND), mas não participava das decisões[1]. Criticou a atitude do ministro Nelson Jobim, por aceitar o recurso da Gerdau não previsto em lei, embora não tenha dito que implementaria a decisão tomada pela gestão anterior.

A tentativa de demonstrar simultaneamente sintonia com a área econômica do governo – de onde proveio sua indicação – e alguma autonomia política – requerendo participar das privatizações e repelindo a interferência do ministro Jobim, embora sem se confrontar

---

[1] As quatro falas estão, respectivamente, em *OESP*, 9/3/1996, p. B-6; *FSP*, 16/3/1996, p. B-3; *GM*, 11/4/1996; e *GL*, 11/4/1996.

diretamente com o propósito manifesto pelo ministro, revela a estreita e sinuosa linha pela qual Gesner de Oliveira buscava afirmar a importância do Cade. Apesar disso, trata-se de uma manifestação de certa independência, haja vista que o saldo do confronto da gestão anterior com o governo indicava que este último não toleraria decisões contrárias aos seus interesses. Reconhecendo ter avançado o sinal, depois Gesner de Oliveira disse não desejar retardar as privatizações, nem tampouco interferir nas transações já realizadas, reconhecendo o direito de o governo ditar seu ritmo, sem citar a falta de voto do Cade no CND (*GL*, 28/5/1996, p. 26).

A difusão da cultura da concorrência era um dos dois principais problemas apontados por Gesner de Oliveira. Expressando sua posição doutrinária perante o empresariado, em vez de afirmar a necessidade de medidas repressivas destacou que o principal instrumento da política antitruste era a conscientização do empresariado. Buscando evitar antipatias, corria o risco de ser brindado com a indiferença.

Para reduzir esse risco, Gesner de Oliveira afirmou que, mesmo numa economia aberta, a concorrência internacional não substituiria a legislação antitruste (*FSP*, 16/6/1996, p. 1-3). Alude a três razões de ordem internacional – a importância dessa legislação para o funcionamento dos blocos regionais (deve ser utilizada porque nestes não se aplicam as leis *antidumping*), o exemplo dos países maduros (reforço dos órgãos reguladores em função dos processos de desregulação e de desestatização) e a necessidade de regras mundialmente transparentes e harmonizadas, pois as empresas globais privilegiam mercados que as possuem (regras mais lenientes podem tanto ajudá-las como prejudicá-las). Apenas a última razão é questionável, em face do empenho dos meios empresariais em propugnar políticas antitruste mais lenientes, confiando no seu poderio para obter vantagens.

Gesner de Oliveira alude também a duas razões internas que tornam necessária a lei antitruste, mencionando a grande importância de bens não comerciáveis com o exterior (*non tradables*) – como os serviços, que representam 50% do PIB brasileiro – e a existência de barreiras à concorrência em diversos setores industriais (como custos de transporte, obstáculos de distribuição e prevalência de oligopólios mundiais). Exprimiu argumentos consensuais aos estudiosos de política antitruste, contrapondo-se ao senso comum amplamente difundido – de que a globalização torna os mercados nacionais contestáveis.

No entanto, Oliveira procura tranqüilizar o empresariado ao afirmar que deixariam de prevalecer os mecanismos de controle de preços. Derrotada a hiperinflação, a preocupação passaria a ser estruturar instituições adequadas à economia de mercado. Reconhecendo haver uma cultura do controle de preços, descarta-a, mas não diz sobre que tradição ou valor social a política antitruste deveria estar apoiada.

A posição sinuosa de Oliveira não satisfez à imprensa, que trouxe à baila questões relevantes da gestão anterior do Cade. Respondendo a como evitar que as decisões do Cade fossem derrubadas por liminares[2] ou atropeladas por interferências do ministro da Justiça (caso Gerdau/Pains), Oliveira diz que, além de ser necessário buscar decisões de qualidade inquestionável, o mais importante era difundir a cultura da concorrência, para que o empresariado aprenda e para que perceba que é melhor um órgão que aplique a lei do que depender da amizade com funcionários do governo (*FSP*, 24/6/1996). Deixa de afirmar a autonomia do Cade perante o governo quando isso era estritamente necessário, inclusive por ele não sinalizar que o rigor da lei e das decisões do Cade era fundamental para se poder eliminar aquelas interferências.

Gesner de Oliveira fala sobre os atos de concentração (AC), dizendo que um AC é lesivo à concorrência se vier a acarretar lucro monopólico, menor desenvolvimento tecnológico e/ou se apenas uma empresa controlar o mercado. Esse discurso dá a impressão de que o Cade atuaria muito pouco, uma orientação liberal que não faz remissão ao texto legal, bastante diferente (capítulo 2). Manifesta-se mais substantivamente pouco depois, criticando inicialmente o excessivo rigor da gestão anterior do Cade. Como pela primeira vez o órgão detinha autonomia e os conselheiros, mandatos, afirmou: "Era natural que a preocupação se voltasse para dentro, para tornar realidade as garantias que a lei lhes dava. Sob o ponto de vista institucional, foram muito importantes" (*GM*, 22/7/1996, p. A-9).

Trata-se, sem dúvida, de uma declaração pouco criteriosa, pois não discute no que e porque os conselheiros teriam atuado equivocadamente, sugerindo que atuaram movidos apenas pela vontade de exercer

---

[2] O Supremo Tribunal de Justiça reabilitou a tabela de honorários da AMB, proibida pelo Cade,*GM*, 28/3/1996.

o poder. Gesner de Oliveira afirma que eles deviam estar voltados para fora, o que sugere, por um lado, posturas mais negociais para com as empresas e, por outro, que não se deveria ter irrestrito apego à lei. Mais uma vez, mostra compreensão para com as empresas e algum distanciamento perante a lei.

Sua postura liberal também transparece quando fala do tratamento dos ACs, dizendo que se deve aceitar com naturalidade o processo mundial de concentração econômica, assumindo-o como inevitável em setores como autopeças, siderurgia, químico, telefonia e infra-estrutura. É emblemática sua frase a esse respeito: "O mercado não precisa acompanhar as mudanças do Cade. É o Cade que deve acompanhar o mercado e, de vez em quando, interferir, "orientando".

Diz ainda que os processos econômicos mundiais não fazem com que órgãos, como o Cade, percam função, pois estes não têm como única obrigação autorizar ou não ACs, mas fiscalizar condutas e acompanhar de perto os termos de compromisso de desempenho.

Mais do que simplesmente liberal e fatalista, esta posição faz pouco sentido porque ele havia dito anteriormente que era necessário evitar generalizações simplistas, que os serviços e vários setores industriais não estavam sujeitos à concorrência externa, dentre os quais, certamente, se pode mencionar (no mínimo) a telefonia e a infra-estrutura, estas tidas como imersas em inevitáveis processos de concentração. Aliás, ao procurar evitar que o Cade aparecesse como um órgão decorativo, Gesner de Oliveira entra em contradição, pois acompanhar de perto os TCD implica fazer exigências às empresas, mesmo para os ACs julgados inevitáveis. Assim, sua posição sinalizava virtual garantia de aprovação, o que estimularia as empresas a rejeitar os TCD.

A *Gazeta Mercantil* faz um editorial saudando os sinais de que o Cade iria mudar de orientação, avaliando que o prevalecimento dos economistas tornaria o órgão mais apto a adaptar a lei à realidade econômica (*GM*, 12/3/1996, p. A-2). Mais uma vez, o jornal revela amplo desconhecimento ao dizer que o Cade deveria ser pautado pelas normas da OMC e da política de defesa do consumidor, ambas pouco afeitas às questões antitruste. Vai ainda mais longe ao sugerir que o Cade só deveria julgar casos que se originassem de denúncias ou de irregularidades identificadas pela SDE, descartando o controle preventivo sobre ACs – vigente em todo o mundo –, porque o acúmulo de processos aumenta a burocracia e, com ela, as oportunidades para a corrupção. Além de ignorar a escassa capacidade das agências antitruste detectarem infrações, o jornal faz insinuação leviana e pouco fundamentada.

Ainda assim, não foi tão radical quanto a revista *Exame* (19/6/1996, p. 30), que responsabilizou o governo pela formação de preços de grandes empresas que poderiam ser questionadas pela lei, pois o governo teria estabelecido uma relação simbiótica com os aumentos de preços destas empresas, já que estas seriam os maiores pagadores de impostos. Prossegue afirmando que o governo as ameaçava, mas, de fato, estaria fazendo apenas populismo, acusação leviana por não apresentar evidências. Além disso, diz que as empresas não teriam poder de mercado, pois operam sob um frágil balanço entre lucro e volume de produção – posição ainda menos plausível.

Quando da indicação dos novos conselheiros, o presidente da Fiesp, Carlos Eduardo Moreira Ferreira, criticou os poderes e a burocracia do Cade, dizendo que as decisões nem sempre eram orientadas por critérios técnicos (*OESP*, 18/4/1996, p. B-20). Esse apoio à solução do governo, sem ter criticado a gestão anterior enquanto ela atuava, mostra como a Fiesp não discutia publicamente tais questões e procurava sempre se aproximar do governo.

Os casos Colgate/Kolynos e Gerdau/Pains

A aquisição da Kolynos pela Colgate teve grande repercussão na opinião pública, em função do elevado grau de concentração resultante (a Colgate passaria a deter 78% do mercado de cremes dentais) e da obstinada oposição do grupo multinacional Procter & Gamble (P&G). A aquisição ocorreu em janeiro de 1995, mas o Cade só passou a atuar mais de um ano depois porque a SEAE deu seu parecer em 22/1/1996. Entretanto, o julgamento não foi realizado nessa época devido ao conflito entre o ministro Nelson Jobim e os conselheiros do Cade no caso Gerdau/Pains.

O Cade tomou sua decisão em 18/9/1996 acolhendo a proposta da relatora Lúcia Salgado, que ressaltou a necessidade de estimular a entrada de novos concorrentes no segmento de cremes dentais, pois o elevado grau de concentração tendia a ser mantido devido à existência de elevadas barreiras à entrada. A proposta consistiu na oferta de três opções à Colgate:

1. alienar a marca Kolynos a um comprador que não dispusesse de mais de 1% do mercado;
2. licenciá-la com exclusividade por 20 anos, prorrogáveis se o licenciado desejar; ou
3. suspender a utilização da marca por quatro anos, oferecendo contratos de produção de cremes dentais mais baratos a concorrentes, varejistas e distribuidores de grande porte. O Cade facultou à Colgate, durante a suspensão, alienar a marca, oferecê-la para a constituição de marca dupla (modalidade que será explicada mais adiante) ou fornecer tecnologia a terceiros.

A Colgate manifestou interesse pela segunda alternativa, mas o Cade não aprovou os termos por ela propostos, pois eles não garantiam a independência do licenciado, de forma que a empresa optou pela terceira alternativa em 18/12/1996.

Os novos conselheiros tomaram posse em 22/4/1996 e o Cade começou a aparecer quando foi realizada audiência pública relativa a esse caso junto à Comissão de Defesa do Consumidor, Meio Ambiente e Minorias da Câmara dos Deputados (20/6/1996), na qual não se manifestou por ainda estar analisando o caso. Predominaram críticas à aquisição por parte da Procter & Gamble, da Searle e da Stafford-Miller enquanto apenas a Smithkline Beecham não levantou objeções (maiores detalhes mais adiante). No entanto, não houve notícia sobre atividades posteriores dessa comissão. O acompanhamento pelo Legislativo poderia ser uma forma de controle democrático das atividades do Cade, mas isso não parece ter acontecido.

Antes de concluir seu trabalho, a relatora Lúcia Salgado decidiu realizar audiência pública para obter maiores esclarecimentos, devido à repercussão da aquisição. As perguntas foram enviadas a várias entidades e empresas, mas nem todas compareceram ao Cade para expor sua opinião, como o Instituto Brasileiro de Política e Direito do Consumidor (Brasilcon) e o Carrefour, ambos contrários à aquisição. Realizada em 8/8/1996, a audiência foi bastante útil ao processo, pois colheu depoimentos de varejistas sobre os riscos de condutas anticompetitivas da Colgate, de entidades de defesa do consumidor sobre a maior importância da marca perante a qualidade dos produtos (e também sobre aqueles riscos) e de concorrentes – atuais e potenciais – sobre as barreiras à entrada (seus custos e prazos).

A análise que se segue versa sobre a decisão tomada em 1996 (Ibrac, 1996d), não discorrendo sobre os desdobramentos do caso a partir da decisão final do Cade (dezembro de 1996)[3]. Boa parte das argumentações pertinentes ao caso não foi suficientemente fundamentada, pois não estavam à disposição todos os elementos necessários para estabelecer conclusões inequívocas, já que as estratégias e formas de atuação das empresas não são transparentes. Ainda assim, a relatora Lúcia Salgado, não obstante seu esforço de investigação, não se manifestou sobre vários argumentos e informações levantados pelos interessados ou suscitados por sua análise, o que poderia ter levado a uma decisão diferente da suspensão do uso da marca Kolynos por quatro anos.

A relatora analisou quinze possíveis barreiras à entrada no segmento de cremes dentais. Quatro delas não eram expressivas – propriedade de patentes, restrições institucionais (controle de preços ou de importações), domínio tecnológico[4] e poder de barganha junto a fornecedores. Duas não requerem muitos comentários: é custosa a extensão de marcas famosas em outros mercados e a elevada concentração (a líder detém 78% – Colgate mais Kolynos – e a vice-líder, Gessy Lever, 20% do total do mercado) aumenta os riscos e os custos das barreiras à entrada. As duas barreiras mais importantes são a necessidade de escala mínima competitiva e os custos irrecuperáveis de entrada[5]. Foi estimada pela relatora em 20% a parcela de mercado que o entrante deveria alcançar para contrapor-se à firma dominante e, assim, criar a necessária concorrência num mercado tão concentrado.

Como a concorrência no segmento de creme dental faz-se principalmente através da fixação da marca junto aos consumidores – e não através da competição via preços ou inovações, os custos de propaganda constituem a principal barreira à entrada[6]; logo o fator mais decisivo para a viabilidade da entrante. Mesmo supondo que o novo concorrente chegasse a 20% do mercado em quatro anos (chegando a 3% no segundo, 6% no terceiro e 10% no quarto), tais custos fariam com que pudesse obter um fluxo de

---

[3] Assim, não foi discutido o polêmico lançamento da marca Sorriso pela Colgate, em embalagem muito semelhante à da marca Kolynos. A intervenção do Cade obrigou a feitura de uma embalagem, aquela que até hoje traz a marca Sorriso.

[4] Há evidências de que a Kolynos era a empresa mais atrasada na incorporação de tecnologia.

[5] Custos que não podem ser recuperados se, caso a entrada fracasse, a empresa tiver de mudar de setor ou fechar.

[6] Variam de 19,8 a 27,9% do custo total, perfazendo metade dos custos diretos.

caixa superior aos custos diretos (portanto capaz de cobrir parte das despesas indiretas) somente no quarto ano, a partir de hipóteses conservadoras de remuneração do capital (7 e 8% ao ano), sugerindo que estimativas mais realistas de rentabilidade – que reduziriam o valor presente dos custos e despesas – fariam com que a nova empresa certamente tivesse viabilidade econômica a partir do quarto ano.

No entanto, para a relatora os custos com propaganda ficariam entre R$ 55 e 73 milhões nos primeiros cinco anos[7] – enquanto a Colgate estimou em R$ 30 e a P&G em 121 milhões –, mas a relatora não informou que critério foi utilizado. Além de as estimativas da P&G poderem mudar o resultado, cabe ressaltar que a relatora avaliou que o novo concorrente só passaria a ter lucro (após o pagamento das despesas indiretas – 25% dos custos diretos) a partir do 12º ano, o que poderia fazê-lo desistir da entrada. Aliás, ao não avaliar a rentabilidade das empresas (Colgate e Kolynos) através dos custos contabilizados, a relatora não pôde demonstrar a consistência de suas estimativas de custo. Assim, reconsiderar essa mensuração teria efeito direto na decisão de propor a suspensão do uso da marca por quatro anos, de forma que sua estimativa – logo, sua decisão – não foi devidamente fundamentada.

A relatora não citou uma barreira à entrada estabelecida; como a Colgate domina a maioria dos mercados do Mercosul e da América Latina (Argentina, Uruguai, Paraguai, Venezuela e México) e a Gessy Lever domina o mercado do Chile, o novo concorrente não poderia desfrutar das vantagens do mercado comum.

Outras barreiras decorrem das possibilidades de a Colgate praticar condutas anticompetitivas. Quanto ao sistema de distribuição e ao poder de barganha da indústria perante os distribuidores, a relatora referendou as argumentações dos varejistas que apontavam forte possibilidade de a Colgate praticar tais condutas. Durante a audiência pública (*GM*, 9/8/1996, p. A-10), o Instituto Brasileiro de Defesa do Consumidor (Idec) atentou para o risco de a Colgate estabelecer acordos de exclusividade e/ou de vendas casadas com distribuidores e/ou varejistas, que não teriam interesse em destacar produtos de baixa rotatividade.

---

[7] Estes números foram estimados como se tais custos fossem iguais aos gastos com equipamento e propaganda menos o custo com maquinaria (tomado como igual aos gastos com equipamento), pois a relatora não especificou essa composição.

O risco seria maior para os pequenos estabelecimentos, pois suas prateleiras geralmente comportam apenas duas marcas.

Para analisar a possibilidade de a Colgate praticar preços predatórios ou preços impeditivos à entrada de novos concorrentes, cabe discorrer sobre as informações relativas aos preços. A Stafford-Miller afirmou, em audiência pública junto à Câmara dos Deputados, que a Colgate liderava a formação de preços antes da aquisição da Kolynos. A Colgate rejeitou queixas dos varejistas, dizendo que os preços dos cremes dentais[8] subiram apenas 13% em 1995, diante de uma inflação que esteve entre 23 e 25%. No entanto, a evolução dos preços da Colgate não foi menor que o índice de preços praticados pela indústria em geral (o índice de preços por atacado – IPA – da indústria de transformação da FGV foi de 13,8% no período); somente deixaria de expressar um potencial abuso do poder de mercado, se seus custos tivessem crescido 13% ou mais. Aliás, vários participantes da audiência pública no Cade – Carrefour, Lojas Americanas, Pão de Açúcar e Brasilcon – ressaltaram o risco de a aquisição propiciar uma elevação de preços. A relatora sustentou que a Colgate exerceria liderança em preços, pois a Unilever dificilmente poderia se opor a um aumento de preços, por deter menos de 20% do mercado. Emerge daí a justificação da posição da relatora de que era necessária uma parcela de mercado elevada (20%) para um novo concorrente poder se contrapor à Colgate e à Unilever.

Isto sugere que a Colgate poderia deter a entrada através da prática de preços predatórios. Embora discorra sobre a venda de escovas de dente da Colgate no Nordeste a preços muito inferiores aos praticados em Estados de maior renda – nos quais a demanda é menos sensível a variações de preço –, a relatora sugere que a Colgate não obteria êxito, pois se baseava em vantagens temporárias de custo que deveriam ser erodidas pela reação dos concorrentes[9]. No entanto, a Colgate afirmou poder praticar um preço de R$ 0,20 a 0,22[10] e ter margem de lucro de

---

[8] Não foi esclarecido ao que se referia, se a uma média das marcas ou apenas a alguma(s) delas.

[9] A Colgate e a Kolynos somadas detinham – na média de 1992-1994 – 27% do mercado de escova dental, diante dos 32,7% da Johnson & Johnson, dos 17% da Gillette e dos 10% da Augusto Klimmek, para citar os principais rivais.

[10] Aqui se falou no preço de entrega ao revendedor, enquanto a P&G não mencionou a natureza do preço referido acima.

50%, expressando uma margem de 132% sobre o preço de então (R$ 0,30 a 0,35). Portanto, parece pouco plausível tratar-se apenas de vantagem de custo.

Essa estratégia permite especular sobre a possibilidade de a Colgate praticar preços predatórios, ou seja, preços abaixo do custo de produção, para impedir a entrada de concorrentes durante os quatro anos, nos quais a marca Kolynos ficaria fora do mercado, para depois recuperar os prejuízos.

A relatora considera que a Colgate poderia buscar o mesmo objetivo praticando apenas um preço impeditivo de entrada, ou seja, um preço que faria com que os potenciais concorrentes auferissem baixa rentabilidade, ao contrário da Colgate, cujos custos são menores por sua grande escala de produção e pelo fato de ter sido pioneira[11]. O conselheiro Castro sugere que a estratégia de preço predatório poderia ser viável por não implicar perdas muito elevadas para a Colgate, dado que sua ociosidade subiria de 30 para 61% sem a marca Kolynos. Aliás, ela seria ainda mais viável se a Colgate não precisasse cobrar preços muito elevados depois de barrar a entrada de concorrentes, para recuperar as perdas oriundas da ação predatória. Se os preços anteriores expressassem alta rentabilidade, bastaria retomá-los para tornar exitosa e menos incerta essa estratégia.

A Colgate reconheceu que o valor da aquisição era elevado por representar 3,6 vezes o faturamento da Kolynos, mas alegou que, com a globalização, as empresas ficam mais caras e cita outras doze transações cujos valores superaram três vezes o faturamento das empresas compradas (*OESP*, 11/2/1996, p. B-13). Além de não explicar por que isso ocorre – em muitos casos seria de esperar o contrário, em razão de a maior concorrência diminuir o valor das empresas –, a Colgate não alude ao método mais usual de avaliação: estimar o valor presente dos lucros a serem gerados pela empresa ao longo do tempo. Assim, é plausível que o elevado valor de aquisição da Kolynos tenha visado barrar novos concorrentes.

Por outro lado, a Colgate anunciou um programa de investimentos para transformar a Kolynos num centro de manufatura, exportação,

---

[11] As vantagens de ser pioneira implicam menores custos de propaganda e promoção, por sua marca já estar consolidada.

tecnologia e pesquisa, que ampliaria suas operações para a América Latina e outros países em desenvolvimento. No entanto, os investimentos previstos para os quatro anos estavam apoiados num grande crescimento do faturamento (11,4% ao ano), tendo como valor-base o faturamento de 1994[12]. Isso parecia, portanto, pouco provável, ainda mais diante dos percentuais que a Colgate e a Kolynos vinham investindo antes (5,9 e 2,7% do faturamento, média do período 1990-1994), suscitando dúvidas quanto às promessas de investimento – logo, sobre os ganhos de eficiência alegados pela Colgate.

Quanto a tais ganhos, parece pouco plausível que o investimento mais rentável (ganhos de US$ 152 milhões diante dos US$ 82,1 milhões aplicados) – a conversão da embalagem de creme dental de alumínio para tubo laminado –, se fosse tão lucrativo, não tivesse sido realizado pelo antigo controlador da Kolynos, porque não parece se tratar de uma tecnologia à qual não tivesse acesso. Como não há menção à redução de preços ou à melhoria da qualidade (citar o lançamento de novos produtos não basta) que beneficiariam os consumidores, fica evidente que as alegações de ganhos de eficiência não poderiam levar o Cade a aprovar a operação.

A relatora concluiu que o controle das duas marcas mais importantes pela Colgate é a barreira à entrada mais relevante, dizendo que a única forma de restabelecer uma substancial concorrência seria estimular a entrada de novas empresas. Isso só seria possível com a ausência da marca dominante (Kolynos), pois tanto a venda quanto o licenciamento a manteriam no mercado. Salgado preferiu correr o risco de continuar tendo apenas dois concorrentes após os quatro anos da suspensão do que restabelecer de imediato a presença de três rivais, embora podendo obstar a entrada de outras empresas. Sua aposta dependia, portanto, da possibilidade das novas empresas superarem as barreiras à entrada.

A Colgate citou 21 empresas que poderiam atuar no Brasil no segmento de creme dental. Parece pouco provável que dez delas viessem a atuar nesse segmento – quatro atuam nos ramos químico ou farmacêutico, três estão focadas em cosméticos e três são varejistas de grande porte (estas seis empresas vendem cremes dentais em pequena quantidade, para

---

[12] A Colgate disse que os investimentos de US$ 206,42 milhões equivaleriam a 8,5% do faturamento do período (1995-2001), o qual seria então de US$ 346,92 milhões, muito superior aos US$ 221,147 milhões faturados em 1994.

aproveitar, respectivamente, suas marcas consolidadas e estruturas de distribuição)[13]. Três outras empresas focam sua atuação no ramo de higiene bucal, mas têm pouco interesse em creme dental[14], enquanto outras cinco empresas não atuam globalmente na produção desse creme[15]. Como a Colgate não mencionou alguma intenção de investimento dessas empresas no Brasil, restariam apenas três empresas que poderiam ter razoável interesse em participar do mercado e capacidade para fazê-lo.

A Smithkline Beecham afirmou na audiência do Cade que os gastos com propaganda e promoção de uma entrante seriam de apenas US$ 8 milhões anuais, sugerindo não pretender disputar expressivas parcelas de mercado, já que a Unilever e a Procter & Gamble falaram em US$ 25 milhões. Nessa linha, a Stafford-Miller se refere a uma escala mínima de produção (menos de 1% do mercado) e diz que tais gastos seriam muito pequenos (US$ 1 milhão anual).

Assim, resta apenas a Procter & Gamble (P&G), que vem entrando em diversos mercados desde 1988. No entanto, argumentou que sua instalação no Brasil tornou-se inviável em razão das elevadas barreiras à entrada decorrentes do domínio da Colgate. Em suma, ainda que a posição da P&G não tenha sido demonstrada, a posição da relatora torna-se duvidosa, por ter se apoiado na substancial probabilidade de entrada de novas empresas durante os quatro anos de suspensão da marca Kolynos. Cabe salientar que a relatora ofereceu à Colgate duas opções complementares à suspensão – a oferta de contratos de fabricação para outras empresas ou o licenciamento de marca dupla – mas elas não buscavam estimular a entrada de concorrentes.

Em suma, foram levantadas dúvidas relevantes quanto ao prazo da suspensão ser suficiente, à possibilidade de a Colgate barrar a entrada de concorrentes e à perspectiva de mais de uma empresa entrar (ter interesse e capacidade para tanto), à exceção da P&G. Assim, não ficou demonstrado que a suspensão seria capaz de propiciar a entrada de pelo

---

[13] Trata-se, respectivamente, de Reckitt & Coleman e Henkel (química), Biolab e Billi Farmacêutica (farmacêutica), de L'Oréal, Avon e Biesdorf (cosméticos) e de Amway, Wal-Mart e Carrefour (varejistas).

[14] Trata-se de Johnson & Johnson, Gillette e Warner Lambert.

[15] Uma delas parece estar focada na Europa (Sara Lee), assim como outras duas na Ásia (Lion, no Japão, e Kao, em Formosa), e outras duas não são fortes em qualquer mercado (Byk Gulden e Natural White).

menos duas empresas, o que tornaria a suspensão preferível à venda da marca Kolynos para outra empresa.

De outro lado, a venda poderia acirrar a concorrência, se o comprador fosse obrigado a aceitar os compromissos estipulados para a Colgate. Tendo que exportar, concorreria com a Colgate e a Unilever na América Latina, obrigando-as a reagir, notadamente a Colgate, que deixou claro ser o Brasil seu mercado prioritário, pois investira em nova fábrica (operante desde 1992). Como o mercado seria muito concentrado, seria desejável estimular a entrada de novas marcas. O concorrente deveria lançar sua marca – visando disputar expressivas parcelas de mercado (10 a 20%) – ou seria obrigado a oferecer contratos de licenciamento com marca dupla para outra empresa, abrindo espaço para a entrada de nova marca[16]. Assim, parece haver razoável probabilidade de que quatro marcas pudessem disputar parcelas de mercado, com risco menor do que o assumido pela relatora.

No entanto, haveria diversos óbices a essa solução. Como a venda da Kolynos ocorreu em leilão mundial, a Colgate poderia recorrer às cortes internacionais, bem como o grupo vendedor (American Home Products). Como o Cade demorou quase dois anos para julgar, os custos impostos à Colgate seriam consideráveis, devido aos investimentos feitos na Kolynos. Nota-se como a ausência da obrigação de notificar previamente a transação e realizá-la sob condição suspensiva (vide capítulo 3), assim como a demora dos órgãos antitruste, implica impor grandes custos às empresas em caso de veto. Tais questões pesaram na decisão de fixar em quatro anos o prazo da suspensão, a fim de minimizar esses custos.

A decisão do Cade, tomada em setembro de 1996, foi totalmente diferente das anteriores e posteriores (até 1998). Embora a suspensão no uso da marca possa ser entendida como a primeira decisão de desconstituir parcialmente um AC, orientando a última decisão no caso Gerdau-Pains (tomada em outubro de 1996), o objetivo do Cade foi ousado porque, ao estimular a entrada de novas empresas, visou alcançar um grau de concentração *menor* do que o existente antes do AC, uma diretriz que parece inusitada diante da experiência internacional recente da política antitruste[17].

---

[16] A marca Kolynos seria um veículo para a introdução de uma nova marca no mercado (como logotipo secundário), a qual teria seu espaço progressivamente aumentado (no tempo) até o desaparecimento da marca Kolynos.

[17] Para maiores detalhes, vide capítulo 2, seção "Orientações das normas legais", item 1, e o capítulo 4.

A relatora analisou decisões tomadas por órgãos antitruste de outros países (EUA, México e Europa) de 1994 em diante, relativos a quatro casos envolvendo bens de consumo para os quais a marca é o instrumento de poder de mercado e fonte de barreira à entrada. Apenas um caso envolve a aquisição de somente uma marca – como o caso Colgate/Kolynos –, mas, então, a decisão foi totalmente diferente – desfazer a aquisição através de um licenciamento exclusivo perpétuo, sem pagamento de *royalties* e com alienação dos ativos produtivos necessários[18]. Apesar de uma decisão mexicana incluir a suspensão do uso da marca[19], não se pode dizer que a relatora a tomou como base, pois não houve avaliação do conjunto de medidas (duas marcas foram vendidas e duas licenciadas), nem quanto aos prazos envolvidos. Assim, a decisão do Cade torna-se questionável por não demonstrar respaldo na política antitruste de outros países.

Além disso, a decisão não impõe uma redução substancial do poder de mercado da Colgate, pois impediu o uso da marca por um tempo relativamente curto (quatro anos). Essa desproporção entre um objetivo ambicioso e a atenuação dos ônus impostos ao poder de mercado aumentava a possibilidade de a Colgate evitar que o objetivo possa ser alcançado, ainda mais porque apenas a Procter & Gamble parecia estar disposta a enfrentar tal poder. Em razão dos elevados riscos assumidos pelo órgão, não é plausível supor que essa decisão venha a se constituir paradigma para a futura atuação do Cade, mesmo em mercados onde a marca seja o principal elemento em questão.

Para o ministro Jobim, a decisão do Cade mostra ao mundo que o Brasil tem leis eficientes e não tolerará a formação de oligopólios e monopólios, pois o Cade mostrou-se capaz de decidir questões vitais em meio à globalização econômica, salientando que a decisão poderia ser referência para outros casos[20]. Causa estranheza uma declaração tão enfática, em face da atitude do ministro no caso Gerdau/Pains, parecendo que Jobim quis associar-se ao prestígio alcançado por um órgão que então se afirmava.

---

[18] Trata-se da aquisição da Continental Baking Co. pela Interstate Bakers Corp., julgada pela DA nos EUA.
[19] Trata-se da fusão mundial entre Kimberly Clark e Scott.
[20] Vide *OESP*, 20/9/1996, e *FSP*, 26/9/1996.

Amparada no fortalecimento de sua imagem pública, a relatora Lúcia Salgado sustentou que as privatizações já ocorridas deveriam ser tratadas como qualquer outro AC, sugerindo ousadamente que o Cade poderia vetar algumas dessas operações (*FSP*, 20/9/1996). Ao dizer que o desfecho do caso Colgate/Kolynos fez com que passassem a levar o Cade em consideração (*GM*, 27/12/1996, p. A-10), Salgado parece demonstrar que a imposição de alguma significativa limitação ao poder econômico era necessária para evitar que o órgão fosse encarado como decorativo, ainda mais depois de o governo ter se oposto à gestão anterior e ter indicado conselheiros supostamente afinados com seus interesses. O fato de os conselheiros Gesner de Oliveira e Barrionuevo não terem se oposto à decisão, embora pouco depois tenham assumido orientação nitidamente liberal, torna plausível supor que visavam afirmar o poder do Cade para constituir uma imagem pública favorável naquele momento.

Ainda assim, Gesner de Oliveira reafirma sua orientação liberal quando diz que o caso foi o único AC julgado prejudicial à concorrência, de forma que o Cade não visaria frear ACs, mas, sim, evitar aqueles que signifiquem a eliminação de qualquer tipo de concorrência (*OESP*, 18/11/1996, p. B-1).

Em editorial, a *Folha de S.Paulo* elogia a decisão, concordando que o fator-chave da análise era o uso da marca Kolynos, cujo poderio impediria a competição, mas diz que o Cade passou a dar atenção às mudanças impostas pela globalização, sem explicar de que mudanças se tratam (*FSP*, 20/9/1996).

Apesar da posição do jornal onde atua, Luís Nassif manifestou-se somente nove meses depois da decisão, dizendo que ela é uma jurisprudência do Cade, mostrando novo modelo de agência com valores, em oposição aos interesses privados antes prevalecentes (*FSP*, 13/6/1997, p. 2-3). Sem entrar no mérito da complexa análise da relatora Lúcia Salgado – embora considere seu livro (Salgado, 1997) como peça central da orientação da nova gestão do Cade –, Luís Nassif diz que os valores do órgão serão moldados dia-a-dia, por meio da competência e da criatividade das decisões. Essa posição, aliada ao fato de ele não ter retomado a idéia de criar um conselho técnico, que definisse parâmetros para a atuação do Cade, e de não ter discutido o rumoroso caso das cervejas, revela que o apoio de Luís Nassif ao Cade não expressou uma fundamentada adesão à orientação adotada nesse caso.

Os advogados José Ignácio Franceschini e Onofre Arruda Sampaio constatam verdadeiro salto de qualidade técnica nesse caso (*GM*, 27/12/1996, p. A-10). Franceschini elogiou a aproximação entre os agentes econômicos e a lei. Assim, não há uma defesa fundada no mérito da decisão e fala-se de uma aproximação sem justificar sua validade.

A *Gazeta Mercantil* criticou a decisão no caso Colgate/Kolynos (*GM*, 20/9/1996, p. A-2), embora saudasse o melhor acompanhamento da evolução dos negócios e a eliminação de qualquer ranço ideológico (*sic*). Diz que vetar o uso da marca Kolynos seria uma forma esdrúxula de defender a liberdade de mercado, uma vez que nunca teria se configurado um oligopólio de marca, sem estar envolvida uma fórmula especial. Por não examinar as alegações do Cade, ignorou que a principal barreira à entrada no segmento de creme dental é o elevado custo de propaganda, necessário para conquistar os consumidores leais a outras marcas. Ainda mais grave: disse que o Cade questionaria a Colgate se ela lançasse outra marca e voltasse a deter 80% do mercado, afirmação que não tem o menor cabimento. O editorial termina sugerindo que o Cade seria dispensável, porque a concorrência das importações inibiria os abusos de poder econômico, reiterando o senso comum sobre as virtudes da globalização.

A revista *Exame* questiona a decisão (*EX*, 9/10/1996, p. 30), dizendo que a Colgate tem uma posição débil no mercado mundial e que a compra da Kolynos lhe daria escala suficiente para contrapor-se aos dois líderes mundiais (Procter & Gamble e Unilever). Essa posição não faz sentido porque a Colgate não disse isso, sugerindo que a revista foi "mais realista que o rei" ao defender os interesses empresariais.

A gestão 1996-1998 devia implementar a decisão tomada pela gestão anterior no caso Gerdau/Pains, mas resolveu reconsiderá-la (*DOU*, 6/12/1996, p. 25995). Gesner de Oliveira preparou uma proposta oferecendo três alternativas à Gerdau. Como a terceira envolvia a alienação da Pains e a segunda seu arrendamento por 20 anos, a primeira alternativa foi a preferida. Ela contempla dez medidas, das quais a primeira foi a mais importante: a reativação e posterior venda de uma unidade de laminação da Pains para uma empresa detentora de menos de 10% do mercado de aços longos comuns, que teria prioridade para adquirir Transportadora Pains.

O plano apresentado pela Gerdau previa que essa unidade teria capacidade instalada de apenas 40 mil toneladas anuais de vergalhão

(12,5% da capacidade adquirida pela Gerdau). O BNDES estimou que recuperar a unidade custaria somente US$ 2 milhões – muito menos do que os US$ 47 milhões estimados pelo Cade – e que sua venda renderia apenas US$ 13 milhões[21]. O diminuto efeito concorrencial dessa unidade difere cabalmente da decisão anterior de vetar o AC. A nova gestão não explicou o porquê dessa diferença, e ainda sugeriu à imprensa que a unidade teria porte muito maior.

Três das demais nove medidas estipuladas pelo Cade referem-se a investimentos na Pains: aumentar a capacidade instalada de laminação, articulando-a com o aumento da capacidade produtiva de um forno e com a instalação de novo forno. A primeira medida aumenta a capacidade produtiva em 56%, o que faz pouco sentido em face da sua razoável ociosidade (25%), até porque a Gerdau adiou investimentos na Pains para buscar ganhos de produtividade. Como o grupo Gerdau é grande, pode-se supor que ele poderia redividir o volume de capacidade instalada entre suas empresas, frustrando o intento do Cade (maior capacidade dificultaria aumentos de preços).

Foram propostas duas medidas de difusão de tecnologias detidas pela Pains, mas, como não há menção aos efeitos dessas tecnologias sobre a produtividade e a qualidade, não há como avaliar que benefícios os concorrentes poderiam ter. A sétima medida obrigava a Gerdau a implementar programas de requalificação e/ou recolocação dos trabalhadores que perdessem o emprego em decorrência do AC. Sem discutir se caberia à política antitruste atuar na questão do emprego, cabe ressaltar que a decisão anterior do Cade nada apontava a esse respeito, assim como as decisões da nova gestão, sugerindo que esta medida visava angariar simpatia da opinião pública.

Foram estipuladas duas salvaguardas adicionais, voltadas a diminuir os efeitos nocivos à concorrência, decorrentes da articulação entre a produção e a distribuição de aços. A primeira foi a venda da Transportadora Pains (Transpains), na qual teria prioridade a empresa adquirente da unidade de laminação, propiciando-lhe melhor condição para competir. No entanto, como essa unidade seria pequena, é provável que a Transpains precisasse comercializar produtos da Gerdau para ser viável, o que reduziria a capacidade competitiva da nova empresa.

---

[21] Vide, respectivamente, *GM*, 28/11/1996, p. A-14, e *GM*, 18/2/1997, p. A-14.

A nona medida visou restringir a atuação da Comercial Gerdau, que só poderia vender 20% da produção da Pains para outras empresas do grupo Gerdau, para evitar que ele agisse sobre os preços. No entanto, outra empresa do grupo – ou empresa contratada – poderia contribuir para tal atuação, exigindo atenção do Cade. A Gerdau foi obrigada ainda a contratar uma consultoria para acompanhar a implementação das medidas, mas, além de não haver empresas com tradição na área, seria melhor que o Cade fizesse a escolha, visando garantir maior isenção.

Cabe acrescentar também que o Cade expõe o caso Belgo Mineira/Mendes Júnior (Cade, 1998) sem referir-se às suas decisões anteriores para o segmento de aços longos comuns, justificando a aprovação porque o AC permitiria maior equilíbrio na concorrência – a Belgo passaria a ter um porte semelhante ao do grupo Gerdau, que lidera o segmento de aços longos comuns com 53% diante dos 35% do grupo Belgo. Além de desconsiderar o risco de o duopólio resultante levar a condutas anticoncorrenciais, o Cade não estipula quaisquer compromissos, discrepando cabalmente da decisão tomada para o caso Gerdau/Pains.

Do ponto de vista institucional, cabe salientar que a gestão 1996-1998 só começou a tratar do caso Gerdau/Pains em 16/9/1996, ao receber a resposta da Procuradoria Geral da República de que a pretendida execução judicial da decisão de 1995 era inexeqüível, tendo em vista a inexistência de título executivo extrajudicial[22]. Gesner de Oliveira ficou surpreso ao saber que a procuradora geral do Cade estava se preparando para executar judicialmente a decisão. Desautorizou-a, alegando que a procuradora somente poderia praticar ato judicial com aprovação do conselho. No entanto, cabia à procuradora atuar, já que a única pendência era a execução da decisão. Assim, Gesner de Oliveira parece cometer flagrante invasão de competência, inclusive por dizer que a razão estava com a Procuradoria Geral da República. O conselho do Cade aprovou que seu presidente elaborasse proposta sobre as providências cabíveis para o cumprimento da decisão anterior.

A proposta do presidente foi posta em discussão em 27/11/1996, mas a primeira discussão não se referia ao mérito (*DOU*, 6/12/1996, p. 25995).

---

[22] De acordo com o presidente Gesner de Oliveira, *DOU*, 23/10/1996, p. 21570.

Os conselheiros Antônio Fonseca e Renault de Castro avaliaram que o presidente assumiu funções de relatoria (atividades de instrução e de direção), vedadas por lei (art. 8). Os conselheiros Paulo Pinheiro e Lúcia Salgado discordam que Gesner de Oliveira tenha assumido o papel de relator, pois apenas propôs providências para cumprir a decisão anterior. Gesner de Oliveira alegou ainda que, mesmo em se tratando de relatoria, havia precedentes na experiência internacional e na jurisprudência do Cade, quando o presidente assumiu a relatoria num processo administrativo devido à ausência do conselheiro-relator. Os conselheiros que apoiavam Gesner de Oliveira afirmaram ainda que o presidente teria competência para "cumprir e fazer cumprir as decisões do Cade" (aludem ao inciso V do artigo 8 da Lei nº 8.884/94).

No entanto, nenhum conselheiro discutiu a questão mais relevante: se a proposta do presidente restringiu-se ou não a determinar providências para cumprir a decisão anterior. Como o presidente sugeriu a venda de uma unidade produtiva desativada e não da empresa Pains como um todo – o cerne da decisão anterior – e incluiu medidas relativas aos aspectos tecnológicos e de emprego, não cogitadas anteriormente, ao menos os conselheiros Fonseca e Castro deveriam ter discutido o mérito da proposta.

O conselheiro Leônidas Xausa declarou-se impedido de votar, tendo sido comentado que o fez por ter sido advogado da Gerdau durante 14 anos, alegação injustificada, pois sugere a abstenção de julgar quando houver longo envolvimento com uma empresa, como se ele não fosse apenas de caráter profissional e, sim, pessoal. Os conselheiros Lúcia Salgado e Paulo Pinheiro votaram a favor da proposta do presidente e este desempatou a votação. Como estava em discussão sua própria competência de apresentar propostas, há, no mínimo, uma dúvida institucional sobre a legitimidade de seu voto.

Cabe ressaltar que a nova decisão no caso Gerdau/Pains não teve repercussão na imprensa, não contribuindo para o debate e nem para a imagem do Cade.

Busca pela consolidação do poder do Cade

Paralelamente às discussões sobre as privatizações, Gesner de Oliveira procurou firmar a importância do Cade de outras maneiras. Assinou um protocolo de intenções com o ministério do Trabalho visando implementar programas de requalificação e recolocação profissional para trabalhadores sob o risco de perda de emprego em decorrência de ACs[23]. Gesner de Oliveira afirma que o Cade é favorável à reestruturação das empresas, mas que também deve ter preocupações com o emprego. Não lhe parece razoável apoiar qualquer reestruturação, já que em várias empresas ela poderia deixar de resultar em benefícios para a concorrência e/ou para os consumidores.

Contrabalança seu discurso liberal postulando atuar numa área social para a qual o Cade não foi designado, mas omite que o custo daqueles programas pode prejudicar o aumento da eficiência das empresas, mesmo modestamente; logo, sua capacidade de transferir benefícios aos consumidores. Esse foi o único apelo social feito na gestão 1996-1998, não reiterado, nem sequer implementado (até 1998), posto que apenas dois TCDs incluíram cláusulas de emprego.

O jornal *O Estado de S. Paulo* se opõe a esse apelo social, embora aceite o método de análise do Cade, ou seja, pesar os riscos da eliminação de concorrentes perante os benefícios tecnológicos e de escala que favoreçam a competição (*OESP*, 15/2/1997, p. A-3). Afirma que, se a maior produtividade e o desenvolvimento tecnológico geram um desemprego considerável e a obrigação da empresa de qualificar ou recolocar os demitidos implicaria ineficiência.

Maurício Costa afirma que, como a lei brasileira não incorpora o emprego entre as condições necessárias à aprovação de AC, o Cade pode apenas solicitar – não exigir – medidas relativas a alterações no emprego (*GM*, 27/2/1997, p. A-2), porque a lei diz que elas devem ser levadas em conta na formalização dos compromissos de desempenho, o que é fato.

1. Privatizações
Com o prestígio conquistado no caso Colgate/Kolynos, Gesner de Oliveira busca deslocar o foco de atuação para os processos de privatização e de desregulamentação da economia, colocando-o como interlocutor de outros órgãos estatais, visando consolidar a importância do Cade (*GM*, 27/10/1996). Revelando ousadia por reivindicar espaço em questões cruciais para o governo, como a privatização,

---

[23] A proposta está em *DOU*, 13/12/1996, p. 26.936; a assinatura em *GM*, 14/2/1997, p. A-10.

delegada exclusivamente ao BNDES, Gesner de Oliveira deve ter se apoiado também no ganho de confiabilidade do Cade junto ao governo, oriundo da decisão no caso Gerdau-Pains, para ampliar seu raio de atuação e, assim, depender menos de decisões rigorosas para continuar se fortalecendo.

No entanto, Gesner de Oliveira continua sinalizando uma orientação liberal, atribuindo menor importância às medidas repressivas e privilegiando funções preventivas, dizendo que a cultura da concorrência teria se difundido no meio empresarial. Alude depois à criação do Fórum Permanente de Discussão de Políticas de Concorrência e aos programas de estágio de universitários, mas isto não indica que as empresas estejam adotando essa cultura, inclusive porque não participaram desse Fórum (*FSP*, 8/1/1997). Avalia que a cooperação com o BNDES e o IPEA teria amadurecido o debate sobre a participação do Cade naqueles processos; no entanto, não foi citada qualquer forma de institucionalização da atuação do Cade junto àqueles órgãos.

Quando a discussão sobre o papel do Cade nas privatizações ganhou maior espaço, Gesner de Oliveira evitou opinar, embora a procuradora geral Marusa Freire tenha defendido a polêmica posição de que o órgão tem poder para desfazer privatizações e os secretários Bastos e Moura Rocha (SDE e SEAE) tenham afirmado que suas secretarias e o Cade deveriam exercer controles prévios aos leilões (*GM*, 5/2/1997). Mais tarde, Gesner de Oliveira propõe que o Cade, as duas secretarias e o BNDES elaborem relatórios sobre os impactos das privatizações na concorrência (*GM*, 10/3/1997), adaptando seus conteúdos aos respectivos editais, mas não chega a propor que o Cade possa ter voto no Conselho Nacional de Desestatização (CND). É compreensível que propusesse incluir todos os órgãos afeitos ao processo, pois isso poderia viabilizar apoios para alguma forma de participação. No entanto, essa proposta estabeleceria uma confusão institucional e requereria dirimir os conflitos entre quatro pontos de vista potencialmente diferentes.

Havia a proposta de que apenas o CND deveria fazer o relatório, cabendo ao Cade e às secretarias apreciarem-no, juntamente com o edital. Essa proposta preservaria o controle quase absoluto do BNDES – que comanda o CND –, violando a competência constitucional do Cade e das secretarias e privando as decisões do BNDES de um necessário crivo externo, antes de elas tomarem a forma de edital.

A terceira proposta foi sugerida por Salgado e não previa mudanças, o Cade apreciaria a privatização somente após sua realização. Salgado argumenta que antes do leilão o órgão desconhece os compradores em detalhe, implicando que o parecer antecipado poderia ser aval prévio a um resultado desconhecido. Isto poderia desgastar a imagem do órgão, comprometendo sua autonomia como autoridade que aplica uma política estrutural e não uma política de governo. Além disso, Salgado avalia que seria difícil convencer o CND a permitir a participação do Cade, notadamente se ela fosse plenamente independente.

A posição de Salgado não é razoável porque deveria ser evitada qualquer possibilidade de o Cade vetar privatizações depois de sua consumação, devido ao fato de que são estratégicas para o governo e, principalmente, porque há condições substanciais para pré-avaliar quais efeitos concorrenciais poderiam decorrer da vitória de qualquer dos grupos participantes dos leilões. É claro que isso exigiria sigilo, porque vários grupos não gostariam de aparecer antes do leilão, mas isto poderia ser alcançado. Aliás, como é de se duvidar que o Cade ousaria desfazer privatizações, a posição de Salgado sugere que o órgão se restringiria a propor compromissos de desempenho, que seriam insuficientes quando somente medidas estruturais (alienação parcial ou total de ativos) fossem necessárias.

Apesar do esforço conciliador de Gesner de Oliveira, o grande poderio do BNDES, fundado na sintonia fina com o Ministério da Fazenda, permitiu-lhe vetar qualquer participação prévia formalmente institucionalizada, haja vista que o Cade opinou sobre o edital de privatização da Companhia Vale do Rio Doce apenas depois de ele ter sido publicado.

O jornal *O Estado de S. Paulo* postula que o Cade só deve atuar depois de completada a privatização, para investigar se está havendo abuso de poder econômico, caso contrário teria enorme poder para impedir privatizações (*OESP*, 2/1/1997, p. B-2). Além de não se preocupar com a prevenção desse abuso, o que o Cade tem obrigação de fazer, o jornal preconiza também que as agências reguladoras dariam conta da fixação das tarifas e de seu controle, ignorando que o Cade é necessário para reprimir outras condutas anticompetitivas.

Advogados discutiram se o quadro legal vigente permitiria a participação do Cade nas privatizações (*GM*, 5/2/1997, p. A-10). Onofre Sampaio afirma que a lei que as ampara (Lei nº 8.031, de 1990) é uma lei especial que prevalece sobre a lei de concorrência (Lei nº 8.884), que sequer menciona as privatizações. Tércio S. Ferraz salienta que a Lei nº 8.158 (lei antitruste, vigente entre 1991 e 1994) não previu a participação do Cade. Como os demais, Carlos F. Magalhães sugere que o Cade seja consultado durante o processo de privatização, pois, como as empresas cumprem as exigências governamentais antes do leilão, não é razoável que depois outra agência não aprove a operação. Somente Luís Nizzo Moura preconiza que, como o controle da ordem econômica e o equilíbrio de mercado são atribuições do Cade, qualquer negativa a isso pareceria uma excepcionalidade à aplicação da lei (*GM*, 6/6/1997, p. A-3). Lembra também que o artigo 4º da Lei nº 8.031 diz que a venda das estatais deveria ser feita preferencialmente através da pulverização das ações, preocupando-se, assim, em não favorecer a concentração. Se não se admite desfazer os leilões, Moura sugere que o Cade analise previamente os concorrentes.

Cabe atentar que a lei de privatização foi aprovada no governo Collor, sem ter havido debate sobre a concorrência, o qual também não ocorreu quando a nova lei antitruste foi aprovada. Portanto, não é possível afirmar que foi decidido se o Cade deveria ou não apreciar as privatizações. Se o espírito da lei permite a participação, mas não há explícito tratamento legal, seria preciso rediscutir a questão e mudar a lei de privatização.

Apesar de não ser reconhecido o direito de o Cade participar das privatizações, o órgão atendeu à solicitação do Senado – única ação relevante do Congresso em matéria antitruste – e elaborou uma nota técnica sobre a privatização da Companhia Vale do Rio Doce (CVRD), cujo edital já havia sido publicado. A nota traduziu-se num relatório (84 páginas) que afirma que os riscos à concorrência seriam potencialmente maiores se o consórcio liderado pelo grupo Votorantim ganhasse (*OESP*, 25/4/1997).

Comenta que é preciso observar os novos acordos de acionistas das várias siderúrgicas – uma vez que nelas participam a CVRD e a Companhia Siderúrgica Nacional (CSN), líder de um dos consórcios disputantes – para evitar cláusulas de discriminação a concorrentes das siderúrgicas, risco presente também quanto ao acesso às ferrovias e portos controlados pela CVRD, para o qual seria necessário criar regras. Também deveria haver salvaguardas quanto ao setor de alumínio – pelo fato de que dois terços da matéria-prima (bauxita) são produzidos pela Mineração Rio do Norte, na qual a CVRD detinha 40% e o grupo Votorantim 10% – e quanto ao setor de papel e celulose, no qual, de um lado, o grupo Votorantim, em um consórcio, e o grupo Suzano, em outro, têm fortes posições de mercado (*GM*, 30/4/1997).

O único setor contemplado com salvaguardas no edital elaborado pelo BNDES foi o de minério de ferro – grandes mineradoras, siderúrgicas e *tradings,* que lidam com esse minério, não poderiam possuir mais do que 45% do capital votante da nova controladora da CVRD –, mas o Cade alertou ainda para o risco de a CVRD ter o direito de concentrar excessivamente a exploração de novas jazidas (*FSP*, 29/4/1997, p. 1-6).

Assim, ficou patente que o edital não deu significativa importância às diversas preocupações concorrenciais, pois, independentemente de quais grupos se candidatassem à compra, a CVRD detinha expressivas participações em setores fortemente concentrados.

Apesar disso, Gesner de Oliveira expõe que a venda da CVRD era positiva porque o Termo de Compromisso de Desempenho poderia compensar a redução na concorrência através da criação de salvaguardas. Lamentou que tenham sido divulgados somente os aspectos negativos da nota técnica e afirmou que o Cade pode aprovar um AC, desde que estejam em jogo importantes interesses nacionais, concluindo que: "Se a sociedade terá que arcar com uma perda de bem-estar, causada pela concentração econômica, em contrapartida terá os benefícios do desenvolvimento econômico" (*OESP*, 4/5/1997, p. B-6).

Disse também não ver maiores riscos quanto ao setor siderúrgico, o único que não foi objeto de grande preocupação na nota técnica, e evitou discorrer sobre os demais setores, atitude injustificada devido à nota técnica elaborada pelo Cade. A posição de Gesner de Oliveira pode ter decorrido de audiência com o ministro Clóvis Carvalho, pois, embora tenha afirmado que o assunto CVRD só tomou 10% do tempo, uma nota política afirma que Carvalho achou que Gesner de Oliveira foi inoportuno ao apontar os riscos de concentração econômica. Foi a primeira e única vez que Oliveira aludiu aos "benefícios do desenvolvimento econômico" para justificar a aprovação de um AC pelo Cade. Como não explicou do que se tratava, sua manifestação não tinha amparo legal, nem fundamentação técnica na análise antitruste.

Assim, a tentativa de Gesner de Oliveira de fortalecer o Cade pela sua participação nas privatizações acabou tendo efeito contrário, já que o governo resolveu interpelá-lo devido à grande repercussão pública do caso. Como à discussão sobre os danos a concorrência somavam-se os protestos sobre o preço mínimo de venda e a desnacionalização, o risco de desvalorização das ações da empresa aumentou substancialmente.

Depois da venda da Vale, o coordenador geral do PNBE, Eduardo Capobianco, opinou, parecendo ser a primeira manifestação em matéria antitruste de uma entidade voltada aos interesses das pequenas empresas (*FSP*, 11/5/1997, p. 2-2). Critica o governo por apenas ter vestido com roupagem moderna um modelo concentrador de renda, ao permitir que as estatais fossem compradas por grupos econômicos poderosos em mercados oligopolizados, ressaltando que a concentração de renda seria menor se os grupos poderosos tivessem menos poder, inclusive porque assim o utilizariam menos para fins políticos.

Nota-se que Capobianco não aludiu aos interesses das pequenas empresas, focando apenas os interesses da sociedade, não firmando, assim, o PNBE como entidade de classe. Isto parece revelar sua própria fraqueza, haja vista inclusive que Capobianco não responsabiliza o Cade por ainda não ter conseguido reverter o aumento de preços do cimento, ressalvando que seus dirigentes são bem intencionados, mas enfrentam dificuldades para atuar. Assim, o PNBE demonstra não ter força para cobrar a responsabilidade do Cade nas questões antitruste.

2. O reajuste dos aços planos

Um dos dois momentos nos quais segmentos empresariais efetivamente tentaram se valer das leis antitruste entre 1994 e 1998[24] foi a acirrada controvérsia acerca dos aumentos de preços dos aços planos. Houve reclamação sobre um aumento de cerca de 8,4% que vigoraria a partir de 27 de junho de 1997. Após uma reunião na Fiesp, a entidade foi encarregada de apresentar denúncia à SDE e pedir ao governo a redução da alíquota de importação de 12 para 0,01% e o contingenciamento das importações, visando garantir o abastecimento interno, tendo Gesner de Oliveira pedido à SEAE urgência na investigação (*GL*, 23/5/1997, p. 24).

Vários setores consumidores de aço reclamaram. O Sindipeças (Sindicato Nacional da Indústria de Peças para Veículos Automotores) e a Abimaq (Associação Brasileira da Indústria de Máquinas) alegaram que não poderiam repassar tais aumentos e as siderúrgicas que os reajustes

---

[24] O outro momento foi o contrato entre a Petrobras e a Odebrecht, discutido adiante.

eram devidos à elevação dos custos. O presidente do Cade advertiu que o reajuste poderia ser suspenso e acrescentou: "É preciso avaliar informações e verificar se os aumentos anunciados têm alguma correspondência com as condições normais de mercado e se há indícios de combinação para um aumento entre os vários componentes do mercado, o que é claramente um ilícito" (*GL*, 24/5/1997, p. 21).

Gesner de Oliveira mantém essa linha ao dizer que índices diferenciados por empresa não significam não ter havido cartelização, o que ficaria claro somente após uma investigação minuciosa, no momento em que o IBS (Instituto Brasileiro de Siderurgia) buscava demonstrar que, como os reajustes foram diferenciados por datas e por empresas, eles não caracterizavam a ação de um cartel (*OESP*, 4/6/1996, p. B-11).

Pouco depois, a SDE decretou medida preventiva suspendendo o aumento dos preços e abriu processo administrativo contra três empresas (CSN, Cosipa e Usiminas), apoiando-se no trabalho da SEAE, que encontrou indícios de concertação pelo fato de as datas de reajuste de preços serem próximas, ao contrário dos aumentos e periodicidades dos custos das siderúrgicas e de suas respectivas produtividades. A SEAE alude ainda à estrutura de mercado duopólica – CSN de um lado, Usiminas e Cosipa do outro, lembrando que 49% do capital votante desta última pertenciam à Usiminas (*GM*, 13/6/1997, p. A-10). Acrescentou ainda que desde 1996 vinha observando o setor com preocupação e que havia fortes barreiras à entrada do aço importado. Devido à estrutura duopólica do setor e à história de relacionamento anterior das empresas quando estatais (parte dos dirigentes foi mantida após as privatizações), parece razoável atribuir às empresas a obrigação de demonstrar que os preços não foram estipulados de forma coordenada e que tinham relação com os custos.

Entidades empresariais saudaram a decisão: o Sindipeças afirmando que a SDE foi sensível aos movimentos da sociedade e a Associação Brasileira da Indústria Eletro-Eletrônica (Abinee) que a medida era de interesse nacional. O Sindicato da Indústria de Máquinas (Sindimaq) afirmou não ser possível aceitar que os preços estavam sendo reajustados abaixo da inflação, já que não havia mais a indexação que justificava tais reajustes. Através do IBS, as siderúrgicas reiteraram as alegações expostas e acusaram os reclamantes de querer reeditar o modelo do aço subsidiado, vigente quando as empresas eram estatais (*GM*, 13/6/1997, p. A-10, e *OESP*, 13/6/1997, capa e p. B-10).

A política antitruste parecia ganhar amplo apoio empresarial, motivando ataques do IBS aos clientes. No entanto, logo a Fiesp mostrou-se conciliatória, negando ter pedido a intervenção da SDE. O presidente do Sindicato da Indústria de Trefilação do Estado de São Paulo, Nildo Masini, afirmou: "O cancelamento do aumento não deve ser interpretado como uma vitória da indústria metalúrgica" (*GL*, 14/6/1997, p. 30).

Já o presidente do Sindicato de Estamparia de Metais veio a público para acusar a CSN, monopolista na fabricação da folha-de-flandres, de exportar a preços 20% menores do que os praticados internamente (*OESP*, 17/6/1997, p. B-1).

As siderúrgicas ameaçaram impetrar mandado de segurança para garantir os reajustes, espantando-se que o governo não tenha deixado o mercado negociar sozinho, e lembraram estarem seguindo as normas do Plano Nacional de Desestatização, segundo a qual os preços internos seriam fixados a partir dos preços internacionais, acrescidos das tarifas e despesas de internação (*OESP*, 24/6/1997, p. B-5). Benjamin Steinbruch defendeu a CSN, pois foi a primeira a anunciar os reajustes – bem antes das demais –, estranhou que a SDE não tenha pedido as planilhas de custo e afirmou que os clientes poderiam importar peças prontas, se achassem o aço caro (*GM*, 25/6/1997, p. A-12). Nota-se que as siderúrgicas estavam dispostas a lutar até o fim e traziam novos argumentos, interrogando porque a regra do PND não fora exposta antes. Steinbruch mostra-se mais ameaçador ao incentivar clientes a importarem.

Talvez por essas declarações de força, talvez pelo insucesso nas negociações de preços, a Fiesp voltou a dizer que aguardava a decisão da SDE e que, caso esta fosse favorável às siderúrgicas, iria solicitar a redução da alíquota de importação para 0,01% (*OESP*, 1/7/1997, p. B-5). A Abinee não via alternativa senão a estrita vigilância da SDE e diversos clientes da CSN achavam que iriam ter que pagar mais caro pelas folhas-de-flandres.

No entanto, a SDE resolveu suspender a medida preventiva, apoiando-se na análise da SEAE de que os reajustes não eram abusivos e que eles não eram ilegais, caso não tivessem sido articulados entre as siderúrgicas. Se estas se comprometessem a negociar os preços com cada cliente, não haveria nada de ilegal. A SDE levou em conta o argumento da CSN de que a medida na prática significava congelamento de preços, impedindo que as empresas fizessem qualquer alteração, ainda que negociada (*GM*, 2/7/1997, p. A-11, e *GL*, 2/7/1997, p. 24).

Nota-se que a argumentação da SDE para revogar a medida não menciona os argumentos utilizados para estabelecê-la, ou seja, a comparação entre a intensidade e a periodicidade das variações dos custos e dos reajustes propostos, além de os indícios de cartelização terem sido admitidos por Bolívar Moura Rocha[25]. Mais questionável foi argumentar sem fazer remissão à evolução dos custos de produção, mencionada na primeira análise, e não explicar como foi constatada a não abusividade. Por fim, alegar que a medida preventiva significava congelamento de preços não se justifica, visto que ela é, em sua natureza, provisória (não pode ser reiteradamente renovada).

A CSN imediatamente reajustou os preços. O Sindipeças reclamou que as empresas não foram procuradas para negociar (*OESP*, 3/7/1997, p. B-5) e, ainda mais grave, que a CSN mantinha a prática dos tempos de estatal, ou seja, os clientes privilegiados obtinham cotas e os demais eram obrigados a comprar dos distribuidores a preços maiores. O sindicato afirmou que pressionaria a Fiesp para que acatasse a decisão de seu conselho de representantes e solicitasse ao governo a redução do imposto de importação. A CSN informou que voltaria a conversar com os clientes, mas nada mais se comentou a esse respeito.

O reajuste imediato não contraria a decisão da SDE, pois o compromisso da negociação com clientes não foi formalizado[26], apenas publicamente manifesto. Nota-se que pela primeira vez o Sindipeças cita a discriminação através das cotas, facilitada pelo fato de vários distribuidores de aço deterem participações acionárias na CSN.

Moura Rocha, ao prosseguir na investigação do caso, continuou afirmando haver indícios de cartelização, mas voltou a falar não ser o reajuste abusivo e não admitir o repasse dos reajustes para os consumidores, pois não havia automaticidade de repasse de custos a preços. Gesner de Oliveira salientou apenas que aguardava o resultado do processo (*GM*, 25/8/1997, p. A-9). Embora se mostrando preocupado com a percepção de que as siderúrgicas foram favorecidas, Moura Rocha não aludiu ao prazo para a conclusão do processo e ainda proibiu o repasse dos reajustes, revelando uma posição nada imparcial.

---

[25] Vide *GM*, 11/7/1997, A-4, e *OESP*, 11/7/1997, B-4.
[26] Vide *DOU*, 1/7/1997, p. 13747, despacho de 30/6.

Ausente da discussão, Gesner de Oliveira não é *contaminado* pelo desgaste da imagem de Moura Rocha. Sua declaração de investigação rigorosa, feita antes da decretação da medida preventiva, pode ser interpretada como ato de afirmação do poder do Cade, sem arcar com os ônus desse posicionamento, já que o órgão não necessitaria de declarar mudança de posição, no caso de as secretarias tomarem tal decisão previamente. Como é razoável supor que Gesner de Oliveira acreditasse que as secretarias não manteriam o questionamento aos reajustes, o Cade não precisaria expor sua posição antes do longo desfecho do processo (também previsível), podendo, então, arquivá-lo por recomendação das secretarias. Se desejasse ser rigoroso, o Cade deveria ao menos cobrar publicamente a solução do processo, mas não o fez.

Por fim, com os empresários aguardando o resultado do processo administrativo, sob responsabilidade a SDE, Nildo Masini manifestou ter havido negociações que redundaram em parcelamento e/ou postergação dos reajustes (*OESP*, 28/11/1997). Não se soube de outra iniciativa das empresas – como o pedido para reduzir a alíquota de importação – ou do andamento do processo, não tendo sido concluído (na SDE) em 1997. Portanto, vários clientes das siderúrgicas abandonaram a cena pública, reconhecendo a derrota, da qual foram poupados aqueles cujo poderio econômico pode ter levado a preços mais razoáveis e/ou ao recurso a atitudes como importar peças prontas, a provável solução adotada pelas montadoras de veículos.

Aliás, Benjamin Steinbruch criticou o Cade por estar mais preocupado com a defesa do consumidor do que com o impacto da globalização sobre a economia, apesar de o processo contra as siderúrgicas de aços planos (CSN) e a nota técnica do Cade, quanto à privatização da CVRD, não terem lhe trazido perdas. Demonstrou, dessa forma, não tolerar sequer que investiguem suas atividades, mesmo quando vence a disputa (*OESP*, 3/7/1997, p. B-5).

O Cade não saiu diretamente chamuscado desse episódio, mas este certamente contribuiu muito para o descrédito da política antitruste quanto às infrações à ordem econômica, o que não pode ter deixado de afetar o Cade, não obstante a postura distanciada adotada por Gesner de Oliveira.

3. As associações das cervejarias

De meados de 1997, até começo de 1998, o Cade julgou por duas vezes (na segunda reapreciando) os casos das associações entre cervejarias nacionais e multinacionais – Antarctica/Anheuser Busch (marca Budweiser) e Brahma/Miller[27]. Como através dessas associações as multinacionais deixavam de entrar por conta própria no grande mercado brasileiro de cervejas (tipo pilsen, de menor preço), a questão antitruste mais relevante era a eliminação da concorrência potencial e, com ela, a consolidação do poder de mercado das empresas nacionais. As decisões causaram controvérsias; como as discussões foram semelhantes, será analisada apenas a decisão relativa ao caso Antarctica/Anheuser Busch. Em seguida, serão discutidas as reapreciações, uma vez que os conteúdos foram substancialmente diferentes.

Ambas as correntes de conselheiros (Gesner de Oliveira e Barrionuevo de um lado, os demais do outro) concordam que a dimensão geográfica do mercado relevante é nacional, dado que as empresas atuam nacionalmente e que o fluxo internacional é inexpressivo, pois o custo de transporte é elevado comparado ao valor dos produtos. Baseada nos estudos feitos nos EUA, pelos quais a elasticidade de substituição é baixa entre cervejas e outras bebidas e é alta entre os diversos tipos de cerveja, Lúcia Salgado conclui que tais tipos constituem um mesmo produto aos olhos dos consumidores, logo um só mercado relevante. A segmentação de mercado – basicamente entre cervejas baixo-preço, regulares e premium – seria parte da estratégia oligopolista de diversificar produtos e marcas, embora não houvesse participação de entidades dos consumidores brasileiros que comprovasse essa hipótese. Na falta de evidências, a decisão mais plausível é considerar todos os tipos de cerveja como único mercado relevante, porque a análise antitruste deve evitar adotar discutíveis ampliações do tamanho do mercado, pois elas tenderiam a reduzir seu grau de concentração.

Salgado não atribuiu importância decisiva ao elevado grau de concentração (os três maiores grupos – Brahma, Antarctica e Kaiser – detêm 95% do mercado), mas, sim, às elevadas barreiras à entrada, as quais explicariam a concentração. Ainda assim, diz que a queda de participação dos dois maiores grupos (especialmente a perda de 16 pontos

---

[27] Vide Ibrac (1997c, d) para as decisões, e Ibrac (1998a, b) para as reapreciações.

percentuais da Antarctica entre 1985 e 1995) não revela uma característica estrutural do mercado, pois a estabilização dos preços (depois da queda entre 1995 e 1996) estaria mostrando que a Kaiser e a Schincariol deixaram de atuar agressivamente em preço e que as associações teriam *domesticado* as multinacionais, satisfeitas com os acordos de divisão de mercado implícitos nessas associações. Barrionuevo não se contrapôs a tal argumento, admitindo que a perda das empresas líderes não significava um vigor concorrencial adequado, devido ao elevado grau de concentração e ao pequeno número de empresas com participações relevantes (somente cinco detêm mais do que 2% do mercado).

Salgado enfatiza que a diferenciação de produto é a forma predominante de competição, mas não é capaz de assegurar uma forte lealdade às marcas, já que é difícil diferenciá-las qualitativamente. Assim, os consumidores tendem a experimentar diversas marcas, sobretudo se acenarem com menores preços. Em conseqüência, o custoso esforço de construção de imagem (propaganda) seria muito arriscado se houvesse competição via preço, pois esta acentuaria a relativamente frágil lealdade dos consumidores às marcas e poderia gerar grandes perdas. Logo, a competição via preço ocorreria apenas como resposta às ameaças de entrada. Barrionuevo assegura que, se o consumidor é sensível à redução de preços, as empresas estariam sendo irracionais se não competissem em preço, pois deixariam de ganhar mercado (logo, lucros). No entanto, não leva em conta que a coordenação tácita em preço seria racional, devido aos elevados custos de propaganda e ao reconhecimento da respectiva capacidade de reação.

Saliente-se que os dados empíricos aludidos por ambas as correntes são discrepantes, embora aleguem ter recorrido aos dados de Elizabeth Farina. Salgado reconhece ter havido queda consistente dos preços apenas entre 1995 e 1996 (meses de outubro), que subiram desde então, e que todos preços eram maiores que os vigentes em julho de 1994 em pelo menos 30%. É dessa época em diante que Barrionuevo alega que os preços da cerveja caíram 6% em termos reais até maio de 1997, apesar de a demanda ter crescido mais de 30%. É possível que tamanha divergência decorra de diferenças metodológicas, mas é questionável que ambos tenham deixado de explicitar a quais preços se referiam (se à média de todos ou de alguns tipos ou marcas de cerveja), pois, assim, não há como avaliar suas posições.

No entanto, ao mostrar a elevada correlação entre as trajetórias de preços das cervejarias, apesar dos menores preços da Schincariol e da

Kaiser, Salgado detectou uma lógica oligopolista. Barrionuevo não comentou estas evidências, o que era necessário porque esse paralelismo de preços contraria sua tese de que o mercado era competitivo. Assim, os argumentos de Salgado são mais plausíveis, embora não tenham sido plenamente fundamentados.

Ambos não consideraram que a necessidade de possuir escala mínima eficiente representasse uma elevada barreira à entrada, uma vez que as estimativas de escala mínima eficiente (menor custo de produção) variam de 1,5 a 3 milhões de hectolitros, menos de 4% do mercado total em 1995.

Apesar de a diferenciação por imagem ser central na concorrência, Salgado não considera que os gastos com propaganda constituam elevada barreira à entrada, pois afirma que uma entrada realista visaria inicialmente uma participação modesta (regional). Barrionuevo observou que as três grandes empresas gastaram com propaganda entre 2,9 e 5,8% do faturamento entre 1989 e 1996, mas argumenta que uma entrante deveria atingir a massa crítica de divulgação que implicaria gastos de cerca de 20% do faturamento nos quatro primeiros anos, sem mencionar em que se baseou. Como tal massa só guarda relação predeterminada com uma parcela de mercado desejada, uma ambição modesta poderia representar uma proporção menor do faturamento.

Ao mensurar as possibilidades de entrada lucrativa, Barrionuevo inicialmente assume que os gastos com propaganda deveriam ser US$ 20 milhões, sugeridos pelo BNDES (cerca de 20% do faturamento de uma empresa com 2,3% do mercado), mas, ao aditar seu voto, refere-se a US$ 10 milhões, salientando que este percentual é maior do que os 5,8% praticados pela Kaiser, por se tratar da introdução de uma nova marca. Assim, todas estimativas não foram consistentemente fundamentadas e não vinculam os gastos de propaganda com as parcelas de mercado desejadas, não permitindo concluir sobre a magnitude das barreiras à entrada.

O principal argumento de Salgado para que uma rede nacional de distribuição não seja uma elevada barreira à entrada foi a alegação de que as duas empresas líderes estavam reduzindo o número de distribuidores[28]. Barrionuevo diz que os distribuidores descartados não estariam disponíveis para outras cervejarias porque teriam se transferido de seto-

---

[28] Antarctica disse que já teve 900 distribuidores, tinha 700 em 1997 e que pretendia chegar a 300 em cinco anos.

res. Como Salgado fala de processo em andamento e Barrionuevo fixa-se no momento presente, não há como ter opinião clara, embora uma entrada modesta minimize a necessidade de distribuição. Barrionuevo inicialmente mensura essa rede como barreira à entrada, que montaria em gastos anuais de US$ 50 milhões. No entanto, ao aditar seu voto, não os inclui porque a Antarctica informa que tais custos são agregados aos preços depois da saída dos produtos da fábrica, não fazendo parte do cálculo do retorno do investimento. Assim, a barreira à entrada seria representada pelos custos de transação citados por Salgado[29], deixando de ser elevada.

Para avaliar cenários de expansão do mercado e a viabilidade da entrada, Salgado não estimou a rentabilidade da empresa entrante, como fez no caso Colgate/Kolynos. Limitou-se a dizer que a entrada era factível porque as duas projeções de crescimento da demanda – de 5,4% e de 10,5% ao ano – permitiriam no mínimo a instalação de mais 4 ou 5 plantas por biênio (com capacidade produtiva de 2 milhões e de 1,5 milhão de hectolitros, respectivamente), entre 1995 e 2001. Salgado afirma ainda que as empresas instaladas não expandiriam a capacidade produtiva para barrar a entrada porque isso custaria muito, devido ao ritmo de expansão do mercado e à necessidade de aumentar a eficiência imposta pela concorrência, já que muitas plantas velhas deveriam ser fechadas. Gesner de Oliveira e Barrionuevo sustentam que não existe espaço para entrada por causa da ociosidade (25% em 1996) e das expansões previstas. Somente a demonstração da necessidade de fechar plantas ineficientes tornaria plausível a argumentação de Salgado. É mais razoável supor que a entrante deveria tomar mercado das empresas instaladas, e daí a necessidade de mensurar as barreiras à entrada – o que ela não fez.

Em virtude do exposto, cabe discutir as possibilidades de entrada lucrativa estimadas por Barrionuevo, considerando os comentários de Salgado. A margem bruta de lucro foi estimada em R$ 30,00 por hectolitro (hl), resultante da receita líquida (faturamento menos impostos indiretos) de R$ 50 por hl, subtraída dos R$ 20 por hl relativos ao custo dos produtos vendidos. Barrionuevo utiliza duas estimativas de custos fixos anuais de uma planta de dois milhões de hl – primeiro os R$ 10

---

[29] Constituir equipes de venda qualificadas, identificar os pontos de venda dispersos pelo território e contatar distribuidores e revendedores, entre outros.

milhões do BNDES, depois os R$ 20 milhões da Antarctica. A menor delas parece elevada, pois representa 20% dos custos do investimento total ou do faturamento anual de uma planta operando à plena capacidade.

Barrionuevo também modificou suas estimativas relativas aos custos de depreciação da planta industrial – cinco anos segundo o BNDES, dez anos segundo a Antarctica – essa mais razoável[30]. Também fez duas estimativas diferentes quanto aos gastos de propaganda, sendo que a segunda (US$ 10 milhões anuais, metade do valor proposto pelo BNDES) era mais consistente com uma entrada gradual e com os gastos feitos pela Schincariol – empresa de menor porte que gastou 9,3% do seu faturamento (US$ 20 milhões) em 1996, apesar de não pressupor a conquista de uma parcela determinada de mercado.

A estimativa de crescimento da demanda de 5% ao ano foi considerada otimista por Barrionuevo, realista por Gesner de Oliveira e a mais provável por Salgado. Seria mais adequado fazer também uma estimativa com menor crescimento da demanda. A posição de mercado que a entrante poderia alcançar partiu da produção estimada para a Budweiser em 1997 (0,2% do mercado). Segundo Barrionuevo, aumentaria as taxas decrescentes até atingir 1,6% do mercado em 2006, reproduzindo a trajetória anterior da Kaiser. No entanto, seria mais razoável tomar o exemplo da Schincariol nos anos 1990, pois ela detinha 0,2% do mercado em 1989. Sua trajetória bem sucedida revelou um crescimento bastante superior ao proposto por Barrionuevo, uma média de 36,6% ao ano que levou a Schincariol a deter 5,2% do mercado em 1996. Como o poderio tecnológico, gerencial, mercadológico e financeiro da Anheuser-Busch é muito maior, a projeção de Barrionuevo é pouco plausível, por considerar otimista a trajetória de ascensão de 0,2 para 1,6% em nove anos.

Para medir a rentabilidade da empresa entrante, Barrionuevo estimou os custos fixos em R$ 40 milhões anuais[31] e os variáveis em 40% da receitas. Simulando que a entrante repetisse a trajetória da Schincariol, nem mesmo os R$ 20 milhões de lucro que a primeira planta geraria a

---

[30] Somente seria precisa se incluísse apenas máquinas e equipamentos (conforme a legislação), já que parte dos investimentos compreende terrenos e instalações cujo prazo legal de depreciação é de 20 ou 25 anos.

[31] Despesas de propaganda e de depreciação, ambas em R$ 10 milhões, os outros custos fixos em R$ 20 milhões anuais.

partir do quarto ano (nos sete anos que terminariam em 2006) por operar a plena capacidade[32] compensariam os prejuízos incorridos nos três primeiros anos. O valor futuro do investimento nessa nova planta seria de R$ 70,1 milhões (valorizando o lucro anual pelo rendimento de 6% ao ano das cadernetas de poupança), apenas 39% dos R$ 179 milhões que seriam obtidos através da aplicação do dinheiro nas cadernetas por todo o período. Para igualar esse valor, a planta deveria operar em média, nos três primeiros anos, a 70,5% de sua capacidade e a 100% nos sete anos seguintes. Esta exigência é pouco razoável, pois as empresas confirmaram a Barrionuevo que o nível ótimo de ocupação era de 80%.

Em suma, os elevados custos fixos de R$ 40 milhões anuais obrigam uma empresa a utilizar em média dois terços de sua capacidade instalada em cada um dos dez anos. Aliás, essa situação praticamente se repetiria se fosse construída nova planta (exceto pelos gastos com propaganda, provavelmente menores). Além de tais custos não terem sido devidamente fundamentados, o fato de a previsão de Barrionuevo levar à plena ocupação da capacidade somente no último ano fez com que a entrada de novo concorrente se tornasse completamente inviável. Supostos tão irrealistas não se justificam, revelando que o exercício não contemplou alternativas razoáveis.

De outro lado, Salgado avalia que a associação não realiza eficiências que gerem bem-estar social porque não há informações claras, além de os investimentos da Anheuser-Busch serem inexpressivos (US$ 6,5 milhões anuais). Avalia que a entrada de nova marca não é relevante, pois os consumidores já dispõem de 120 marcas para escolher.

Gesner de Oliveira sustentou que as associações propiciariam substanciais ganhos de eficiência, mas alegou que as empresas não forneceram as informações necessárias. Essa ausência parece refletir que tais ganhos não estavam entre as principais motivações das associações e que as empresas estavam confiantes na aprovação do Cade.

O elemento mais importante para a decisão do Cade foi a eliminação de dois tipos de concorrência potencial que as associações poderiam acarretar. Elas poderiam eliminar a ameaça de entrada percebida

---

[32] Dada a fórmula R$ 30 (margem bruta de lucro) vezes as vendas de 2 milhões de hl, menos R$ 40 milhões – custos fixos de 20, depreciação de 10 e propaganda de 10 milhões (supondo cotação de um real por dólar).

pelas empresas instaladas, facilitando condutas anticompetitivas, ou uma entrada efetiva, muito provável. Não cabe discutir essas doutrinas e, sim, sua aplicação ao caso brasileiro, acrescentando as discordâncias relevantes entre as posições dos conselheiros.

As duas correntes consideram correta a posição assumida pela DA nos EUA, que estabeleceu três critérios para medir a Concorrência Potencial Percebida (CPP): Índice Herfindahl Hirschmann maior que 1.800 pontos, altas barreiras à entrada e vantagens para entrada possuídas por apenas três empresas. No entanto, Barrionuevo exige a comprovação tanto das práticas anticompetitivas (não apenas a constatação de elevado grau de concentração), como da percepção da entrante potencial e ainda da efetiva moderação do comportamento oligopolista das empresas instaladas em função da entrante (não apenas que as barreiras à entrada sejam altas ou que o número de entrantes potenciais percebidos seja pequeno). Tais exigências tornariam as agências praticamente inoperantes, já que elas reconhecem a virtual impossibilidade de comprovar práticas oligopolistas. Aliás, essa lógica tenderia a eliminar o controle preventivo sobre ACs, pelo fato de ele lidar com probabilidades – não com certezas – tornando a posição de Barrionuevo pouco fundamentada.

Entretanto, há meios para realizar uma avaliação razoável, embora Salgado não os tenha mencionado. Lançamentos de novos produtos (especialmente de maior qualidade), reduções de preços e expansões da capacidade produtiva poderiam indicar moderação nos comportamentos anticompetitivos das empresas instaladas (quanto à CPP), enquanto tentativas anteriores de entrada, aumento de exportações para o mercado em questão e maior internacionalização poderiam indicar a intenção de uma entrada iminente, quanto à concorrência potencial efetiva (CPE). Para essas teses, seria necessário também mostrar que a empresa teria suficiente capacidade tecnológica, financeira e gerencial para disputar expressivas parcelas do mercado.

Em última análise, Gesner de Oliveira e Barrionuevo apoiam-se na escassa aceitação da doutrina na literatura antitruste (por ser difícil fazer avaliação empírica) e na atuação recente das agências e cortes dos EUA (devido ao enorme rigor quanto às provas requeridas) para postular que ela não deve ser utilizada nesse caso. Salgado diz que as decisões da Suprema Corte, baseadas naquela doutrina, continuam sendo válidas, não importando quando foram tomadas, e que a escassa aceitação dessa tese pelas agências e cortes dos EUA em tempos recentes reflete a orientação geral para a menor aplicação da lei (era Reagan) e não mudanças na validade de doutrinas específicas.

De qualquer forma, as duas correntes não demonstraram que as aludidas decisões foram acertadas – comprovadas por evidências apuradas antes e/ou depois da consumação do AC. Mantendo-se apenas em nível teórico, não podem efetivamente fundamentar suas posições; logo, não podem se apoiar na jurisprudência internacional.

Salgado sustenta que em oito casos a doutrina teria sido utilizada pelo Cade desde 1994, mas apenas quatro tratam da eliminação da concorrência potencial, e os demais tratam de como essa concorrência minimiza os danos que os AC poderiam causar. As decisões tomadas em três dos casos de desconstituição parcial ou total das transações[33] ressaltaram que esses ACs dificultavam a concorrência potencial de agentes fora do mercado, por elevar acentuadamente as barreiras à entrada, mas não eliminavam diretamente um concorrente potencial – doutrina específica em discussão aqui.

Resta apenas o caso Electrolux/Refripar, do qual Salgado foi relatora, no qual a Electrolux poderia ter entrado autonomamente, mas preferiu adquirir a empresa possuidora da marca Prosdócimo. Salgado considerou uma série de fatores, especialmente as entradas simultâneas de fortes multinacionais concorrentes[34] e que posição da Refripar não era de difícil contestação (apesar de ser líder nacional), para avaliar que a competição efetiva não foi prejudicada; pelo contrário, as multinacionais estariam sequiosas por maiores parcelas de mercado. Portanto, os riscos concorrenciais desse caso não ensejaram avaliar a probabilidade de entrada de concorrentes potenciais após o AC, não se constituindo em jurisprudência para a análise das associações entre as cervejarias.

Do lado contrário, Gesner de Oliveira discute sete casos nos quais os ACs revelam a eliminação de um concorrente potencial, apenas um deles citado por Salgado (Electrolux/Refripar), afirmando que, em apenas um dos outros seis casos houve menção a essa eliminação (SHV Energy/Minasgás) – não considerada problema –, o que demonstraria

---

[33] Trata-se dos casos Brasilit/Eternit, Rhodia/Sinasa e Colgate/Kolynos.
[34] A Whirpool passou a controlar a Brasmotor; a GE a Dako; e a Bosch-Siemens adquiriu a Continental e a Metalfrio. Salgado também leva em conta os volumes de investimento prometidos pela Electrolux e pelas outras multinacionais.

que a doutrina não tem sido acolhida pelo Cade. Em apenas dois dos outros cinco casos havia elevada probabilidade de as multinacionais compradoras entrarem autonomamente, mas o Cade aprovou-os por não detectar fortes riscos à concorrência[35].

Embora não tenha sido feita análise minuciosa dos casos, Salgado deveria tê-los citado, pois são mais parecidos com as associações das cervejarias do que os casos que mencionou. Em suma, como a doutrina não foi devidamente discutida nos dois casos onde era diretamente aplicável, tratava-se de criar, e não de aplicar, jurisprudência – que se tornaria mais legítima se acompanhada de reflexão crítica sobre a não adoção da doutrina nos outros casos.

Nesse caso, Salgado sustenta que a Anheuser-Busch teria maior capacidade de entrar autonomamente no Brasil por ser mais eficiente que outras multinacionais, embora não traga evidências. Posição fortalecida por Mário Possas quando garantiu (Ibrac, 1997c) que, em termos de tecnologia de produto e de processo e de marcas com reputação mundial, apenas seis empresas seriam concorrentes potenciais, dentre elas quatro que já se associaram no Brasil[36]. Do outro lado, não basta Barrionuevo constatar que a Carlsberg e a Guiness entraram no Brasil em 1970 e saíram após dois anos, pois, ao não discutir as razões das saídas, não dá evidências suficientes para sustentar que a entrada no país era pouco provável.

Além disso, há evidências de que a Anheuser-Busch, a Miller, a Heineken, a Carlsberg e a Guiness são as empresas mais internacionalizadas do setor, detendo *know-how* sobre produção, propaganda e distribuição que lhes permite adequar os produtos aos diversos mercados com maior facilidade. Apesar da análise não plenamente conclusiva, não são elencadas muitas empresas que tivessem capacidade e interesse em atuar no Brasil. Além disso, somente as empresas já associadas pareciam estar rivalizando com a Anheuser-Busch em termos de exportação e de associação com empresas locais. Como não houve informações

---

[35] Trata-se de Nalco/Exxon e Isolde/Basf. Em outros dois casos (Echlin/Mecano e Kimberly Clark/Kenko), avaliou-se que havia aumento da concorrência e no outro (Ethyl/Texaco) que o acesso às importações evitaria o domínio do mercado.

[36] Incluindo também a Heineken, a Miller e a Carlsberg – segunda, terceira e sétima maiores do mundo, respectivamente.

em contrário, não basta dizer genericamente que todas as importantes cervejarias mundiais estão instaladas nas diversas regiões do globo.

Questão diversa é discutir se o interesse das multinacionais pelo Brasil tomaria a forma de entrada autônoma ou de associação com empresas locais. Embora tenha sido citado apenas um caso (em mais de uma dezena), no qual foi instalada uma fábrica própria (Anheuser-Busch na China), é pouco provável que isso decorra de elevadas barreiras à entrada em países do Terceiro Mundo e da Europa. No caso brasileiro, isso significaria que o mercado de cervejas seria dos poucos nos quais as multinacionais abdicariam da liderança, haja vista as maciças entradas ocorridas desde o Plano Real[37].

Mais razoável é caracterizar as associações como estratégia de internacionalização conservadora, voltada apenas ao segmento *premium*, no qual as multinacionais teriam vantagens competitivas maiores e custos de entrada menores. Poderiam visar a entrada autônoma no futuro ou, mais conservadoramente, buscar apenas o domínio de um mercado menor (segmento *premium*), em troca da não concorrência quanto aos mercados maiores (de cervejas *comuns*), dominados pelas cervejarias locais. Como na experiência internacional relatada não há menção a associações desfeitas em função de entradas autônomas, a segunda hipótese faz mais sentido. Aliás, ela é reforçada pelo fato de a Anheuser-Busch poder adquirir 29,68% do capital da *joint-venture* feita com a Antarctica, já que isto sugere a transição de um pacto de não agressão para uma parceria (partilha dos lucros gerados nos mercados divididos pelo pacto).

A outra dimensão relevante é discutir se as associações implicam a eliminação da concorrência potencial percebida, ou seja, se as empresas instaladas adotam condutas pró-competitivas (ou limitam as anticompetitivas) devido à ameaça percebida da entrada de novos concorrentes. Salgado sustenta essa posição, mas não evidencia a correlação entre menores preços e maiores parcelas de mercado das importações (de 0,8% em 1989 para 1,5% em 1995 e 4,3% em 1996). Cita também que as empresas nacionais aumentaram a capacidade instalada (46% entre 1994 e 1996), gerando assim uma ociosidade de 29,5% em 1996, o que constitui uma barreira à entrada, assim como o lançamento de

---

[37] Como a ampla desnacionalização das autopeças, eletrodomésticos e alimentos, dentre os setores mais relevantes.

novas marcas no segmento *premium*. Ao contrário, nem o histórico de associações das multinacionais, nem o fato de a Anheuser-Busch deter menos de 1% do mercado, são razões suficientes para provar que a ameaça de entrada não era percebida.

Em suma, as argumentações das partes não permitem conclusões inequívocas, mas Salgado fundamentou suas posições de forma mais razoável, inclusive por avaliar que as associações inibem novas entradas. Como as quatro associações realizadas incluíram líderes mundiais, elas teriam grande capacidade de enfrentar ameaças de entrantes potenciais, inclusive por passarem a conhecer melhor o mercado e ter o apoio das empresas locais.

Dada a razoável margem de insegurança quanto à probabilidade de entrada, Gesner de Oliveira considerou ser superior a proposta que submetesse ao mercado – e não à discricionariedade do Estado – a eventual dissolução da associação. Como o Cade por si só não seria capaz de promover a entrada autônoma de uma empresa, poderia zelar apenas pela geração de ganhos de eficiência. Eles seriam perdidos se o Cade limitasse a associação, sem que houvesse benefícios comparáveis.

Os conselheiros Barrionuevo e Gesner de Oliveira consideram que o mercado brasileiro de cervejas revela acentuada concorrência, embora com elevadas barreiras à entrada de concorrentes. A compatibilidade destas características contraria a literatura sobre economia industrial entre os estruturalistas (Scherer, 1990, e Bain, 1956), porque barreiras à entrada viabilizam a coordenação oligopolista; logo, a fixação de preços altos. De outro lado, existem os que sustentam serem essas barreiras raramente elevadas a ponto de impedir a entrada (teoria dos mercados contestáveis – Baumol, Bailey & Willig, 1982) e os que entendem serem as barreiras a expressão de eficiência econômica (escola de Chicago – Bork, 1978).

Gesner de Oliveira explicou-se:

> É possível conceber, ainda que de forma infreqüente, mercados em que coexistem altas barreiras e elevado grau de concorrência. Tal fato poderia ser explicado por fatores circunstanciais que acabaram permitindo que algumas poucas obtivessem acesso a determinados mercados, sem que pudessem obter as condições suficientes para cooperarem de forma estável.

Tendo procurado anteriormente justificar suas posições através do instrumental econométrico e das jurisprudências, Gesner de Oliveira decide prescindir de evidências sobre os fatores circunstanciais que apoiariam seu argumento.

Para Salgado, como há possibilidade de entrada autônoma de empresa como a Anheuser-Busch, a associação gera dano à concorrência por eliminar os efeitos correspondentes às formas de concorrência potencial – a efetiva e a percebida –, exercidas pela multinacional, além de fortalecer a posição de mercado da empresa instalada e inibir a entrada de outras. Para ser aprovada pelo Cade sem restrições, a associação necessitaria demonstrar ganhos de eficiências compensatórios e benefícios compartilhados. Como não o fez, Salgado propôs que ela deveria vigorar por apenas mais dois anos, tempo julgado suficiente para a Anheuser-Busch ser capaz de superar as barreiras à entrada e instalar-se autonomamente no mercado, se assim o desejasse.

Embora Salgado pudesse ter examinado com mais profundidade como as empresas nacionais reconhecem a concorrência potencial (evolução dos preços) e pudesse ter mensurado as barreiras à entrada e a rentabilidade da entrante – tomando como parâmetro a Schincariol –, argumentou de forma a tornar plausível que o mercado não opera de forma competitiva (paralelismo de preços) e que as barreiras à entrada não eram tão elevadas (especialmente se a entrada fosse modesta), justificando, assim, a necessidade de não ser limitada à concorrência potencial.

Desta forma, a perspectiva dessa associação gerar dinâmica pró-competitiva adviria apenas da limitação do prazo de duração, ao torná-la racional somente se servisse como preparação para uma entrada autônoma. Como não se pode assegurar a entrada, o sentido da decisão é manter razoável probabilidade de ela ocorrer, o que seria frustrado pelas associações. Elas não só eliminariam os mais prováveis concorrentes potenciais, como também aumentariam as barreiras à entrada dos demais. Como pouco se perderia por manter essa probabilidade em aberto (devido à discussão sobre os ganhos de eficiência), a posição da relatora e da maioria dos conselheiros foi a mais fundamentada em argumentos e evidências, mesmo que de forma incompleta.

Salgado adicionou ao seu voto um ensaio doutrinário, denominado "Política de concorrência como pilar do desenvolvimento não excludente". Começa expondo o dilema dos remédios – permanente oposição entre os estruturais (veto parcial ou total a um AC) e os comportamentais (multas ou ordens de cessação). Os primeiros resolvem, por longo prazo, o problema concorrencial gerado pelo AC, propiciando maiores benefícios públicos, enquanto os comportamentais indicam resultados temporários. Por outro lado, os estruturais requerem maior custo privado, pois afetam o investimento realizado, enquanto os comportamentais levam apenas à queda do faturamento. Não havendo como maximizar os interesses, não se poderia dizer *a priori* qual seria o remédio ideal. Só o cálculo de custos e benefícios mostraria qual alternativa garantiria o melhor funcionamento do mercado e resultaria em maior bem-estar.

Inicialmente, cabe ressaltar que os remédios estruturais não teriam elevados custos privados, se as empresas tivessem que notificar previamente a transação e não pudessem efetuar investimentos antes da decisão da agência. Cabe questionar o fato de Salgado ter omitido a possibilidade de o Cade atuar dessa forma – como se faz nos EUA –, ainda que isso dependesse de mudança na lei. Aliás, ela deveria ter aludido à necessidade de elaborar diretrizes para julgamento dos ACs, as quais permitiriam às empresas tentar antecipar qual seria a decisão. Em suma, cabe questionar que a discussão doutrinária do dilema do remédio tome como definitivas as condições nas quais o Cade operava.

Se o Cade atuasse como uma agência dos EUA, evitaria que as empresas tivessem perdas devido à demora da decisão e levaria em consideração as condições competitivas da empresa adquirida, o que restringiria os custos privados ao diferencial de lucros (perda do aumento do poder de mercado) e às eventuais perdas na renegociação dos ativos. Gesner de Oliveira sustenta que nem sempre os remédios estruturais revelam custos privados maiores do que os comportamentais, mas não exemplifica, além de não atentar que a efetividade dos últimos está sujeita a muitos problemas[38] e de nem sequer discutir os benefícios públicos. Mais relevante ainda é que, mesmo se os custos privados forem elevados, dificilmente superariam os benefícios públicos, devido ao seu caráter, já que o privado tende a ser restrito e o público é amplo por definição.

Oliveira sustenta também que a falha de Estado pode ter custos não negligenciáveis. Entretanto, são inerentes à avaliação probabilística dos

---

[38] Evitar condutas indesejadas é muito difícil porque os oligopólios coordenam suas decisões de forma tácita e porque raramente a agência consegue obter as informações necessárias (vide capítulo 1, seção "Os sentidos da política antitruste").

efeitos de um AC sobre concorrência, não havendo como assegurar seus resultados. Aliás, nem ele nem Salgado discutem os meios que podem minimizar os custos privados. Nos EUA, os remédios estruturais geralmente levam à alienação parcial de ativos, como a proposta de Salgado no caso Colgate/Kolynos. Em suma, há alternativas para maximizar os interesses públicos sem onerar desnecessariamente os custos privados; não se trata de solução fácil, mas está longe de ser considerado um dilema.

Depois de ter se aproximado de uma orientação liberal, Salgado diz que a concorrência é bem público, expresso pela pluralidade de ofertantes inseguros com relação às posições de mercado conquistadas, pluralidade que é ameaçada pelo desejo privado de se tornar monopolista. No entanto, afirma que a legislação permite compatibilizar esses interesses, não mencionando que duas condições para aprovação de ACs exigem a difusão de benefícios à sociedade, ou seja, a geração de eficiências compartilhadas com os consumidores.

Salgado tenta novamente afastar-se de um perfil liberal ao defender uma política antitruste positiva, visando promover a concorrência, mais do que zelar pela sua manutenção. Tratar-se-ia de estimular a entrada de novos concorrentes, de evitar o surgimento de barreiras à entrada e de estabelecer formas de competição. Assim, somente a promoção da concorrência asseguraria a pluralidade de ofertantes.

Além de não encontrar amparo na lei, a aplicação dessa política seria difícil no que se refere aos ACs, objetivo de seu ensaio, pois até mesmo o veto pode ser insuficiente para promover a concorrência, já que, em si, visa apenas evitar sua eliminação entre dois agentes relevantes. Cabe salientar que o voto de Salgado no caso Colgate/Kolynos não é inequívoco no sentido de promover a concorrência, pois a redução das barreiras à entrada (suspensão do uso da marca Kolynos por quatro anos) pode não ser suficiente para suscitar a entrada de concorrentes, além de ter sido descartado o meio mais seguro – a alienação da marca. Quanto ao caso Antarctica/Anheuser-Busch, Salgado sequer discutiu o possível veto à exclusividade de distribuição, medida adotada nos EUA quanto aos refrigerantes tipo cola (Kwoka, 1994) e na Europa quanto às cervejas (Ibrac, 1998b).

Salgado sustenta que a política antitruste deve ser orientada pela lei ao dizer: "Até porque o julgador é humano e falível e a experiência de tecnocracia arrogante, sustentada pelo autoritarismo, já nos demonstrou à sobeja os malefícios que daí podem resultar; o melhor caminho é valer-se da lei".

De maneira diferente, ela identificou a lei com os interesses da sociedade, quando elogiou a política antitruste dos EUA (Salgado, 1997). Além disso, não discute que a lei é imprecisa, exigindo diretrizes para reduzir sua discricionariedade.

Antes de a decisão ser consumada, mas já tendo sido formada a maioria que a tomou, Salgado veio a público dizer ter recebido telefonemas de investidores estrangeiros apoiando a decisão do Cade (*GM*, 13/6/1997, p. A-10). No Brasil, inicialmente os meios empresariais teriam achado que a decisão criaria obstáculos àqueles investidores, mas, ao final, teria sido compreendida a mensagem: se quiser entrar, que entre, mas entre de verdade. Depois dessa decisão, o mercado teria passado a olhar o Cade com mais respeito.

Por não ter havido manifestações de apoio à decisão do Cade na imprensa brasileira, as declarações de Salgado carecem de plausibilidade. Aliás, Salgado não buscou o apoio de segmentos da opinião pública, em princípio os mais interessados numa aplicação rigorosa da legislação (consumidores, trabalhadores e pequenos empresários), já que seu discurso se dirige ao grande empresariado e provavelmente ao governo. Além disso, como um certo tipo de entrada foi julgado indesejável, caberia mostrar que ele implica investimentos modestos e que o Cade buscou estimular maiores investimentos. Gesner de Oliveira não exacerbou a polêmica ao dizer, no mesmo momento: "Não dá para generalizar a decisão do Cade para o conjunto das associações com o capital estrangeiro".

O conflito tornou-se aberto e exacerbado a partir do voto de Salgado. Oliveira manifestou-se: "Um país como o Brasil, que precisa absorver investimentos, tem de evitar qualquer forma de tutela, sobre a forma como o investimento entra no país. Não cabe ao burocrata definir isso".

Alegou ver *sinais de xenofobia* nos votos da relatora e dos conselheiros que a apoiaram (*FSP*, 19/6/1997, p. 2-5); que o caso merecia discussão mais aprofundada e criticou a tendência de o órgão criar regras para a entrada de investimentos diretos. Salgado rebateu ironizando – lamentou que Oliveira não tenha tido tempo de ler o processo porque nele há muitas estatísticas – e argumentando: "A fundamentação da minha decisão é oposta ao espírito da xenofobia. A idéia é criar ambiente positivo e regras claras para a atração de investimentos, sem intervenção do governo" (*JB*, 19/6/1997, p. 17, e *FSP*, 20/6/1997, p. 2-6).

Um conselheiro, que preferiu não se identificar, fez uma declaração ainda mais contundente: "Se é para dizer amém a tudo, não precisa funcionar. Economia de mercado desenvolvida não funciona assim. Precisa de órgão autônomo, que suporta esse tipo de comportamento".

Interessante notar que Gesner de Oliveira veio a público insinuar condutas xenófobas dos conselheiros adversários, mas, no âmbito do Cade, ateve-se ao mérito do caso e, principalmente, não atribuiu motivações pouco virtuosas aos adversários. Assim, resolveu estigmatizá-los publicamente como adversários do capital estrangeiro e da livre iniciativa, tornando-os antipáticos aos meios empresariais e ao governo, e deixou de fazer a adequada discussão sobre as diferentes orientações antitruste.

Embora Salgado tenha mostrado a não xenofobia do Cade, pois, na maioria dos 32 ACs aprovados no último ano, multinacionais adquiriram empresas brasileiras (*GM*, 20/6/1997, p. A-10), foi observado que o Cade não utilizou a doutrina da eliminação da concorrência potencial, não fundamentando claramente que investimentos seriam ou não desejáveis, tornando-se vulnerável às críticas dos adversários.

No dia seguinte, Gesner de Oliveira mudou de tom, negando as afirmações de que o trabalho de Salgado era xenófobo, só que era preciso discutir mais (*FSP*, 23/6/1997, p. 1-4). Aliás, menciona-se que Oliveira desculpou-se publicamente por essa acusação no Cade e que Salgado minimizou o conflito dizendo: "Foi uma reação emocional" (*OESP*, 20/6/1997, p. B-5).

Gesner de Oliveira demonstrou postura democrática, dizendo que ele poderia ser convencido a mudar de posição e que não havia anomalia na divergência, pois: "Quem trabalha no Cade está acostumado com cara feia e briga. Isso é bom, fortalece o órgão" (*JC*, 12/7/1997, p. 10).

Acrescentou que o órgão já aprovou outras *joint-ventures*; logo, não estava havendo oposição generalizada a esse tipo de transação. É provável que a audiência, em 19 de junho, de Gesner de Oliveira e Ruy Coutinho (SDE) com o ministro Clóvis Carvalho tenha levado à moderação e tenha sinalizado aos conselheiros adversários qual decisão deveria ser apreciada, visto que a imprensa afirmara que se sabia que a decisão desagradaria ao governo.

Gesner de Oliveira decidiu continuar cultivando uma imagem liberal ao dizer que, se não há aumento do grau de concentração, não há por que barrar a entrada (*GM*, 20/6/1997, p. A-10). Aliás, atribuiu-se a ele e a Barrionuevo – que não desmentiram a notícia – a posição de que o órgão deve se limitar a combater as práticas desleais de comércio e não as fusões entre as empresas (*JB*, 22/6/1997, p. 20). Por outro lado, quatro de cinco conselheiros ouvidos não mudaram de posição, pois reveriam seus votos apenas se a multinacional investisse recursos expressivos em uma planta produtiva e também montasse sua rede de distribuição no país, ou seja, se a Anheuser-Busch entrasse autonomamente no mercado (*GM*, 24/9/1997, p. A-10).

Mais adiante, todos os conselheiros manifestaram-se publicamente (*FSP*, 8/10/1997, p. 2-3). Salgado e Pinheiro disseram que a operação teria que mostrar benefícios para os consumidores – pela primeira vez falando a um público mais amplo e aludindo à lei, até então nem sequer mencionada. No entanto, os demais conselheiros fizeram uso de termos mais duros, retomando o tom conflitivo afastado por Gesner de Oliveira. Xausa disse: "não somos ingênuos", ao afirmar que a associação reforçou o oligopólio e dificultou a entrada de concorrentes. Castro afirmou que nunca uma decisão do Cade foi tão contestada, atribuindo isso ao fato de terem sido contrariados interesses empresariais. Por fim, Fonseca pessoalizou o conflito quando afirmou que o presidente do Cade deveria ser eleito por seus membros e não nomeado pelo presidente da República, porque senão continuaria havendo três canais políticos na defesa da concorrência – Oliveira, tido como pessoa de confiança da Presidência da República, e os titulares da SDE e da SEAE. Essa agressividade pode ter expressado o desconforto com as pressões do governo e dos meios empresariais.

Por outro lado, Castro nunca viu crítica sobre o excesso de intervenção da lei, inclusive dentro do Cade, afirmando que: "A lei é a mesma para todos os casos. Se a decisão teve sinal de intervencionismo involuntário, a lei é que é intervencionista".

Salientando que o conceito de concorrência potencial não se aplica a todos os casos e que outros elementos foram considerados no caso Brahma, Castro esclareceu o mérito da decisão, exposto publicamente por Salgado. No entanto, devido ao tom conflitivo das manifestações e ao fato de serem dirigidas ao empresariado, era difícil de imaginar que a opinião pública poderia vir a reconhecer os méritos de suas posições.

Oliveira e Barrionuevo postergaram a conclusão do julgamento, tentando reverter a maioria contrária as suas posições, contando com a iniciativa da Antarctica[39]. No entanto, talvez reagindo às declarações acima, Barrionuevo voltou ao tema da xenofobia dizendo: "Do jeito que está, a decisão pode fazer com que empresas estrangeiras pensem duas vezes antes de investir em uma associação no Brasil".

O presidente do Cade cumpre a função institucional ao rebater as críticas do advogado Celso Bastos, para quem a globalização torna desnecessária a existência de órgãos como o Cade (*GM*, 22/10/1997, p. A-9, e *GM*, 10/12/1997, p. A-12). Gesner de Oliveira diz que o elevado grau de concentração é uma necessidade porque, para crescer, as empresas precisariam de grande escala de produção e de distribuição para atender a todo país. Mais uma vez, faz considerações que não constaram do seu voto.

Cabe ressaltar que o presidente Fernando Henrique Cardoso, discursando na abertura do III Seminário Internacional de Direito da Concorrência (Ibrac, 1997d), não apoiou quaisquer das correntes em questão, embora o ministro Clóvis Carvalho tenha interferido, como foi observado.

Matt Moffett, correspondente do *Wall Street Journal*, chamou o Cade de inimigo das empresas estrangeiras que querem entrar no Brasil e que a decisão deixou gelada a comunidade internacional (*GM*, 20/6/1997, p. A-10). Os interesses devem ter pesado muito para uma afirmação tão leviana, haja vista que, algum tempo antes, o embaixador dos EUA (Melvin Levitsky), teve um encontro com o ministro da Justiça (Íris Resende), no qual o assunto teria sido a decisão do caso Antarctica/Anheuser-Busch (*JB*, 24/6/1997, p. 18).

A consumação da decisão foi mais uma vez adiada em 9 de julho, pois Gesner de Oliveira pediu vistas do processo. Expôs nessa data um estudo elaborado pelo BNDES, atendendo a um pedido seu que não foi comunicado em reunião do Cade, o que ocasionou o protesto de Salgado. Oliveira respondeu que não precisava consultar o plenário para aprovar o pedido, caracterizando postura que acirrou mais os conflitos. A partir daí, Xausa e Fonseca admitiram mudar seu voto em função desse estudo, podendo-se supor que as pressões do governo e do empresariado tenham começado a surtir efeitos.

---

[39] Ela anexou pareceres dos economistas Luciano Coutinho (Unicamp), Elizabeth Farina (USP) e Mário Possas (UFRJ).

Nesse sentido, pouco depois Antônio Fonseca propôs que o Cade apreciasse os ACs em dois estágios: tomada uma decisão preliminar, o órgão e as empresas a discutiriam, de forma que a decisão final ocorreria somente após tal debate (*GM*, 30/6/1997, p. A-15). Sua proposta conciliatória indica a receptividade a uma reavaliação que levasse ao apaziguamento dos ânimos. Provavelmente imbuído desse espírito, Fonseca sugeriu que o Cade deveria dispensar a análise de ACs quando as empresas não somassem 20% do mercado relevante, mesmo que o faturamento de qualquer delas superasse R$ 400 milhões (*FSP*, 27/6/1997, p. I-3). Sinalizando com o aumento de eficiência do Cade e abrindo um perigoso precedente, Fonseca buscava granjear simpatia nos meios empresariais, procurando refazer sua imagem intervencionista. Aliás, em momento algum falou a outros segmentos sociais, buscando apoio para uma política mais vigorosa.

Pouco antes de se tomar a decisão, Gesner de Oliveira deu entrevista expondo sua posição (*FSP*, 6/7/1997, p. 2-3). Respondendo à pergunta: "Por que o senhor qualificou de xenófoba a atitude do colegiado?", afirmou:

> O que eu disse é que havia indícios de xenofobia naqueles casos específicos. (...) Como tenho consciência que o objetivo não é míope, de repelir o investimento estrangeiro, alertei para o perigo de que uma determinada interpretação pudesse levar a um resultado que não é aquele desejado por ninguém.

A crítica matizada da primeira frase, combinada à ironia da segunda, mais uma vez demonstrou um tratamento pouco cordial para com os adversários. Assim, Gesner de Oliveira fez declarações agressivas, provavelmente considerando que, como voto vencido, seria melhor reforçar sua imagem liberal e, ao mesmo tempo, estigmatizar os adversários.

Uma vez consumada a decisão em 23 de julho, ficou claro que as empresas decidiram redesenhar a operação, tornando a polêmica menos acirrada publicamente. A princípio, Salgado mantém sua posição ao dizer que o tempo mostraria quem estava certo, apostando na entrada autônoma de multinacionais (*GL*, 10/7/1997, p. 34). No entanto, Castro, Fonseca e Xausa admitiam mudanças, pois comentaram que poderiam rever a decisão se a associação fosse realizada com uma empresa nacional menor, caminho que não prosperou.

Gesner de Oliveira voltou a demonstrar postura equilibrada ao comentar a decisão, dizendo apenas que a maioria dos conselheiros entendeu que as associações não estimulavam a concorrência (*GM*, 30/6/1997, p. A-15). Tece loas ao Cade, dizendo que ele dá maior trabalho para o investidor, mas também propicia segurança como advogado da concorrência, independente e aberto ao choque de idéias. Tenta novamente construir a imagem de polemista democrático, mas quanto ao mérito volta a descaracterizar o sentido da decisão, dizendo que ela visava aumentar a concorrência, quando de fato se tratava de evitar danos a ela.

A primeira notícia sobre as negociações entre as empresas e o Cade, antes da formalização do pedido de reapreciação, revelou o otimismo de Salgado, pois disse: "Nas reuniões, eles estão apresentando informações que não haviam apresentado antes e o resultado básico é que a Anheuser-Busch vai colocar muito mais dinheiro no Brasil" (*GM*, 14/7/1997, p. A-8).

Essa declaração não guarda relação com a decisão do Cade, que não estava fundamentada na dimensão dos investimentos envolvidos. Feito o pedido, Salgado disse que o princípio básico do acordo seria oferecer alguma compensação aos consumidores pelos prejuízos que a associação causaria à concorrência – melhor qualidade ou menor preço, que adviriam das maiores eficiências oriundas do aumento dos investimentos (*GM*, 11/8/1997, p. A-22). Apesar da tentativa de se mostrar como defensora dos consumidores, a motivação maior parecia ser sinalizar às empresas que o aumento dos investimentos levaria à aprovação do Cade, buscando reverter a oposição da vasta maioria do meio empresarial.

Algum tempo depois, a Brahma, insatisfeita com o veto à associação com a Miller, assumiu posição dura nas negociações com o relator Castro, dizendo que recorreria à Justiça se o Cade não recuasse (*EX*, 16/7/1997, p. 38). Como a empresa frisou que recusava a participação de empresas estrangeiras em seu capital, é possível supor que o Cade sugeriu aporte de capital da Miller como caminho para aprovação, reforçando a hipótese de que o órgão fez o mesmo para com a Antarctica.

Salgado antecipa a decisão favorável à associação por prazo indeterminado, mas salienta que a multinacional passaria a concorrer no mercado de cervejas *pilsen,* gerando benefícios para o mercado e para os consumidores – mais produtos a um menor preço (*OESP*, 5/8/1997, p. B-9). Uma vez mais a relatora procura fortalecer sua imagem de defensora dos consumidores, mas somente agora foi salientada a mudança no caráter da entrada da multinacional. A constituição de uma coalizão amplamente majoritária (cinco entre sete conselheiros) criou a oportunidade para procurar novo tipo de sustentação política, mas ela foi desperdiçada, exceto pelas tentativas pouco convincentes de Salgado.

A nova decisão não garantiu que a mudança ocorreria, parecendo que esse discurso visava evitar críticas de que o Cade tivesse favorecido a uma empresa nacional – como as políticas industriais das décadas anteriores –, já que fortalecer a vice-líder de um mercado muito concentrado poderia não ser visto como forma de promover a concorrência. Interessante observar que a decisão não repercutiu nos dois sentidos sugeridos. Ao contrário da decisão anterior, a complexa análise que embasou a reapreciação não foi comentada, pouco contribuindo para que o Cade obtivesse apoio público.

Antes de consumada a decisão do caso Antarctica/Anheuser Busch, Gustavo Franco, diretor do Banco Central, deu uma palestra no Cade e defendeu que o órgão devia ter uma orientação mais liberal quanto à concentração do poder econômico e focar-se no controle de condutas, especialmente sobre as empresas estatais[40]. Afirmou ser uma distorção a obrigação de submeter os ACs ao Cade, o que só deveria ocorrer quando fossem verificados prejuízos à livre concorrência ou aos consumidores. Defendeu a mudança na lei e que ela levasse à maior preocupação com o controle das condutas, já que a estrutura de mercado podia continuar sendo monopolista, mas o inaceitável era a conduta predatória, e que a lei ainda conservava um pouco do besteirol *(sic)* do controle de preços, como a Lei Delegada nº 4, que originou a caça aos bois no pasto no Plano Cruzado.

É inadmissível que um membro do governo faça declarações sobre o teor da lei e a atuação de órgãos com os quais não tem relação institucional e nem sequer razoável experiência no assunto. Mesmo que tal conduta franco- atiradora não tenha feito a proposta de Franco prosperar, ela, certamente, transmitiu a profunda insatisfação com a decisão que o Cade estava em vias de tomar. O Cade não poderia ter deixado de se manifestar, pelo menos para afirmar seu mandato legal e a consensuada necessidade do controle preventivo sobre ACs na doutrina antitruste. Isso evidencia a falta de autonomia do Cade, ainda mais por se tratar da ingerência de funcionário totalmente alheio à sua atuação.

---

[40] Vide *IÉ*, 13/8, 03; *FSP*, 2-6; *GL*, 24; e *OESP*, B-5, todos de 20/6/1997.

Na abertura do III Seminário Internacional de Direito da Concorrência, o presidente Fernando Henrique Cardoso elogiou o Cade, elegendo-o como modelo, ao dizer que:

> Está fazendo um trabalho excepcional... em 200 dias foram feitos mais que nos últimos 20 anos... As regras relativas ao direito da concorrência e do consumidor são fundamentais para que o Brasil possa reagir de forma mais construtiva aos processos globais que estão ocorrendo. (Ibrac, 1997d)

Afirma que o Cade é o modelo das novas agências reguladoras de serviços públicos (energia elétrica, petróleo e telecomunicações) que viriam a ser criadas. Afirma que a sociedade percebe que:

> trata-se de um órgão onde as influências político-partidárias não devem existir, e não existem, e são poucas as influências burocrático-políticas de quem quer que seja, até do presidente ou do ministro. Algo que realmente vale pela sua capacidade técnica, pela sua independência e pelo seu respeito à inspiração constitucional. (...) A política deve existir somente na condução geral das linhas de governo, não da definição obsessiva de quem vai para cá, lá ou qual, e que decisão vai interessar a quem.

O Cade estava longe de merecer tantos elogios. Além das evidências sobre a falta de autonomia perante o governo, dizer que a sociedade havia reconhecido a excelência do Cade estava também longe da verdade.

O presidente afirmou ainda que:

> as empresas tenderão a fazer monopólio. É normal que o façam. É como no poder: se não se põe regra para limitar o poder, quem o exerce, não sendo eu, vai querer poder o máximo... Nós estamos com uma experiência ainda nova nessa área, mas eu creio que nós temos que pensar já em termos, também, de um adensamento de decisões dos tribunais que possam validar aquilo que está sendo feito, ou então colocar limites naquilo que está sendo feito, para que nós possamos reorganizar as nossas decisões.

Essas frases deveriam exprimir o que o presidente achou das decisões do Cade, mas são vagas, visto que não explica o que quer dizer adensar. Assim, fica nítido que o governo prefere não discutir a política antitruste ou dialogar com o Cade publicamente, manifestando seus interesses informalmente, como Clóvis Carvalho fez por diversas vezes.

Falando sobre a limitação do prazo à associação entre Brahma e Miller, o jornal *Gazeta Mercantil* diz temer que o Cade esteja exorbitando de suas funções, tendência que toda estrutura burocrática adquiriria com o tempo, porque, ao invés de partir da detecção de um abuso, o Cade presumiu um potencial e teórico futuro domínio de parcela significativa do mercado (*GM*, 25/6/1997, p. A-2). O jornal também clamou pela definição mais rigorosa dos critérios de atuação do Cade, salientando que ele tem trazido incertezas quanto ao programa de privatização. Assim, novamente o jornal não entrou no mérito da decisão, não analisou os argumentos do Cade e ainda fez insinuações sobre a lisura do órgão. Sua posição apenas defende interesses empresariais, nada esclarecendo.

A revista *Exame* não faz discurso tão contundente (*EX*, 3/7/1997, p. 38). Cita Roberto Campos: "Numa economia aberta, uma empresa pode ter até 90% do mercado sem que exista prejuízo para o consumidor. É só baixar as alíquotas e deixar entrar as importações que a concorrência estará assegurada".

Cita também Gustavo Franco: "... submeter ao Cade todas as fusões de empresas que resultem em mais de 20% de participação de mercado é algo que não faz sentido numa economia moderna".

Desta maneira, a revista adota os argumentos de Gesner de Oliveira e menciona brevemente a posição contrária, reiterando assim o senso comum sobre as virtudes da globalização através do recurso a economistas que não são especialistas em economia antitruste e que ignoram as leis internacionais (caso de Gustavo Franco).

Depois de postular que a maior preocupação dos órgãos antitruste deve estar voltada para as práticas anticoncorrenciais e não para apreciação de ACs, conforme a posição de Gustavo Franco (*OESP*, 30/8/1997, p. A-3), o jornal *O Estado de S. Paulo* afirma que o Cade precisava eliminar alguns ranços nacionalistas e populistas *(sic)* e assumir que a globalização obriga a realização de fusões para garantir competitividade, inclusive para não correr o risco de gerar a redução no fluxo de investimentos estrangeiros (*OESP*, 27/10/1997, p. 2-3). Sem avaliar o mérito da decisão do Cade, o jornal faz acusações pouco fundamentadas.

Em outro momento, Roberto Campos criticou o Cade, especialmente a decisão referente às associações entre as cervejarias, reiterando o senso comum ao atribuir à globalização a elevada contestabilidade dos mercados e a necessidade de as empresas se concentrarem no plano nacional para enfrentá-la (*FSP*, 10/8/1997, p. 1-4). Campos fala ainda que as associações aumentam a eficiência (a capacidade sobrante dos EUA no inverno poderia ser utilizada no Brasil, que teria excesso de demanda no verão) e a variedade de escolha para os consumidores, ignorando que o setor já tem ociosidade de 25% e que já havia muitas marcas no mercado. Foi capaz de falar em ganho de eficiência, que nem as empresas mencionaram, demonstrando como era implausível.

O economista Luís Guilherme Schymura, professor da Fundação Getúlio Vargas (RJ), foi outro especialista que discutiu o Cade, mas não analisou o mérito de suas decisões (*GM*, 26/7/1997, p. A-2). Considerando que a aprovação da FTC no caso Boeing/MacDonnel Douglas deveu-se ao fato de a lei antitruste visar o bem-estar da nação (a maior competitividade da Boeing seria desejável), Schymura postula que, embora a população mundial preferisse o veto, não seria de se estranhar se decisões semelhantes acontecessem no Brasil, prevalecendo o interesse na geração de divisas sobre tudo mais. Assim, Schymura insinua que este interesse poderia pesar no caso das cervejarias, mas não há qualquer indicação de que a sociedade o postulasse, ao contrário do governo.

Associações das cervejarias e a prevalência do liberalismo

1. A aprovação das associações entre as cervejarias

Salgado resolve reapreciar a decisão do caso Antarctica/Anheuser-Busch por reconhecer que as empresas redesenharam a operação (Ibrac, 1998a). Embora avalie que o compromisso de a Anheuser-Busch aportar US$ 476 milhões à *joint-venture* reforça o poder de mercado da Antarctica, a relatora postula que a mudança na estratégia de penetração da marca Budweiser refletiria a entrada efetiva da multinacional ao implicar investimentos não facilmente recuperáveis – o aporte de capital acima e os esforços de propaganda para fixação da marca. Entretanto, não é plausível que se tornar sócia da Antarctica – logo partilhar de seus lucros – seja um investimento arriscado. Aliás, como a maior parte dos US$ 476 milhões a serem investidos pela Anheuser-Busch não se destina à marca Budweiser (somariam no máximo US$ 100 milhões em uma planta e US$ 35 milhões em propaganda), sua rentabilidade dependeria mais do sucesso da

Antarctica do que do êxito da sua marca, tornando-a, assim, menos interessada em realizar uma entrada efetiva.

Mesmo julgando modesto o aumento dos gastos com propaganda (acréscimo de US$ 5 milhões anuais), Salgado postula que expressariam uma entrada efetiva, pois avalia que são menos necessários para uma marca consagrada como a Budweiser. No entanto, como tais gastos apoiariam o lançamento da cerveja no maior segmento de mercado (as cervejas *pilsen* representam 95% do mercado total), no qual a Budweiser não era tão conhecida, não é razoável considerar que US$ 5 milhões seriam suficientes para enfrentar os US$ 20 milhões anuais da Schincariol, sem falar dos mais de US$ 50 milhões das empresas líderes.

Avaliar que a entrada era comprometida é ainda menos razoável porque a meta prevista para 2002 (1,22 milhão de hl) representaria no máximo apenas 1,3% do mercado total e poderia ser alcançada exclusivamente no segmento de cervejas *premium;* supondo que este representasse 5% do mercado total em 2002, a meta representaria apenas 26% do total deste segmento[41]. Em suma, é pouco plausível que os investimentos da multinacional indicassem a disposição de disputar parcelas relativamente relevantes do mercado de cervejas *pilsen*. É ainda menos plausível sustentar que ela seria agressiva em preço, devidos aos pequenos volumes de produção e de gastos em propaganda mencionados, além de a multinacional necessitar da disponibilização de grande parte da rede de distribuição da Antarctica, a qual, então ameaçada pela estratégia da Anheuser-Busch, teria todos os motivos para dificultar.

Segundo Salgado, a Antarctica teria fornecido informações que tornariam críveis as eficiências e correspondentes benefícios, através da implementação do plano qüinqüenal 1997-2002 e do programa *melhores práticas*[42]. O aumento de investimentos – de US$ 300 milhões em 1997-1998 para US$ 584 milhões entre 1997 e 2002 – e a aplicação deste programa gerariam a redução anual de custos de, no mínimo, US$ 113,1 milhões[43], potenciando uma queda de preços de 26,1 a

---

[41] Mesmo a meta otimista, 1,79 milhão de hl em 1999, equivaleria a apenas 40,4% deste segmento.

[42] A Anheuser-Busch transferiria tecnologias para desenvolver novos produtos, para produção e para *marketing*.

[43] Cerca de US$ 50,6 milhões pelo aumento da capacidade, US$ 62,5 milhões a US$ 160 milhões pelo citado programa.

83,4%. Tais reduções parecem pouco plausíveis, pois são elevadas, ainda mais porque Salgado diz que através delas a Antarctica alcançaria melhor posição no mercado, sugerindo a competição em preço que contradita com a argumentação anterior de que tal competição não é a lógica do mercado, pois ameaça a sobrevivência das empresas.

Salgado recorre à teoria dos jogos para avaliar quais estratégias seriam as melhores do ponto de vista de cada empresa e dos consumidores. As duas empresas prefeririam associar-se sem grande comprometimento da multinacional (tecnológico, financeiro e/ou mercadológico), esta porque entraria no segmento *premium* sem concorrência da Antarctica e não precisaria realizar grandes investimentos em fabricação e distribuição. A Antarctica neutraliza a ameaça de concorrência da Anheuser-Busch, reduz custos fixos com o uso das suas instalações pela multinacional e desta ainda obtém apoio para implementar o programa *melhores práticas*.

A melhor solução para os consumidores é precisamente a oposta, a entrada autônoma da Anheuser-Busch com reação competitiva da Antarctica, pois, quanto menores os benefícios das empresas, maior a necessidade de elas elevarem o grau de competição no mercado. Se a Antarctica não acomodasse a entrada da Anheuser-Busch (cedendo parcela de seu mercado), esta teria que entrar autonomamente e a empresa brasileira deveria reagir.

Salgado diz que o Cade não poderia maximizar os benefícios públicos (aos consumidores), pois não pode impor que a multinacional entre autonomamente. Se prefere se associar, o órgão poderia atuar, mas agora Salgado deixou de incluir entre as possíveis soluções a limitação de prazo, procedimento pouco fundamentado porque descarta a decisão anterior do Cade. Além disso, para Salgado o redesenho da operação gerou um potencial de realização de eficiências que seria perdido no caso de a limitação à associação levar ao desinteresse da Anheuser-Busch em entrar no mercado, resultando em ganho nulo para os consumidores em relação à situação prévia. Assim, os efeitos positivos decorrentes da preservação da concorrência potencial desaparecem completamente da análise; deixa de ser salutar evitar a inibição à entrada de concorrentes e o pacto de não agressão, que aumenta a probabilidade de coordenação oligopolista.

Salgado vai além ao sustentar que a nova decisão geraria os mesmos benefícios que a decisão anterior. A cada momento que a multinacional adquirisse uma participação acionária da Antarctica – de 5% após dois anos (setembro de 1999), de 24,68% três anos depois (setembro de 2002) –, estariam sendo criadas as condições objetivas para garantir a geração de eficiências (bom andamento do plano qüinqüenal da Antarctica) e a consolidação da Anheuser-Busch como competidor do mercado, efeitos virtuosos questionados acima.

Salgado sustenta que a vigência da associação por prazo indeterminado é exigida porque só assim o vultoso investimento da Anheuser-Busch pode dar retorno. Essa argumentação é pouco plausível, pois, como a maior parte do investimento não se destina à marca Budweiser, a atuação da Anheuser-Busch assemelha-se ao papel de investidor institucional (como fundos de pensão). Estes adquirem participações acionárias em empresas e exigem apenas transparência de informações e adequada geração de lucros e de dividendos. Se a multinacional desejasse alcançar expressiva posição no mercado, a associação se justificaria, mas ao mesmo tempo é possível estabelecer critérios para sua duração, até que a Anheuser-Busch pudesse atuar independentemente – critério adotado na decisão anterior, que estipulava o prazo de dois anos para a associação.

A proposta de Salgado, apoiada pelos demais conselheiros, é pouco razoável porque não há suficiente evidência de que o redesenho da operação viesse a propiciar a entrada de um competidor independente no mercado de cervejas *pilsen*, já que eram pouco expressivos os investimentos que representassem custos irrecuperáveis (caso a empresa decidisse deixar o mercado), como os gastos de propaganda. Ao não fixar metas compromissadas com relação a tais investimentos, nem quanto ao volume de produção destinado àquele mercado, a decisão do Cade torna-se ainda menos razoável. Os ganhos de eficiência atribuídos aos grandes investimentos em modernização e expansão da Antarctica também não serão monitorados para assegurar seu compartilhamento com os consumidores, medida necessária, pois a própria relatora demonstrou – teórica e praticamente – que o mercado não se pauta pela competição em preço, além de a diversificação de produto não significar efetivamente melhoria da qualidade.

Há uma possibilidade virtuosa não explicitada. Como a aprovação do Cade requer a efetivação das aquisições de participação acionária pela multinacional, esta poderia terminar a associação antes de ela completar cinco anos, para quando estava previsto o grande aporte de capital (24,68%), podendo a Anheuser-Busch desfazer-se dos 5% adquiridos dois anos após o início da associação. Como o risco da perda de capital parece pequeno e não estão previstas multas, os custos de saída da associação são diminutos, facilitando a entrada autônoma da Anheuser-Busch. Assim, o Cade dá alguma esperança de que a sua decisão não gere os efeitos deletérios acima apontados.

A limitação do prazo de duração da associação entre Brahma e Miller em dois anos também foi objeto de pedido de reapreciação, sendo que o primeiro praticamente não modificava a operação[44] e atacava a decisão do Cade. O relator Renault de Castro concedeu a oportunidade e de as empresas acrescentarem novas propostas (Ibrac, 1998b).

Quanto à primeira proposta, o relator considerou que os investimentos da Miller não eram expressivos porque uma nova fábrica não seria construída, o que sinalizaria que a associação teria prazo indefinido. A posição do relator faz sentido inclusive porque o volume de investimentos é modesto, já que o custo de uma fábrica de dois milhões de hectolitros (hl) – a escala mínima eficiente – é de R$ 100 milhões. A segunda proposta refere-se ao lançamento de novos produtos, mas o relator não lhe atribuiu grande importância, devido ao grande número de marcas existentes. A terceira proposta refere-se à fabricação da cerveja Brahma nos EUA pela Miller, mas o relator avalia que a meta de 130 mil/hl para o ano de 2000 é muito modesta, o que faz sentido, pois sequer chega a 10% do volume de uma planta mínima eficiente. Na quarta proposta, as empresas referem-se a eficiências oriundas da apropriação de tecnologia da Miller pela Brahma, mas o relator não as discutiu, pois argumentou não haver elementos evidenciando o envolvimento da Miller, logo que os benefícios decorressem exclusivamente da associação, e não de iniciativas da Brahma. O relator deveria ter exposto melhor as informações para fundamentar sua posição.

Salientando que a função social da propriedade (fsp) está entre os ditames constitucionais que orientam a repressão às infrações à ordem econômica, o relator diz que o abuso do poder de mercado dá às empresas uma parcela do produto social maior do que merecem (por crescimento interno e/ou por eficiência). Recorre ao jurista Eros Grau[45] para

---

[44] Apenas retirava qualquer referência à fixação de preços entre as marcas.
[45] Vide Eros Grau, *A ordem econômica na Constituição de 1988* (São Paulo, Malheiros, 1997 apud Ibrac, 1998a).

dizer que o princípio da fsp obriga o empresário a exercer seu poder de controle em benefício de outrem, mais do que apenas não prejudicá-lo.

Como o relator não aludiu a essa questão quando apreciou o caso, as implicações delas derivadas poderiam resultar em razões de decidir de forma diferente da adotada no voto anterior, o que não é razoável por se tratar de reapreciação e não de nova decisão. Caberia agora apenas verificar se as mudanças propostas pelas empresas eliminavam as razões que levaram o Cade a limitar o prazo das associações. Como a alusão ao princípio da fsp não foi contemplada em decisões anteriores do Cade ou nos votos de Castro, nota-se que o relator fez uso instrumental da legislação – atitude pouco fundamentada.

Quanto às jurisprudências internacionais, o relator passou a dar ênfase à exclusividade de distribuição, não citada na primeira decisão, novamente atitude pouco razoável. Essa ênfase teria resultado da realização de audiências com pequenas cervejarias, supermercados e distribuidores de bebidas, justificadas como necessárias para fortalecer a fase de instrução, o que também não é cabível quando se trata de reapreciação.

O relator avaliou que o sistema de distribuição é uma das maiores barreiras ao crescimento das pequenas cervejarias, pois, se estas investirem no aumento da produção ou em *marketing*, não teriam acesso a um mercado consumidor mais amplo devido às clausulas de exclusividade entre as grandes empresas e seus distribuidores. Além disso, o maior volume de vendas das grandes empresas lhes dá outras vantagens, através do uso do poder de barganha, tais como menor custo dos insumos e maior exposição de suas marcas. Como as pequenas cervejarias só sobreviveriam se reduzissem os preços e aumentassem as margens de lucro de seus distribuidores, têm pouca capacidade de investir no aumento da produção ou em *marketing*, perdendo ganhos de escala.

Como as barreiras representadas pela exclusividade de distribuição, pela escala de produção e pelos gastos em *marketing* articulam-se para formar um círculo vicioso que obstrui o crescimento das pequenas cervejarias, o relator não justifica porque a redução da primeira barreira poderia permitir que as demais fossem transpostas, não aludindo às mensurações feitas no caso Antarctica/Anheuser-Busch.

Somando a inibição à concorrência das pequenas cervejarias às razões da primeira decisão – eliminação da concorrência potencial e insuficiência dos benefícios proporcionados pela associação –, a reapreciação assentou-se principalmente sobre os fatos novos apurados pelo relator e menos sobre os trazidos pelas empresas, levando à avaliação de que o AC seria ainda mais danoso à concorrência, avaliação pouco razoável por se tratar de reapreciação.

O relator decidiu oferecer dois conjuntos de condições pelos quais a associação poderia ser aprovada pelo Cade. Pelo primeiro, ela poderia vigorar por mais 36 meses, um ano mais do que a decisão anterior do Cade, porque as empresas esclareceram benefícios antes apenas implícitos. O segundo conjunto visava exclusivamente reduzir a limitação ao crescimento das pequenas cervejarias, não se referindo nem à atenuação da eliminação da concorrência potencial – eixo da primeira decisão –, nem ao incremento dos benefícios gerados pela associação – cerne da reapreciação do caso Antarctica/Anheuser-Busch. Essa posição é ainda mais irrazoável porque o relator teria se baseado nas decisões dos casos Colgate/Kolynos e Gerdau/Pains, mas nelas não houve medidas para atenuar os danos às pequenas empresas.

O relator propôs que a Brahma implementasse um programa de cooperação com três pequenas cervejarias, que possuíssem menos de 1% do mercado, através de contratos de distribuição e de produção. Os contratos de distribuição teriam duração de cinco anos, com a Brahma se comprometendo a dar tratamento não discriminatório para as pequenas cervejarias. Nesse aspecto o relator cedeu, pois havia proposto inicialmente tratamento equivalente ao conferido aos produtos das marcas Brahma e Miller. Os contratos de produção teriam a duração de 18 meses, prazo não razoável porque equivale ao período entre a elaboração do projeto e a entrada em operação de nova planta, obrigando as pequenas cervejarias a elaborarem-no antes de poderem verificar se o pleno acesso de fato havia ocorrido e de avaliar qual seria sua futura demanda.

Mais grave: o relator propôs originalmente que o piso dos contratos de produção seria de 5% do total do mercado, mas aceitou reduzi-lo para o volume produzido para a Miller. Logo, cada pequena cervejaria obteria mais 0,15% no mercado[46], inviabilizando construir uma fábrica, por representar menos de 10% da menor escala mínima eficiente (de 1,5 milhão de hl).

---

[46] Cerca de 123,3 mil (a Miller produziria 370 mil hl em 1998) *versus* os 82,5 milhões de hl consumidos no país.

Em suma, a proposta acordada com a Brahma não permite às pequenas cervejarias obter ganhos de escala – associados a maiores vendas –, tornando ineficaz o maior acesso potencial ao sistema de distribuição, também duvidoso em face do tratamento favorecido que a Brahma daria às suas marcas. O crescimento das pequenas cervejarias ficou menos viável quando o relator cedeu também quanto aos preços dos contratos de produção, permitindo que o critério baseado na reposição dos custos fosse apenas um referencial, podendo, portanto, ser descartado em função de alegações posteriores. Sua proposta discrepa da decisão anterior e exprime a vitória de posições liberais, até porque ela não foi aceita pelos demais conselheiros, apesar de tantas mudanças palatáveis a estes.

A Brahma dialogou com Lúcia Salgado, que fez proposta de decisão diferente sem o conhecimento do relator, violando as normas legais. Sua proposta baseia-se em análise totalmente diferente da realizada pelo relator, ambas discrepantes da análise subjacente à primeira decisão do Cade – procedimentos pouco razoáveis por se tratar de reapreciação e por destoarem também da reapreciação no caso Antarctica/Anheuser Busch.

Salgado atribui novo significado à associação, afirmando que o aumento do portfólio de marcas da Brahma no segmento *premium* (com a entrada da Miller) – o mais dinâmico do mercado –, desencorajaria novas entradas através de uma estratégia de posicionamento de produtos, que cobriria amplo espectro dos segmentos de mercado. Como a distância perante os segmentos ocupados (medidos pelos diferenciais de gosto do consumidor) estabelece o custo de oportunidade de deslocamento entre segmentos – custo que seria a medida para fixação dos preços –, o posicionamento estratégico deixaria a um novo produto apenas um espaço muito estreito (por ser pouco distante daqueles já ocupados). Isso rebaixa os preços dos produtos mais próximos e também os da empresa entrante – cuja receita seria pequena –, não lhe permitindo cobrir os custos irrecuperáveis de entrada, que seria assim virtualmente bloqueada.

Esta nova análise de Salgado restringe-se ao segmento *premium* e não aborda a eliminação da concorrência potencial, base da primeira decisão. Aliás, sua mudança de posição transparece também na referência à reapreciação do caso Antarctica/Anheuser Busch, no qual o fator decisivo para a aprovação teria sido a existência de eficiências compensatórias e não a alegada mudança de estratégia da Anheuser Busch. Nessa linha, alega que a principal diferença entre os casos seria que a

Brahma já operava em condições de elevada eficiência, afirmando que as citadas eficiências fortaleceriam a Antarctica.

As condições propostas por Salgado visariam recriar as condições de entrada e de operação de pequenas cervejarias no segmento *premium*, restabelecendo a pluralidade e a dinâmica do mercado, proporcionadas pela abertura comercial e pelo fim do controle de preços no início dos anos 1990. Sugere, assim, que as pequenas cervejarias poderiam exercer pressão competitiva igual à das importações das marcas globais, como se as primeiras pudessem chegar a 3% do mercado global – justamente quando as marcas globais seriam produzidas e distribuídas no Brasil pelas empresas líderes de mercado. A essa argumentação resta pouca fundamentação, pois Salgado jamais atribuiu, em votos anteriores, um papel concorrencial relevante às pequenas cervejarias.

Dessa forma, faz sentido analisar brevemente as medidas sugeridas por Salgado para aprovar a associação. A primeira prevê que a Brahma ofereceria a uma pequena empresa (menos de 10% do mercado) um contrato de envasamento de embalagens não retornáveis, de volume mínimo de 17 mil hl e prazo máximo de cinco anos. Como o volume obrigatório é diminuto (0,02% do consumo nacional em 1996), inviabiliza a concorrência de uma pequena empresa. A segunda medida prevê a oferta de contratos de assistência técnica a três microcervejarias por cinco anos, mas não foi dito como eles dariam competitividade a tais empresas; portanto, a medida faz pouco sentido.

Gesner de Oliveira apoiou a proposta de Salgado entendendo que, como o conjunto de medidas baseava-se exclusivamente em mecanismos de mercado, só poderia gerar efeitos positivos para a livre concorrência, tornando desnecessária uma avaliação definitiva dos efeitos líquidos sobre o bem-estar, inclusive por sintonia com o que julgava ser a jurisprudência recente do Cade, supostamente pautada pela diretriz de minimizar os custos privados e maximizar os benefícios sociais. Surpreendentemente, coube ao conselheiro Barrionuevo, aliado de Gesner de Oliveira, dizer que a diretriz minimização-maximização implica avaliar os efeitos sobre o bem-estar. Esse argumento faz sentido e permite notar que o elogio de Gesner de Oliveira se prende à acentuada minimização de custos privados, desconsiderando as exigências legais (veja capítulo 2).

Barrionuevo reitera que a concorrência é vigorosa no setor e discorda do dano decorrente do aumento de portfólio de produtos da Brahma. Baseando-se na entrada da cervejaria Cintra e na conquista de 6% do mercado pela marca Bavaria (da Antarctica) nos 12 meses anteriores, diz que esse aumento é pró-concorrencial. Como Salgado não acoplou evidências para apoiar seu modelo, não há justificava razoável para as medidas propostas.

Apenas Fonseca estava disposto a votar com o relator, mas, diante da proposta de Salgado, resolveu rejeitar o pedido de reapreciação, decisão pouco razoável por não discutir o mérito da proposta. Os quatro conselheiros restantes aprovaram as medidas sugeridas por Salgado. Barrionuevo não considerou tais medidas prejudiciais às empresas, embora fosse o único a ressaltar os pífios efeitos decorrentes delas.

Cumpre avaliar as orientações sugeridas pelos conteúdos dos Termos de Compromisso de Desempenho (TCDs), tendo em vista a guinada rumo a posições liberais. Na tabela que se segue, constam metas e restrições contempladas nas cláusulas dos TCD firmados, definidas conforme disposto na terceira seção do capítulo 5.

Compromissos assumidos nos TCD – gestão 1996-1998 do Cade

AC	Inv	Pro	Prd	Tec	Exp	Emp	Qua	Pre	Con	Ati
Vero	X		X	X						
Helio	?*		?*	?*	?*					*
Elect	?*	?*	?*	?*	?*		?*	?*		
Santi	?*			?*				?*	*	
Ficap	X	X	X	X			X		X	
Grace	?*	?*	?*	?*	?*	*	?*	?*	*	
Colga	X			X	X					X
Gerda	X			X		X			X	X
Bayer	X								X	
Fosfé									X	
Sarsa	X						X	X	X	X
Antar	X									
Brah										X

Fonte: *DOU*, Mattos (1997), Cade (1997) e Cade (1998).
Os AC (atos de concentração) acima são: *Vero* – Verolme/Ishibrás; *Helio* – Helios/Carbex; *Elect* – Electrolux/Oberdofer; *Santi* – Santista/Carfepe; *Ficap* – Ficap/Alcan; *Grace* – Grace/Crown; *Colga* – Colgate/Kolynos; *Gerda* – Gerdau/Pains; *Bayer* – Bayer/Nitroquímica; *Fosfé* – Fosfértil/Ultrafértil; *Sarsa* – Laboratório Silva Araújo Roussel/Dow Chemical; *Antar* – Antarctica/Anheuser-Busch; *Brah* – Brahma/Miller

Não foi possível obter informações precisas para quatro desses onze ACs, pois os TCD, aparentemente, não foram publicados no *DOU*[47]. Suas cláusulas foram assinaladas com asterisco porque a descrição à qual se teve acesso estava incompleta, sendo que, na maioria deles, as cláusulas também foram assinaladas com uma interrogação, ausente apenas quando delas constavam compromissos que pareciam ser efetivos (não meras declarações de intenções), o que ocorreu somente quanto se referiam às condições de emprego ou de conduta[48].

Embora o Cade dissesse que desejava excluir compromissos de eficiência dos TCDs (Cade, 1998), por representarem interferências indevidas nas decisões privadas e não terem impacto relevante na concorrência, *cláusulas relativas a investimento* não foram incluídas em apenas dois casos[49]. Sua presença em três dos mais rumorosos – Colgate/Kolynos, Gerdau/Pains e Antarctica/Anheuser-Busch, neste sendo decisiva para a aprovação do Cade – desmente a posição oficial do órgão. Além de tais compromissos serem reversíveis de acordo com a conjuntura econômica, não tendem a minorar, necessariamente, o poder de mercado das empresas, já que o aumento da produção resultante pode não evitar condutas abusivas. A maior importância parece ter sido atribuída à *incorporação de novas tecnologias*, pois oito casos incluem cláusulas desse tipo, mas, como não são especificadas as tecnologias em pauta, não se pode analisar seus efeitos sobre a produtividade e a qualidade.

Os oito casos incluindo *restrições às condutas* das empresas colocam-nas como prioridade, ao lado dos investimentos (sete casos). Em quatro casos, as restrições visavam proteger os consumidores, em três deles os de menor renda – dois através da manutenção da produção (Helios/Carbex e Santista/Carfepe) (Mattos, 1997) e outro requerendo destaque ao nome genérico dos medicamentos (Sarsa/Dow), este em tese mais rigoroso. Dois casos visaram impedir a concertação entre as empresas (Ficap/Alcan e Gerdau/Pains), um buscava impedir o abuso de posição dominante (Ultrafértil/Fosfértil) e o último (Grace/Crown) objetivava evitar discriminação de preços. Enquanto os quatro primeiros buscavam impedir

---

[47] O acesso a esses diários ocorreu através do *clipping* quinzenal do Ibrac.

[48] Comparando os TCDs publicados com as indicações de Mattos (1997), este incluiu promessas das empresas.

[49] Sua inclusão nos quatro TCDs examinados por Mattos (1997), reforça essa posição.

que condutas legítimas das empresas prejudicassem consumidores, os últimos quatro significam repressão aos eventuais abusos de poder. Faz pouco sentido proibir condutas ilegais, levando a questionar porque o Cade não impôs medidas mais duras para minar o poder de mercado dessas empresas, ou seja, sua capacidade de praticar tais condutas.

Em quatro casos houve *restrições sobre ativos*, incluindo três casos polêmicos – Colgate/Kolynos, Gerdau/Pains e Brahma/Miller, mas apenas no primeiro a restrição foi significativa (suspensão do uso da marca por quatro anos). A alienação de pequena unidade produtiva (Gerdau/Pains) e a utilização de ativos para envasar marcas de outrem pouco afetaram o poder de mercado das empresas. No último caso (Sarsa/Dow), houve licenciamento de marca de remédios (Baralgin), mas inexistem informações para avaliar seu rigor.

Apenas dois dos nove TCDs examinados previam cláusulas de *qualidade*, e em apenas um havia o compromisso de esforço para lançar novos produtos (Sarsa/Dow) e o outro não visava proteger consumidores finais (condutores elétricos do caso Ficap/Alcan).

As cláusulas sobre *preços*, incluídas em três dos quatro TCDs analisados por Mattos (1997), referem-se ao repasse aos consumidores de parte dos ganhos de produtividade e não traduzem compromissos monitoráveis, assim como a obrigação de não promover, no caso da Sarsa/Dow, aumento injustificado de preço. Assim, a defesa dos consumidores não foi objetivo priorizado pela gestão 1996-1998, visto que as restrições a condutas impedem apenas a descontinuidade da produção[50]. As cláusulas relativas ao *emprego* tiveram pouca importância, pois foram incluídas em apenas dois casos, apesar de as declarações enfáticas de Gesner de Oliveira quanto à sua relevância.

Em suma, a priorização de cláusulas de investimento, de incorporação de novas tecnologias e de conduta não criam obrigações suficientemente monitoráveis, servindo muito mais para justificar a existência do Cade do que para contribuir para a efetiva aplicação da lei.

2. A solução política para o contrato entre Petrobras e Odebrecht

Foi firmado contrato entre a Petrobras e os grupos Odebrecht Petroquímica (OPP), Ultra e Itaú (através da empresa Elekeiroz) para cons-

---

[50] Exceto a exigência de destaque ao nome genérico no caso Sarsa/Dow.

truir um pólo petroquímico em Paulínia (SP). Ele já apareceu na cena pública como objeto de disputa entre grupos econômicos, capitaneada pela classe política, suscitando discussão antitruste. Marcello Alencar, governador do Estado do Rio de Janeiro, e Eduardo Gouvêa Vieira, presidente da Federação das Indústrias do Estado (Firjan), estiveram com o presidente Fernando Henrique para contestar a cláusula de privilégio concedida aos sócios da Petrobras. Por ela, a Odebrecht teria de ser consultada sobre – e teria prioridade em quaisquer – investimentos da estatal, ameaçando a implantação do pólo petroquímico no Rio (parceria da Petrobras com os grupos Mariani, Suzano e Unipar). A polêmica concentrou-se no âmbito (segmento produtivo e/ou região) no qual esta consulta e prioridade deveriam valer, pois a cláusula poderia, em tese, abranger qualquer associação da Petrobras (*OESP*, 19/9/1997, capa e p. A-4).

Vieira afirmou que o encontro não poderia ter sido melhor e que o presidente teria designado Clóvis Carvalho para analisar o contrato. No entanto, o porta-voz da presidência manifestou que o presidente não assumiu qualquer compromisso e que o assunto cabia ao ministério das Minas e Energia (MME). O senador José Eduardo Dutra (PT) denunciaria o contrato à SDE e convocaria o ministro do MME, Raimundo Brito, ao Senado (*JB*, 26/9/1997, p. 19). O secretário de Indústria e Comércio de São Paulo, Emerson Kapaz, não via problema – o contrato só valeria para Paulínia – como reforçou depois o governador Mário Covas (*OESP*, 20/9/1997, p. B-10, e *JB*, 26/9/1997, p. 19).

Não faz sentido entender que o caso assumiu uma dimensão política apenas porque os governos estariam defendendo os interesses de grandes grupos econômicos. Deve-se levar em conta não só o impacto direto e indireto dos pólos petroquímicos sobre a economia das regiões, como também o fato de que quaisquer investimentos nesse setor dependem de alguma articulação com a Petrobras, a única produtora das matérias-primas.

Várias empresas manifestaram-se sobre o caso, mas apenas os grupos Suzano (sócio da Petrobras, no Rio) e Dow Chemical (dono do pólo petroquímico de Bahia Blanca, na Argentina, e muito interessado em aumentar seu espaço no Brasil) queixaram-se imediatamente sobre a cláusula de privilégio, já que os grupos Ipiranga e Mariani não opinaram (*OESP*, 19/9/1997, p. A-4), provavelmente por serem sócios da OPP em outros empreendimentos. A participação desses grupos poderia ser mais virtuosa se propiciasse informações acerca de outros possíveis efeitos concorrenciais do contrato, o que aparentemente não ocorreu.

O secretário da SDE, Ruy Coutinho, disse que em tese o contrato prejudicaria a concorrência, mas ressaltou que nele havia aspectos positivos, porque poderia ser favorável ao país e porque o empreendimento teria porte e capacidade para atuar no mercado internacional, pois teria custos mais baixos (*FSP*, 24/9/1997, p. 2-4, e *OESP*, 24/9/1997, p. B-4). Assim, Coutinho avaliou haver necessidade de concentração econômica, mas o que se discutia era a discriminação contra potenciais parceiros da Petrobras, não a autorização para a concentração.

Na Câmara dos Deputados, Raimundo Brito disse que aceitaria alterar o contrato somente se o Cade assim o determinasse, pois o entendia legal e legítimo – rebatendo, dessa maneira, a interpretação de deputados de que o contrato não era claro – e que o contrato não prejudica os interesses da Petrobras, nem os do país, e que a controvertida cláusula é normal no mundo da petroquímica (*OESP*, 25/9/1997, p. B-1). Trata-se de interferência porque dá seu aval ao projeto e faz considerações de competência exclusiva do Cade.

A pedido do grupo Odebrecht, Luciano Coutinho (Unicamp) elaborou parecer favorável ao contrato (*OESP*, 25/9/1997, p. B-8). Afirmando que as empresas globalmente competitivas têm grande porte, pois somente com capacidade financeira e amplitude geo-econômica de atuação podem obter vantagens competitivas relevantes para comprimir suas margens de lucro e concorrer globalmente, avaliando que a OPP pretendia se tornar uma empresa dessa espécie. Ressalvando-se a falta de acesso ao documento, nota-se que o parecer de Coutinho, conforme divulgado na imprensa, pressupõe aquela pretensão, mas não aporta evidências, nem mesmo de que o comércio internacional exerce pressão concorrencial relevante. Assim, a argumentação que veio a público não está fundamentada a ponto de instituir debate adequadamente qualificado.

Após o caso sair de evidência, Fábio Erber (UFRJ) manifestou-se pela legitimidade do contrato, porque permite o aumento do porte das empresas, o qual é necessário para enfrentar a intensa concorrência internacional, devido ao excesso de oferta e à ausência de proteção a práticas desleais (*GM*, 12/12/1997, p. A-3). Diz que o setor requer grandes empresas verticalmente integradas, para reduzir os custos de transação[51], e

---

[51] Estes seriam elevados por causa dos vultosos ativos específicos (não utilizáveis em outra atividade), que estão sujeitos a fortes incertezas e a uma intensa concorrência internacional.

porque o contrato possibilita ganhos de escala e de escopo e maiores investimentos em tecnologia. Nota-se que a argumentação de Erber é mais esclarecedora do que a de Coutinho, mas não traz evidências sobre o excesso de oferta e se estaria ensejando maior concorrência no Brasil.

A voz publicamente discordante dessa avaliação proveio de Onofre Sampaio, que caracterizou como discriminação a propalada idéia de que o Brasil precisaria ter empresas nacionais de porte internacional para enfrentar os concorrentes estrangeiros (*GM*, 15/12/1997, p. A-2). Afirma que nossa história está repleta de campeãs nacionais, artificialmente tituladas, que fracassaram – observação procedente porque não estavam em discussão políticas específicas de aumento de competitividade.

Com o debate público, o grupo Mariani declarou que o contrato era problemático por ultrapassar o âmbito de Paulínia e prejudicar outros empreendimentos (*OESP*, 25/9/1997, p. B-8), queixando-se também da Petrobras, pois somente a OPP teria sabido de antemão que a estatal voltaria a participar da segunda geração de produtos petroquímicos (resinas termoplásticas).

Clóvis de Carvalho, sempre presente nos momentos conturbados, interpretou que a cláusula de exclusividade se referia apenas a Paulínia e afirmou que Joel Rennó e Raimundo Brito partilhavam dessa opinião (*JB*, 26/9/1997, p. 19). Este conclamou as empresas para resolver o caso, porquanto eram elas que divergiam. Paralelamente, a Comissão de Assuntos Econômicos, do Senado, resolveu representar à SDE, questionando o contrato. O secretário Ruy Coutinho disse que o contrato poderia ser alterado através de compromissos de desempenho (*OESP*, 27/9/1997, p. B-9), provavelmente levando em conta a interferência de Clóvis Carvalho.

Depois dessa interferência, Eduardo Gouvêa Vieira fala em nome do grupo Ipiranga e diz que o contrato submete a Petrobras à Odebrecht também quanto à produção, refino e transporte de combustíveis. Postula que a estatal, monopolista na produção de petróleo e de insumos petroquímicos, deve fazer parcerias para existir competição (*GL*, 28/9/1997, p. 37).

Sobressaem queixas sobre o comportamento da Petrobras, entendido como eticamente incorreto, eis que privilegia a aliança com o grupo OPP sem manter entendimentos com outras empresas. A OPP manifesta-se alegando ter oferecido participação a todos, mas o grupo Mariani não sabe que a Petrobras seria sócia também na segunda geração de produtos (segmento mais rentável do setor). A estatal buscaria firmar acordos exclusivos de longo prazo que a inserissem naquele segmento. Vieira tem razão ao proferir que a posição monopolista da Petrobras exige que ela não eleja parceiros preferenciais, pois isso aumenta o risco de discriminação aos concorrentes, tão palpável que o grupo Ipiranga sente-se ameaçado até no segmento petrolífero.

O senador Lúcio Alcântara (PSDB-CE) critica o artigo 63 da Lei nº 9478 por ele não tratar do setor petroquímico (apenas eliminou o monopólio da Petrobras no segmento do petróleo), permitindo que a Petrobras faça parcerias sem consultar o poder legislativo. Isso poderia prejudicar a expansão de outros pólos – queixa legítima, motivada, certamente, pela reivindicação de se implantar uma refinaria da Petrobras no Ceará.

O senador José Serra defende o contrato de forma surpreendente, pois sustenta que ele ultrapassa Paulínia – critica Rennó por não dizê-lo – e que ele não só não é ilegal ou imoral como também não é inconveniente, posto haver a necessidade de existirem grupos fortes, dada a feroz concorrência mundial (*OESP*, 29/9/1997, p. B-5); como Luciano Coutinho, não fundamenta esta argumentação. Posição tão enfática sugere tratar-se de defesa dos grupos envolvidos e da indústria paulista. O discurso de Serra, aliado às manifestações do governo estadual, revela que os peessedebistas paulistas provavelmente acreditavam que a cláusula de privilégio garantiria a rápida implantação do pólo de Paulínia. Rapidez relevante, pois foram mencionados projetos que duplicariam a produção de polipropileno, incluindo o grupo Ipiranga, no Rio Grande do Sul, e a Polialden, na Bahia (*OESP*, 4/10/1997, p. B-8).

Serra surpreendente novamente ao defender que o retorno da Petrobras à petroquímica é praticamente indispensável, devido ao seu tamanho. Defender posições contraditórias ao discurso privatizante do governo expõe Serra a críticas do empresariado.

Apesar das declarações de Serra, Fernando Henrique diz que o contrato vale somente para Paulínia, salientando que a atuação da Petrobras em outros Estados deve buscar novas parcerias e que: "O governo quer incentivar a competitividade no setor petroquímico, mas é preciso que isso seja feito com empresas diversificadas" (*GL*, 1º/10/1997, p. 26).

Gesner de Oliveira pareceu recear manifestar-se em situação tão conflitiva porque somente a partir daí verbera que o Cade "não admitirá restrições que impeçam a igualdade de condições para outros grupos" (*FSP*, 3/10/1997, p. 2-6), embora salientasse que iria analisar cuidadosamente se as cláusulas tinham razoabilidade técnica e econômica.

A partir desse momento surgiram opiniões na imprensa. Suely Caldas, articulista de *O Estado de S. Paulo*, argui que a decisão desse caso era a prova de fogo do Cade, avaliando que as cláusulas eram legalmente condenáveis (*OESP*, 5/10/1997, p. B-2). Se o órgão reconhecesse ser necessário haver um grupo nacional forte, não estaria atendendo o interesse do cidadão e, sim, revelando não ter independência diante das pressões políticas ou econômicas. Isso poderia colocar em xeque os órgãos reguladores criados para fiscalizar atividades privadas.

Celso Pinto, da *Folha de S.Paulo*, questionou o contrato (10/10/1997, p. 1-10). Obteve declarações de Joel Rennó, de que o contrato não é válido apenas para Paulínia – antes e contrariamente ao que o presidente Fernando Henrique disse –, afirmando que selecionou a Odebrecht porque, além de fortalecer a indústria nacional (conforme instrução do governo), ela se dispôs a investir. Salienta também que a negociação foi de conhecimento público e que o pólo de Paulínia ainda estava aberto para qualquer sócio nacional. Como tais afirmações foram questionadas por outros grupos, reforçam-se as preocupações sobre as intenções anticoncorrenciais da Petrobras. Celso Pinto mostra ainda como o nacionalismo de Rennó não faz sentido, já que no setor petrolífero a Petrobras se associou com multinacionais. Ao contrário, ficou ressaltada a atração que poderosos interesses econômicos e políticos exercem sobre a burocracia estatal.

De outro lado, o grupo Odebrecht vinha sendo agressivo nos últimos anos, adquirindo participações acionárias no setor – sobretudo através de privatizações. Com a implantação do pólo de Paulínia – parceria com a Petrobras e os grupos Ultra e Itaú – e a possível tomada de controle da Conepar (junto com o grupo Ultra), antes pertencente ao grupo Econômico, o grupo Odebrecht poderia passar a ter posição dominante na petroquímica brasileira. Na Copesul, central de matérias-primas do pólo gaúcho, a Odebrecht passaria a deter 31,7% (somando os 4% da Conepar) que, aliados aos 15,4% da Petrobras (via Petroquisa), não lhe dariam o controle absoluto (47,1%); contudo, ele poderia ser alcançado, já que 25,6% estavam pulverizados entre acionistas minoritários[52].

A Odebrecht poderia obter o controle da *holding* Norquisa, que controlava a Copene (central de matérias-primas do pólo baiano), com 58% do capital votante. Possuindo 16% diretamente, e contando

---

[52] O grupo Ipiranga detinha os outros 27,7%, iguais ao percentual detido pela Odebrecht isoladamente.

com os 23,7% detidos pela Conepar e os 10,4% possuídos pelo grupo Ultra, a Odebrecht alcançaria o domínio da Norquisa[53], logo da Copene. Além do pólo que poderá ser construído no Rio de Janeiro, a Odebrecht não deteria o controle da Petroquímica União (PQU), central paulista. No entanto, detinha 38,7% da Unipar – a principal acionista da PQU (36,9%) – e poderia criar dificuldades para a expansão dela. Como a Petrobras detinha 17,5% e o grupo Ultra 2%, o controlador da Unipar teria de obter o apoio de pelo menos dois dos outros acionistas[54] – algum(ns) do(s) qual(is) poderia se tornar aliado da Odebrecht.

Cabe salientar que, com a falência do grupo Econômico (detentor de 56%), o acordo de acionistas da Conepar dava a preferência da aquisição de ações aos grupos privados que dela já participavam, no caso o American Express (possuidor de 32%). Como esse grupo vendeu seu direito de preferência para a Odebrecht e o grupo Ultra, estes poderiam bancar a oferta de quaisquer interessados no leilão de venda. Apesar do silêncio das demais empresas, o BNDES (acionista da Conepar com 12%) considerou-se traído por não ter sido avisado da aquisição daquele direito, ocorrida dois anos antes, e acionou a Justiça para questionar se o acordo de acionistas permitia a aquisição do controle da Conepar (*OESP*, 26/10/1997, p. B-6). Declarações de empresários reforçam as preocupações com a Odebrecht, pois disseram (*off the record*): "Em se tratando de Odebrecht, é difícil imaginar que não haja maracutaia nesse negócio"(*OESP*, 10/11/1997, p. B-11).

Parece indiscutível que a Odebrecht empenhava-se em tornar incontestável seu domínio, gerando grandes preocupações antitruste. Aliás, o presidente do grupo Suzano, Armando Guedes Coelho, manifestou-se dizendo que a Petrobras estava demorando a responder às propostas dos grupos Suzano e Ipiranga – relativas a associações para ampliar refinarias de petróleo e assim viabilizar uma expansão das atividades da petroquímica – e à proposta de ampliação da PQU, feita pelos grupos Suzano e Shell – demora que já demonstraria o impacto da cláusula de preferência concedida à Odebrecht (*GM*, 6/10/1997, p. A-12).

---

[53] Seriam minoritários os grupos PPSA (Suzano/Shell, com 21,4%), Mariani (16%) e Dow Química (12,5%).

[54] Union Carbide (13%), Empregados (10%), Polibrasil (Suzano/Shell, 6,8%) e Minoritários (13,8%).

Declaração do presidente do BNDES, Luís Carlos Mendonça de Barros, pessoa próxima à Presidência da República, reforça a impressão de que o governo decidiu vetar as cláusulas que privilegiavam a Odebrecht. Novas declarações do secretário Coutinho vêm no mesmo sentido, ou seja, ser quase certa a imposição de exigências para evitar abusos, exceto se os ganhos econômicos fossem extraordinários que compensassem a manutenção do contrato (*GL*, 6/10/1997, p. 16).

Nesse contexto, não surpreende que Emílio Odebrecht tenha ido ao governador Marcello Alencar, alegando que a cláusula em questão estava restrita a Paulínia e concordando em aditar o contrato se assim o Cade determinasse (*GL*, 6/10/1997, p. 16). Afirmou ter interesse em investir no porto de Sepetiba e em entrar no pólo do Rio se alguém desistisse – hipótese que o grupo Suzano repeliu de pronto. Odebrecht reclamou ainda que os grupos rivais não deveriam se queixar porque poderiam entrar em Paulínia, salientando que o Brasil precisa de outros pólos, além do proposto para o Rio, e que deseja manter o controle das empresas nacionais no setor.

Acenando com investimentos, Emílio Odebrecht desejava reduzir a oposição do governo do Rio, até porque frisar que o país precisa de muito pólos só faz sentido (não há demanda para tantos) para dizer que as cláusulas de Paulínia não seriam utilizadas para inviabilizar o pólo do Rio de Janeiro. Propõe paz aos grupos nacionais, solicitando a colaboração para conter o avanço da Dow Chemical no país.

Apesar de o caso não ser complexo, pois se trata apenas de examinar as cláusulas contratuais e as justificativas das empresas, ainda estava em instrução na SDE no início de 1998. Frustraram-se assim as promessas feitas em 1997, quando a SDE avaliou que daria parecer até início de dezembro e o conselheiro Barrionuevo disse que o Cade apreciaria o caso até fevereiro de 1998 (*GL*, 22/10/1997, p. 22), embora em novembro de 1997 a SDE tivesse recebido quatro manifestações contrárias ao contrato[55]. A demora manteve considerável incerteza quanto aos rumos da petroquímica brasileira, revelando-se, assim, pouco razoável em face das atribuições dos órgãos públicos envolvidos na questão.

A única participação relevante de outras instâncias de governo em questões antitruste ocorreu quando o governo de São Paulo ameaçou recorrer

---

[55] De PQU (controle da Unipar), Polibrasil (Suzano/Shell), Politeno e do grupo Suzano. Vide *GM*, 17/11/1997, p. A-9.

ao Cade no início de 1998, acusando o governo do Paraná de conceder enormes incentivos fiscais à Renault, que caracterizariam concorrência desleal em relação às demais montadoras (*OESP*, 31/1/1998, capa e p. A-6). No entanto, acabou desistindo porque, além de haver dúvida se caberia aplicar a lei antitruste, queria evitar que a queixa tivesse conotação política, já que os governadores do Rio Grande do Sul, de Santa Catarina e do Mato Grosso do Sul defenderam o governador do Paraná (*OESP*, 5/2/1998, p. A-3). Este defendeu a concessão alegando que os incentivos não eram elevados (*OESP*, 1º/2/1998, p. A-6), afirmando que as resoluções do Confaz[56] o amparam e que a legislação tributária é injusta porque se baseia no princípio da origem e não do destino das mercadorias.

É evidente que a concessão de incentivos é prática concorrencialmente injusta para as empresas excluídas das benesses. No entanto, como há poucos instrumentos para lidar com as desigualdades regionais[57], a questão antitruste não poderia ser a única contemplada.

Nesse sentido, o jornal *O Estado de S. Paulo* e o advogado Tércio Sampaio Ferraz Jr. registraram que não cabia ao Cade julgar porque havia uma dúvida constitucional[58]. Como não há menção à questão dos auxílios estatais nas leis, não há como afirmar que o princípio da livre concorrência seja hierarquicamente superior ao princípio federalista.

O PNBE cogitou consultar o Cade sobre a concessão dos incentivos (*OESP*, 20/2/1998, p. A-5), mas, não tendo explicado porque desistiu da consulta, não conseguiu desfazer a impressão de que apenas apoiava a ação do governo paulista, inclusive porque não aludiu às perdas das indústrias paulistas.

3. Questões públicas no fim da gestão

Em 1997, houve diversas discussões sobre a unificação dos órgãos antitruste (Cade, SEAE e SDE) em uma agência de defesa da concorrência. A proposta foi colocada em debate por Ruy Coutinho, pouco depois

---

[56] Conselho de Política Fazendária, que reúne todos os secretários de finanças dos Estados.

[57] Foram extintos os fundos que lidavam com tais questões e o Confaz não funciona adequadamente, restando apenas uma certa redistribuição dos fundos de participação para os Estados mais pobres.

[58] Vide *OESP*, 5/2/1998, p. A-3, e *FSP*, 9/2/1998, p. 2-2.

de assumir a SDE. Os titulares dos órgãos reuniram-se com o ministro Bresser; Moura Rocha afirmou ser preciso aguardar mais resultados para discutir tal proposta e Gesner de Oliveira salientou que, antes de tudo, dever-se-ia melhorar a atuação de cada órgão, aparelhando-os adequadamente[59]. Assim, os dois procuraram esvaziar a proposta.

Algum tempo depois, Gesner de Oliveira resolveu afirmar que a agência de defesa da concorrência já existe e é o Cade, além de aludir às conseqüências danosas de atribuir a investigação e o julgamento a um único órgão. Moura Rocha alerta para que o Cade seja preservado, mas, talvez, se unificando às duas secretarias. Coutinho entende que a redução de custos e a prevenção de turbulências justificavam sua proposta, acrescentando que poderia haver uma esfera de investigação e outra de julgamento, dentro de única agência[60].

Parecia nítido que Coutinho pretendia, para deter mais poderes, criar agência única sob o comando da SDE, já que não suscitou essa discussão quando presidiu o Cade (1992-1996). Ao não sensibilizar o governo, a proposta não prosperou, revelando vitória do Cade. Todavia, ela não tornava o Cade mais autônomo porque, como foi visto, o governo utilizou-se de outros meios para interferir na atuação do órgão.

Por outro lado, o Cade não conseguiu mudar suas relações com as secretarias para gerar mais eficiência, passando a criticar as falhas delas, entre 1997 e 1998 (Cade, 1998). O Cade afirmou que seu principal desafio era é a precariedade na instrução dos processos, especialmente nos casos de conduta. Cita seis problemas:

1. a não-filtragem adequada das denúncias;
2. a falta de rigor sobre as informações e procedimentos que devem ser mantidos em sigilo e sobre aqueles a que se pode garantir publicidade;
3. a demora excessiva dos processos, incompatível com a decisão em tempo econômico;
4. o fato de, freqüentemente, não haver estrita garantia do direito de ampla defesa;
5. a falta de rigor na aplicação das teorias de organização industrial, especialmente quanto à definição do mercado relevante; e

---

[59] Vide *OESP*, 22/6/1997, p. B-3, *JB*, 24/6/1997, p. 16, e *GM*, 14/7/1997, p. A-8.
[60] Vide, respectivamente, *GM*, 20/10/1997 (capa e p. A-9), e *GM*, 20/5/1998, p. A-12.

6. a falta de método de geração de provas que atenda aos quesitos da revisão judicial.

Trata-se de contundentes críticas à atuação das secretarias, questionando até posturas éticas (falhas 2 e 4); de forma mais dura quanto à SDE, responsável pelas falhas 1, 4 e 6, mas sem poupar a SEAE (principal responsável pela falha 5). O Cade pretendia resolver os problemas através de resolução, sem dizer que procurou, para tanto, dialogar com as secretarias.

Quando expõe as principais ações em 1997, o Cade afirma que muito foi feito no sentido de buscar decidir em tempo econômico, mostrando que a gestão 1996-1998 julgou número de casos superior àqueles que entravam (30,4 *versus* 23,7 ao mês). O tempo médio de decisão dos ACs dos três órgãos caiu de 604 para 204 dias, embora ainda superior aos 120 dias previstos em lei. Como o Cade praticamente cumpria esses prazos (61 dias *versus* 60 previstos), decorre que a culpa do atraso cabia às duas secretarias – a SDE demorava 63 dias, mas a lei previa-lhe 30 dias, mesmo período para a SEAE, que emitia parecer em 80 dias, em média. No entanto, o Cade omite que começa a atuar, quanto aos ACs, no mesmo momento que as secretarias, de forma que a ineficiência destas pode estar encobrindo a demora do próprio Cade, pois o prazo legal do órgão só começa a contar depois de receber os pareceres das secretarias.

Luís Nassif adverte que deveria existir somente o Cade, pois a superposição de funções atrapalha o processo, inclusive porque as secretarias estão mais sujeitas a influências políticas (*FSP*, 5/9/1997, p. 2-3). Nota-se que ele não discutiu a divisão de funções entre os órgãos, pois legal e operacionalmente o Cade não pode fazer tudo. Como esta foi a única opinião pública sobre o assunto, vê-se que a ele não era atribuída relevância.

Por fim, cabe salientar que deveria haver apenas uma agência, entendida enquanto órgão público responsável pela tomada de decisão. Isso não é incompatível com a separação entre as atividades de instrução ou de investigação e a tarefa de julgar, uma vez que as primeiras poderiam ser realizadas por órgão autônomo perante o Cade e sujeito ao cumprimento de estritas regras de atuação (não lhe sendo permitida nenhuma discricionariedade), sendo composto por técnicos especializados inseridos em carreira funcional específica. Visando realizar investigações pautadas por regras estatuídas em lei e sendo autarquia não subordinada a ministérios, esse órgão poderia funcionar adequadamente sem conflitar com o Cade, que estaria encarregado apenas dos julgamentos dos processos a ele encaminhados.

Além de não ter conseguido se entender com as secretarias, nota-se, mais uma vez, que o Cade foi desprestigiado pelo governo, pois este anunciou (*OESP*, 3/8/1997, p. B-6) que várias tarifas de serviços públicos (telecomunicações, correios e energia elétrica) seriam arbitradas pelos respectivos ministérios e órgãos reguladores, depois de reestruturadas as tarifas (eliminação de subsídios cruzados e da defasagem tarifária). A exclusão das autoridades antitruste não se justifica, pois até Gustavo Franco chamou atenção sobre as condutas das empresas estatais, ainda predominantes nesses serviços. Dessa forma, fica implícito que a decantada excelência das agências reguladoras não incluía o Cade, o qual nem sequer foi capaz de estabelecer cooperação concreta com tais agências.

Nesse sentido, no fim de 1997, o governo criou um grupo consultivo para avançar na regulamentação da legislação e no aperfeiçoamento da política de concorrência, indicando aspectos a serem priorizados pelas secretarias – SDE e SEAE – nas definições de normas gerais e de condutas para atuação em casos polêmicos e/ou para aqueles para os quais não haja normas claras para ação (*GM*, 18/12/1997, p. A-13). O grupo consultivo seria composto por dez pessoas, sendo seis membros do governo – o ministro da Indústria, Comércio e Turismo, os presidentes da Financiadora de Estudos e Projetos (Finep), da Comissão de Valores Mobiliários (CVM) e do Instituto de Pesquisas Econômicas Aplicadas (IPEA), o diretor de Desestatização do BNDES e o secretário do Tesouro Nacional (STN) –, três membros do Conselho de Reforma do Estado – o advogado João Geraldo Piquet Carneiro, o economista Maílson da Nóbrega e o sociólogo Sérgio Abranches – e o economista Jorge Melo Flores, da FGV. Além de não dar qualquer espaço para instituições da sociedade civil, cabe salientar que, como mais da metade dos membros (seis) não lida com questões antitruste (como a política industrial, por exemplo) – os três membros do Conselho de Reforma do Estado, o STN e os presidentes da Finep e da CVM –, transparece que o grupo não está capacitado para discutir casos tecnicamente complexos.

Como esse grupo visava orientar os órgãos antitruste em questões polêmicas, fica evidente que o governo desejava tutelá-los, sinalizando ao Cade a orientação que julgava adequada. Como o Cade já vinha adotando uma orientação liberal, o excesso de zelo do governo indica a tentativa de limitar definitivamente a autonomia do Cade, precavendo-se contra eventuais desejos de autonomia de futuros conselheiros.

Desde o final de 1997, as manifestações de Gesner de Oliveira referiram-se a questões operacionais do Cade – regimento interno (novembro/dezembro), sua proposta sobre a quarentena dos conselheiros (janeiro/fevereiro/1998) e convênios com agências reguladoras (fevereiro/1998). Depois, prevaleceram as discussões sobre os novos conselheiros (abril/maio/1998).

O relatório anual do Cade, de 1997 (Cade, 1998), defende a importância das funções que cabem ao órgão – repressiva e preventiva (apreciação de AC) –, postulando que devam ser dosadas, objetivando algo amplo, ou seja, a difusão da cultura da concorrência, a cujo papel educativo elas estarão subordinadas. É pouco razoável avaliar que este seja o objetivo mais importante, pois, antes de tudo, trata-se de cumprir um mandato da sociedade, além de não se citar que o rigor na aplicação da lei também educa as empresas.

Aliás, faz pouco sentido o Cade avaliar que a difusão da cultura da concorrência avançou muito, já que isso é atribuído ao fato de o órgão ter ocupado grande espaço público nos casos polêmicos. Através das manifestações públicas, tem sido observado que as posições que propunham intervenções do Cade não foram devidamente discutidas na sociedade. Além disso, muitas manifestações dos conselheiros revelaram mútua intolerância e argumentos pouco razoáveis, especialmente quanto às associações entre as cervejarias.

O Cade também buscou maior articulação com as políticas públicas, mas a aprovação de nove privatizações ocorridas há tempos, a análise prévia no caso CVRD ou os convênios com o Bacen e com o ministério do Trabalho praticamente chancelam decisões tomadas por outros órgãos estatais. Além do teor das decisões e dos discursos aqui analisados, o Cade fez questão de dizer que estava fazendo um acerto de contas com o passado – o período (1962-1990) no qual predominou o controle de preços. Afirma que esse controle e as denúncias sobre preços abusivos não tinham consistência nem continham provas adequadas, tendo o objetivo exclusivo, e raramente alcançado, de inibir as expectativas inflacionárias.

Exemplifica que as queixas, relativas a laboratórios farmacêuticos – feitas pelo ministério da Fazenda, em 1992 –, tiveram pareceres não conclusivos das secretarias (SDE e SEAE) quanto à relação entre o aumento de preços e a posição de mercado das empresas. Sem dizer quais informações não foram obtidas ou quais delas não permitiram uma avaliação inequívoca, não há como apreciar o que faria o Cade julgar procedente a alegação de aumento abusivo de preços, dando a entender que tais questões não preocupam o órgão.

Uma vez consolidado o predomínio de uma orientação liberal, a busca por tornar o Cade mais eficaz e mais participante nos processos setoriais de regulação foi, provavelmente, os dois principais eixos, pelos quais Gesner de Oliveira pretendia continuar afirmando a importância do poder do órgão. No entanto, como não se formalizou a articulação com os outros órgãos públicos e como houve dificuldades para aumentar sua eficiência, estava sob risco o projeto de consolidar a imagem pública do Cade e de Gesner de Oliveira.

Barrionuevo manifestou-se quanto à doutrina antitruste somente uma vez (*GM*, 17/4/1998, p. A-3), ocasião em que afirmou que a legitimidade da política antitruste depende da percepção de benefícios pelos consumidores e pelas empresas (garantia de livre acesso e de não haver práticas abusivas), o que só poderia decorrer do controle de condutas, pois o controle preventivo sobre ACs não impediria a ocorrência de práticas anticoncorrenciais e, mesmo se o fizesse, remeteria a ganhos futuros de difícil compreensão.

Ele não leva em conta que entidades ligadas a tais segmentos poderiam explicar os potenciais benefícios desse controle, ainda mais se o Cade publicizasse as razões das decisões e ensejasse a participação dessas entidades. Além disso, pode-se estimar os resultados de tais decisões, como a FTC fez ao projetar potenciais economias para os consumidores nos casos Staples/Depot e Hoechst/Marion Roussel (vide capítulo 4).

Barrionuevo preconiza que o maior problema para o controle de conduta é o ocultamento de informações. Aliando-a ao domínio dos oligopólios (nos quais prevalecem coordenações tácitas, não explícitas como os cartéis) e notando que as agências dos EUA não implementaram tal controle a contento, mesmo quando atuaram com rigor, faz pouco sentido sustentar que o controle de condutas possa ser viável no Brasil, devido, inclusive, à precária estrutura dos órgãos antitruste.

Mais relevante ainda seria saber o que a sociedade espera desses órgãos, mas Barrionuevo sequer se coloca essa questão. Se houver ampla indiferença às ações do Cade, ela provavelmente remete mais à descrença na atuação estatal, em função dos fracassos dos controles de preço, do que à falta de percepção sobre quais benefícios poderiam advir da efetiva ação estatal. Despertar o interesse requereria ouvir a sociedade, o que poderia resultar a Barrionuevo diretriz desagradável: o Cade buscar atuar sobre preços e/ou sobre concentração econômica. Exceto quanto ao reajuste dos aços planos e ao contrato da OPP com a Petrobras, foram poucas as queixas empresariais que acionaram o Cade ou que vieram a público. Luís Paulo Rosenberg criticou duramente as posturas do governo e do Cade perante a atuação das montadoras de automóveis no Brasil (*FSP*, 18/2/1997, p. 2-2). Caracteriza como chantagem a ameaça de as montadoras cancelarem investimentos, quando protestam contra a prorrogação da pequena cota de importação concedida às empresas não instaladas aqui. Observa que o aumento das tarifas de importação em 1995 – de 30% para 70% – permitiu reajustes de 50% no preço dos carros populares desde então, diante de reajustes próximos de zero da maioria dos bens industriais. Critica a omissão do Cade pelo aumento de 4%, cuja sintonia já seria suficiente para prender os presidentes das empresas em países "sérios" (*sic*), lembrando que o órgão só foi forçado a atuar porque os revendedores (Fenabrave) se queixaram. Sua crítica não repercutiu na opinião pública; constata-se, portanto, o distanciamento da sociedade em relação ao Cade e a precária discussão do tema no país.

A aquisição da Liquid Carbonic pela White Martins em 1996 e as práticas anticoncorrenciais desta levaram à articulação de muitos de seus concorrentes para contestar a transação, que levaria ao monopólio da produção de gases industriais (98% quanto ao gás carbônico)[61]. Apesar dessa (inusitada) articulação, o caso estava com a SDE no início de 1998 (Cade, 1998) e as empresas não fizeram mais queixas públicas.

O Sindicato da Construção Civil (Sinduscon), do Paraná, representou contra a compra da empresa Cimento Itambé pelo grupo Votorantin, alegando que este grupo passaria a deter 80% do mercado paranaense e informando sobre aumentos de preços acima da inflação e sobre o preço menor do cimento importado (*GM*, 14/3/1997, p. A-18). Esta foi a única representação privada contra cimenteiras desde 1994, apesar da SDE ter instaurado 18 processos administrativos contra elas em 1992.

---

[61] A Messer (grupo Hoechst) foi a primeira e em 1997 havia outros quatro pedidos de impugnar a transação, incluindo a Air Liquide, maior empresa mundial. Vide *GM*, 17/12/1996, p. A-19, e *GL*, 12/7/1997, p. 29.

O Sinduscon mostrou ousadia por desafiar um setor poderoso, ainda mais pela demora da SDE em concluir os processos anteriores, mas não voltou a manifestar-se publicamente.

O Sindicato da Indústria de Estamparia de Metais do Estado de São Paulo (Siemesp) manifestou receio de que a CSN viesse a favorecer a Metalúrgica Matarazzo – cliente de folha de flandres (monopólio da CSN) –, esta em vias de ser adquirida pelo grupo Vicunha, controlador da CSN (*GM*, 27/8/1994, p. B-9). Foi a única manifestação pública do Siemesp.

As entidades empresariais pouco se manifestaram. O presidente da Federação do Comércio do Estado de São Paulo (FCESP) pede a aplicação da lei antitruste para combater práticas desleais no comércio exterior (que resultam em maiores importações do Brasil), revelando desconhecê-la, pois esta questão remete às leis *antidumping* (*GM*, 6/10/1997, p. A-2).

Em 1998, o candidato à presidência da Fiesp, Horácio Lafer Piva, solicita diálogo amplo com o governo, visando elaborar uma lei de reestruturação industrial que facilite fusões e, assim, a inserção de empresas nacionais nos mercados globalizados[62]. Reclamando basicamente das condições internas de financiamento, seu discurso sequer menciona as leis antitruste ou os riscos da concentração econômica, sendo, portanto, dirigido exclusivamente ao Estado.

Transparência e participação

Para o Cade, o seu relatório anual estaria confirmando o compromisso com a transparência e a sistemática prestação de contas aos cidadãos, assumido no início da gestão 1996-1998 (Cade, 1998). Em nenhum momento o relatório menciona demandas da sociedade a respeito da atuação do órgão. Diz apenas que foi objeto de manifestações dos profissionais que lidam com o Cade – basicamente advogados e economistas. Não bastava mostrar o que foi feito, mas saber como e sobre o que a sociedade desejava ser informada.

A transparência aumentou a partir de maio de 1996, quando os votos nos casos de maior repercussão pública passaram a ser disponibilizados

---

[62] Seu artigo intitula-se: "Uma maneira de sobreviver". Não pedimos reserva de mercado, mas lei que facilite fusões mantendo controle em mãos nacionais. Vide *OESP*, 12/8/1998, p. B-2.

pela *internet*. Mas com que critérios se decide não disponibilizar uns e não outros? Seria melhor publicizar extrato de todos os ACs ou processos administrativos em tramitação na SDE e/ou no Cade para um conjunto de entidades relevantes – de defesa do consumidor, do empresariado (incluindo as ligadas às pequenas empresas), dos trabalhadores e dos centros universitários de pesquisa (áreas de direito e de economia) –, de forma que as manifestações dessas entidades poderiam orientar a maior publicização das ações do Cade. Se isso tivesse sido feito, é provável que as omissões apontadas a seguir não ocorressem.

O Cade não discorreu sobre as queixas relativas aos reajustes dos preços dos aços planos, que ocuparam significativo espaço na imprensa. Considerando que o caso ainda estava na SDE, era importante que o Cade informasse sobre o andamento dele, visto que a repercussão pública indica grande interesse da sociedade. Ainda mais grave é a omissão quanto ao contrato entre a Petrobras e o grupo Odebrecht, pois gerou um processo administrativo – relativamente a suas cláusulas – que representa também um AC, cuja análise cabe ao Cade.

Com relação aos julgamentos de quatorze ACs, reveladores de jurisprudência emanada pelo Cade, cabe salientar que, quanto às associações entre as cervejarias, são descritos apenas os pontos de vista majoritários no Cade. Seria muito importante que as divergências tivessem sido expostas claramente, para tentar mostrar à sociedade que o Cade aceitaria a legítima divergência de opiniões, ainda mais depois dos conflitos entre os conselheiros.

Os procedimentos de publicização discutidos acima permitiriam que entidades e empresas pudessem contribuir com informações e pontos de vista a respeito das decisões, da orientação e dos procedimentos do Cade, possibilitando maior eficiência ao órgão e permitindo aferir se sua atuação estava obtendo apoios públicos da sociedade. O envolvimento das entidades permitiria ainda dar subsídios para que o Judiciário e o Congresso pudessem participar mais e melhor, principalmente este quanto à aprovação dos conselheiros indicados pelo governo. Isso poderia evitar que a apreciação pelo Senado se torne protocolar – como parece ter sido até o momento, ou seja, a maioria acata a orientação do governo por fazer parte da sua base de apoio.

Houve um AC (Copesul/OPP/Polisul) do qual um interessado, a Petroquímica Triunfo, solicitou cópia do processo e a SDE, após concedê-la, alegou ter cometido um erro porque isso estaria ferindo o direito das partes ao sigilo das informações prestadas à secretaria (*GM*, 4/7/1996, p. A-10). A Triunfo alegou que a lei não prevê segredo e que somente com aquelas informações poderia manifestar-se enquanto parte interessada. O titular da SDE, Aurélio Bastos, alegou que (essas partes) os terceiros interessados estão impedido(a)s de se manifestar administrativamente porque a lei não regulamentou essa participação. No entanto, Bastos defende que esse direito deva ser exercido, para que possa haver o princípio do contraditório nos ACs (*GM*, 12/7/1996, p. A-14), até porque o sigilo não está previsto na lei.

Como é provável que informações sigilosas não tenham sido passadas para a Triunfo, como disse uma fonte da SDE, adotar o enfoque de que só o que está previsto em lei é permitido revela receio à publicização. Ao não propor que os órgãos deliberassem a respeito, a SDE mostrou sentir-se vulnerável quanto ao sigilo de informações relevantes e, mais ainda, que o acesso a informações pudesse permitir questionamentos sobre a sua atuação, notadamente quanto à sua morosidade.

Por outro lado, a relatora Lúcia Salgado realizou a audiência pública no caso Colgate/Kolynos, através da qual a participação de entidades de defesa do consumidor, de concorrentes (atuais ou potenciais) e de supermercados proveu informações úteis para a decisão do Cade. Houve menção à realização de outra audiência pública, promovida pelo relator Castro quando da reapreciação do caso Brahma/Miller. As manifestações das pequenas cervejarias, supermercados e distribuidores de bebidas também foram fundamentais para sua decisão, embora os demais conselheiros a vetassem. Apesar de Salgado e Castro terem elogiado esse procedimento, parece que não se pretendia torná-lo usual, prescindindo de importante fonte de apoio social à política antitruste.

O convênio firmado entre o Cade e o Sinduscon/SP envolveu a troca de informações, devendo o sindicato fornecer listas de preços de insumos (*OESP*, 1/6/1996, p. B-8). No entanto, parece não ter sido chamado a opinar no caso Gerdau/Pains, nem em outros casos envolvendo os insumos (como as empresas adquiridas pela Belgo Mineira), estando, portanto, ausente desses processos.

O Cade discorre sobre seu papel de advogado da concorrência, informando que um dos principais veículos utilizados foi o Fórum de Defesa da Concorrência, realizado em 1997, tendo nele participado com 25 painéis: nove dedicaram-se a questões operacionais do Cade, três focaram questões jurídicas e oito discutiram interfaces entre as agências; membros do governo centralizaram dois painéis, havendo dois relativos ao setor de saúde e o último à questão do emprego, discutindo um acordo entre o Cade e o ministério do Trabalho.

Exceto quanto aos três últimos painéis, as questões envolvidas dificilmente contariam com participantes que não os especialistas nos temas, inclusive porque segmentos da sociedade civil provavelmente não teriam interesse em discuti-las, já que não tratavam da orientação da política antitruste. Estes painéis visaram ajudar o Cade a operar e a dialogar com as autoridades e com os advogados. Entidades de defesa do consumidor não participaram dos painéis sobre saúde – restritos a membros do governo e profissionais universitários – e os sindicatos não participaram na discussão do emprego.

De outro lado, foi visto que a nova lei não suscitou debates públicos, assim como a composição do Cade também não foi discutida pela sociedade civil.

Embora os Procons estaduais tenham tratado dos reajustes das mensalidades escolares e dos planos de saúde – encaminhando-os à SDE, conforme determina a lei antitruste –, instituições da sociedade civil têm atuado pouco nessa área e, mais importante, não se pronunciaram publicamente a respeito. Embora o Instituto de Defesa do Consumidor (Idec) e o Instituto Brasileiro de Política e Direito do Consumidor (Brasilcon) tenham participado da audiência pública sobre o caso Colgate/Kolynos, quase não vieram a público para expor oposição à transação.

A *Revista de Direito Econômico* (editada pelo Cade) e a *Revista do Ibrac* (Instituto Brasileiro de Estudos das Relações de Concorrência e de Consumo) têm propiciado debates de caráter especializado, para públicos limitados. Os principais jornais deram destaque para os casos mais rumorosos, mas as discussões não foram adequadas e incluíram apenas advogados e economistas especializados. Ressalte-se ainda que os méritos das decisões do Cade praticamente não foram discutidos.

Disso conclui-se que o Cade somente desejava fazer a advocacia da concorrência junto ao empresariado e às autoridades, abrindo espaço apenas para os profissionais especializados. Excluir, ou não ensejar, a participação das entidades supracitadas, nos três painéis de interesse mais amplo, é uma demonstração cabal de que essa gestão do Cade não buscava apoio junto àqueles segmentos.

Considerações finais

As decisões da gestão 1996-1998 não expressaram uma orientação coerente ao longo do período, especialmente em seu final, quando prevaleceu uma orientação liberal. A atuação do Cade no caso Colgate/Kolynos fundamentou-se em análise consistente, embora questionável em certos aspectos, orientando a decisão de suspender o uso da marca Kolynos por quatro anos. A decisão foi bastante ousada – por isso não paradigmática – e discutível porque buscava um grau de concentração menor do que o prevalecente antes da decisão (visava que empresas ocupassem o espaço deixado pela marca Kolynos).

Todavia, o Cade aprovou o caso Gerdau/Pains através de análise questionável. Ao exigir basicamente que a Gerdau recuperasse e alienasse uma unidade – cuja capacidade produtiva chegava a apenas 20% da capacidade da Pains –, alegou que isso aumentaria a concorrência. Ao proceder dessa forma, a gestão 1996-1998 desconsiderou decisão da gestão anterior, o que legalmente não lhe era permitido – o Cade afirmou estar apenas implementando a decisão anterior, mas certamente essa implementação traduzia os interesses do governo, já que o ministro Jobim suspendeu *sine die* o veto – decisão também legalmente questionável.

A nota técnica sobre a privatização da Vale do Rio Doce parece ter resultado de análise bem fundamentada, apontando riscos de abuso de poder econômico em vários setores (ferro, aço, alumínio, papel e celulose e transporte ferroviário), mas não teve conseqüências práticas porque o BNDES não restringiu a participação dos grupos Votorantin e Vicunha, cuja vitória aumentaria a potencialidade de tais riscos. Assim, como o Cade só poderia atuar após a privatização, estaria praticamente de mãos atadas, já que não faria sentido contrariar o governo e desfazer a operação.

A análise e a decisão quanto às associações entre cervejarias revelaram rigor e coerência, ainda que se utilizando doutrina complexa (eliminação da concorrência potencial). As decisões quanto às associações das cervejarias e do caso Colgate/Kolynos e a nota técnica supracitada apontavam para uma orientação consistentemente rigorosa diante da concentração do poder econômico. Por outro lado, o Cade deixou de se afirmar perante o governo – no caso Gerdau/Pains e na privatização da Vale do Rio Doce –, sinalizando que tal orientação poderia ser revertida.

A reapreciação das associações confirmou cabalmente essa possibilidade. No caso Antarctica/Anheuser-Busch, a limitação do prazo foi descartada como inviável pela conselheira relatora Lúcia Salgado, principal formuladora das rigorosas decisões anteriores, excluindo os benefícios da preservação da concorrência potencial e valorizando os ganhos de eficiência da Antarctica e os investimentos da multinacional, de forma pouco convincente em face das análises precedentes. Na reapreciação do caso Brahma/Miller, o relator Renault Castro preocupou-se com o sistema de distribuição enquanto óbice ao crescimento das pequenas cervejarias, aspectos até então pouco considerados. Essa terceira avaliação das associações foi refutada pelos demais conselheiros, cuja decisão baseou-se numa quarta análise (a segunda feita por Salgado) – o aumento do número de marcas das líderes barraria o crescimento das pequenas empresas. Entretanto, esse aumento seria pouco estimulado pelas recomendações pelo Cade.

As medidas estipuladas nos Termos de Compromisso de Desempenho (TCDs) para os outros ACs visavam principalmente assegurar a geração de ganhos de eficiência através de maiores investimentos. Não restringindo os danos à concorrência, nem zelando por benefícios à sociedade, tais medidas mostram-se coerentes apenas enquanto forma de o Cade justificar sua atuação sem refrear decisivamente o poder de mercado das empresas. Sinalizando orientação liberal, os TCDs são coerentes com as posições prevalecentes no final dessa gestão e sugerem que as decisões rigorosas não provinham de posições doutrinárias consolidadas.

Cabe ressaltar, novamente, que as decisões foram enunciadas (e publicadas) através de uma linguagem tecnicamente sofisticada, dificultando em muito a possibilidade de ensejarem o entendimento e o interesse de segmentos da sociedade civil (entidades ligadas a consumidores, a empresas e a trabalhadores).

Ao assumir a presidência do Cade em 1996, Gesner de Oliveira tenta afirmar a importância do órgão de forma contraditória. Demonstra a relevância da política antitruste, mas, ao mesmo tempo, naturaliza a onda mundial de concentração. Deseja participar dos processos de privatização, mas afirma que o Cade deve sintonizar-se com a política econômica e solicita ao empresariado que não recorra ao governo, não afirmando claramente a independência do órgão.

Em sentido diferente, a gestão 1996-1998 iniciou afirmando a importância do Cade na decisão do caso Colgate/Kolynos. A ausência de conflito interno demonstra que todos desejavam criar uma imagem pública atuante. No entanto, Gesner de Oliveira manifesta-se dizendo que era o único caso preocupante, enquanto Salgado enfatizou que o órgão passaria a ser levado em consideração e que as privatizações seriam julgadas como qualquer AC. A visibilidade pública do caso deveu-se principalmente ao empenho do grupo Procter & Gamble, contrário ao AC. Audiência pública no Cade permitiu que entidades ligadas aos consumidores, empresas varejistas e concorrentes viessem a se manifestassem – basicamente se opondo à aquisição. Entretanto, elas não continuaram a se manifestar nos meios de comunicação, deixando de decodificar as informações e argumentos expostos de maneira altamente técnica pelo Cade. Como essa foi a única audiência pública que abrangeu amplos segmentos sociais, o espaço de debates públicos manteve-se restrito durante os dois anos dessa gestão.

A nomeação dos conselheiros da gestão 1996-1998 agradou aos órgãos de imprensa e à Fiesp, mas, ainda assim, a *Gazeta Mercantil* e a revista *Exame* continuaram propugnando que o Cade não deveria julgar ACs. Essas posições reaparecem no caso Colgate/Kolynos e a *Gazeta Mercantil* enfatiza que o Cade questionaria a Colgate se ela lançasse nova marca que chegasse a 80% do mercado – o que não tem cabimento (o Cade não pode contestar a conquista de posições de mercado) –, assim como a revista *Exame* dizer que a Colgate tinha situação mundial débil. A *Folha de S.Paulo*, Luís Nassif e diversos advogados elogiam a decisão, mas não discutem seu mérito.

Houve conflito institucional no Cade no caso Gerdau/Pains (dois conselheiros se opuseram a que o presidente apresentasse uma proposta de decisão – essa função caberia ao relator), mas o conflito não chegou ao mérito da proposta, cuja substancial diferença em relação à posição da gestão anterior não foi justificada, nem articulada à decisão do caso Colgate. Cabe ressaltar que não houve manifestação na imprensa sobre essa decisão.

O Cade procurou alargar nas privatizações seu âmbito de atuação, mas não obteve êxito, pois foi mantido o controle total do BNDES. Elabora, a pedido do Senado, nota técnica rigorosa sobre a privatização da Vale do Rio Doce, mas depois a desmente, dizendo que *interesses nacionais* poderiam justificar uma elevada concentração. O debate público ficou concentrado apenas na subestimação do preço de venda e na desnacionalização do controle acionário da Vale, fazendo com que a questão antitruste fosse pouco discutida.

O jornal *O Estado de S. Paulo* e vários advogados não reconheceram o direito de o Cade atuar nas privatizações, contrariando o previsto na lei antitruste. Não foi avaliada a nota técnica sobre a privatização da Vale, embora o PNBE tenha criticado que oligopólios compraram empresas estatais. A timidez da entidade não surpreende, pois denunciou abusos das cimenteiras, mas não reclamou publicamente da demora dos órgãos antitruste em apurar tais denúncias.

As relações do governo com a gestão 1996-1998 do Cade pareciam afastar os conflitos anteriores quando o ministro Jobim elogiou a decisão no caso Colgate/Kolynos. No entanto, o governo não abriu espaço para o órgão participar das privatizações. O Cade atuou no caso Vale apenas por solicitação do Senado, elaborando nota técnica rigorosa, desmentida em público por Gesner de Oliveira, provavelmente devido a pressões do ministro Clóvis Carvalho.

O reajuste dos aços planos mobilizou amplos segmentos empresariais, muito embora sua visibilização pública permitisse avaliação apenas aos especialistas. As secretarias de governo (SDE e SEAE) suspenderam o reajuste através de medida preventiva, e a Fiesp e outras entidades empresariais acenaram com o pedido de reduzir a alíquota de importação desses aços a quase zero, mas depois deixaram de propugnar a atuação do poder público. O recuo das entidades empresariais expressa o reconhecimento de fraqueza diante de grupos econômicos poderosíssimos, capitaneados por Benjamin Steinbruch – o maior ator na privatização[63] –, inclusive da escassa capacidade de contrabalançar essa desigualdade através de atuação pública capaz de angariar apoios sociais.

Quando a limitação do prazo de duração das associações entre cervejarias voltava a afirmar a importância do Cade, os discursos públicos revelaram conflitos explícitos entre os conselheiros. Houve um rico confronto de posições no Cade, mas, em público, Gesner de Oliveira e Barrionuevo usaram outros argumentos, atribuindo xenofobia aos opositores. Dentre estes, Xausa, Castro e Antônio Fonseca insinuaram que os dois estavam aceitando pressões do governo e das empresas; depois sinalizaram que poderiam rever a decisão. Aliás, no Cade Lúcia Salgado defende a compatibilização entre interesses públicos e privados, sem justificar, contudo, como os últimos podem ser tão relevantes quanto os primeiros.

Dessa forma, os conselheiros que propugnavam por decisões rigorosas não buscaram conquistar apoio junto a amplos segmentos sociais. A hipótese mais plausível para compreender essa posição pareceu ser nova-

---

[63] Ele assumiu o controle da Vale do Rio Doce e da Light/RJ junto com fundos de pensão estatais.

mente a esperança de que as empresas buscassem negociar uma revisão da decisão, que seria menos rigorosa, contudo afirmaria o poder do Cade. Esta expectativa mais uma vez foi frustrada, já que os grupos Antarctica e Brahma mobilizaram fortemente o governo, cujo poder de pressão era forte, pois os conselheiros estavam em final de mandato. Isolados, os conselheiros cederam e reviram as decisões de maneira injustificada.

Houve outras manifestações do governo na direção acima discutida. Clóvis Carvalho expressou a Gesner de Oliveira que o governo não apreciou as decisões sobre as cervejarias. Fernando Henrique manifestou que o Cade deveria adensar suas decisões, mas deixou em aberto seu sentido (mais liberal ou não). Gustavo Franco também não discutiu esse caso, mas defendeu uma doutrina antitruste ultraliberal – o Cade só deveria agir quando ficasse evidenciado prejuízo à concorrência, reforçando, assim, oposição à decisão. Considerando ainda que o embaixador dos EUA tratou do assunto com o Itamaraty, tudo indica que o governo pressionou o Cade a rever a decisão.

Na mídia, houve apenas oposição a tais decisões rigorosas. Além de dizer que a globalização obriga à realização de fusões, a *Gazeta Mercantil* e o *O Estado de S. Paulo* insinuaram, respectivamente, falta de lisura e permanência de um ranço nacional-populista, enquanto a revista *Exame* só dá voz a Gesner de Oliveira e expõe opiniões pouco qualificadas, como a de Roberto Campos. Não houve discussão sobre o mérito da decisão e nem sobre sua posterior revisão (liberação das associações).

Além do reajuste dos aços planos (caso no qual o Cade não atuou), apenas o contrato entre a Petrobras e a Odebrecht (para construir um pólo petroquímico em Paulínia/SP) mobilizou o empresariado. O governo do Estado do Rio de Janeiro e grupos que se julgaram prejudicados protestaram contra as cláusulas de privilégio concedidas à Odebrecht (teria de ser consultada sobre investimentos da estatal e neles teria prioridade de participar), a qual poderia até romper o acordo entre aqueles grupos e a Petrobras para construção de um pólo petroquímico em Itaguaí/RJ. Economistas defenderam o contrato sem disponibilizarem evidências que tornassem plausível a hipótese de que o contrato levaria a Odebrecht a competir internacionalmente com mais vigor.

Inicialmente, o governo remeteu as queixas sobre o contrato entre a Petrobras e a Odebrecht ao ministério das Minas e Energia, que o considerou normal, atropelando os órgãos antitruste. Quando Clóvis Carvalho asseverou que a exclusividade da Odebrecht se restringia a Paulínia, o Ministério reconheceu a derrota ao dizer que cabia às empresas decidirem a questão, tendo o presidente Fernando Henrique respaldado a posição de Carvalho.

A decisão pareceu dever-se principalmente à oposição do governo do Rio de Janeiro, já que não houve empenho dos demais grupos (Ipiranga, Suzano e Mariani) em difundir suas posições na opinião pública. O presidente do Cade expressou opinião idêntica, mas o órgão a confirmou somente em 2000, quando o caso estava fora do debate público. O senador José Serra (PSDB/SP) defendeu o privilégio, ao contrário do senador Edson Alcântara (PSDB/CE). Sueli Caldas de *O Estado de S. Paulo* criticou o contrato, ressaltando que a legitimidade do Cade estava em jogo, mas o debate antitruste pouco avançou. A Odebrecht reconheceu a derrota e fez afagos no governo do Rio e nos concorrentes (para barrar a Dow Chemical), revelando temer reações ao seu grande poderio.

O jornal *O Estado de S. Paulo* e vários advogados postularam que o Cade não deveria julgar os incentivos fiscais concedidos à Renault pelo governo do Paraná, alegando que não se deveria abandonar o princípio federalista. O prejuízo à capacidade competitiva dos concorrentes exigia uma ação antitruste, insinuada pelo governo paulista e pelo PNBE, mas este se calou quando o governo desistiu da ação.

Quanto às relações entre o Cade e o governo, este não desejou unificar os órgãos antitruste sob o comando da SDE e, assim, tolher a autonomia do Cade. No entanto, desprestigiou o órgão ao atribuir às agências reguladoras a supervisão das tarifas de serviços públicos e ao formar um conselho consultivo para tutelar as secretarias de governo e, assim, constranger o Cade.

Gesner de Oliveira condenou a proposta de unificação dos órgãos em única agência, quando a SDE trouxe o tema à cena pública, e acusou as secretarias de governo pelas ineficiências da ação antitruste, aludindo a informações questionáveis que apenas afirmavam a eficiência do Cade. Tentou articular o Cade com outros órgãos públicos, mas não obteve sucesso. Evitando colocar-se no centro da discussão, Gesner de Oliveira expôs-se apenas para apoiar a posição de Clóvis Carvalho e de Fernando Henrique Cardoso no caso Petrobras/Odebrecht. Portanto, não foram bem sucedidos os esforços para afirmar a importância do Cade sem recorrer a decisões rigorosas, de certa forma erodindo o prestígio adquirido depois do caso Colgate/Kolynos, embora o Cade deixasse de receber críticas dos empresários.

No final da gestão, esta situação ficou patente quando o Cade assegurou ter difundido a cultura da concorrência – fato não foi observado nas manifestações públicas –, e que o controle de preços foi abandonado devido a evidências alegadas (mas não expostas) de que as denúncias eram inconsistentes.

Barrionuevo foi o único conselheiro a tratar da legitimidade da ação antitruste, quando afirmou que ela depende de maior ênfase no controle das condutas empresariais, do qual a sociedade perceberia mais facilmente os benefícios. Como não houve essa ênfase na gestão 1996-1998, o conselheiro estava prometendo nova forma de atuação, não defendendo, portanto, a gestão que findava. Embora pareça sugerir uma orientação liberal atuante, Barrionuevo omite haver consenso (exceto pelos ultraliberais) sobre a ineficácia daquela ênfase – devido às dificuldades de obter informações sobre as condutas – e sobre a necessidade de atuar perante o grande aumento dos ACs, para os quais subestima a capacidade de as associações da sociedade civil perceberem os benefícios futuros decorrentes do controle sobre os ACs, sequer mencionando a possibilidade de elas participarem das atividades do Cade.

Em suma, a gestão 1996-1998 foi bastante questionada – como a gestão anterior – e o Cade cedeu às pressões governamentais e à crítica pública que propagava as opiniões do empresariado, mas não analisava o mérito das decisões.

Durante os conflitos – internos ao Cade ou entre ele e o governo – os conselheiros que, num primeiro momento, contrariaram os interesses do poder econômico e do governo procuraram obter apoio da sociedade ao se manifestarem publicamente, apesar da audiência no caso Colgate/Kolynos e de a publicização das decisões revelarem alguma transparência. Assim, apenas poderiam obter apoio dos especialistas, mas parte deles estava alinhada com os meios empresariais, enquanto os demais não respaldaram o mérito das decisões do Cade.

Mais uma vez, a vulnerabilidade do Cade aos poderes econômicos e políticos resultou no êxito das pressões do empresariado e do governo. No entanto, a qualidade das decisões dessa gestão propiciava maior possibilidade de o órgão obter apoios da sociedade, inclusive em função da mobilização de segmentos empresariais para questionar casos de conduta (aços planos e contrato Petrobras/Odebrecht). No entanto, no caso dos aços planos tais segmentos desistiram e no segundo resolveram o conflito junto ao governo, deixando de lado a legislação antitruste.

7

CONCLUSÕES

Política antitruste e processos de legitimação

A política antitruste dos EUA não rompeu decisivamente com a orientação permissiva adotada na era Reagan, seja quanto às diretrizes para fusões, seja quanto às decisões relativas a ACs. Embora as agências tenham intervenções em transações vultosas, o fizeram apenas para mercados com elevadíssimos graus de concentração. Considerando ainda que os discursos públicos visaram apenas os meios empresariais, conclui-se que as agências dos EUA mostraram-se vulneráveis a questionamentos oriundos do empresariado e do governo (capítulo 4). Embora entidades de consumidores também tenham questionado a legitimidade das decisões das agências, isso não produziu conseqüências críticas, visto que as agências proferem apenas discursos genéricos voltados a tais interesses.

Isso significa uma ruptura com as origens das leis antitruste e com a aplicação delas até os anos 1970, que se pautavam por alguma hostilidade perante o poder econômico. Essa ruptura, iniciada no governo Reagan, não foi devidamente legitimada pelo Congresso e pelo Judiciário e, apesar dos discursos do governo Clinton, não foi substancialmente contestada nos anos 1990, pelo menos quanto aos atos de concentração (capítulo 2). Isso é em parte explicável pelo fato de o governo possuir grande capacidade de influenciar as agências (nomeação e orçamento) e de o poder econômico acenar com fortes incentivos aos decisores, apesar das razoáveis condições para aplicar a lei com rigor (capítulo 3).

Cabe então refletir sobre as hipóteses desenvolvidas no capítulo 1. Apesar de não se ter buscado examinar a mobilização da sociedade civil dos EUA diante de tais questões, observou-se que atuavam esferas públicas especializadas, vinculadas aos consumidores e à área acadêmica (economistas e advogados), mas elas não conseguiram que as agências efetivassem uma plena prestação de contas. Apesar de certa vitalidade das associações da sociedade civil – haja vista os processos contra a Microsoft e a Intel e o fato de as agências sempre interferirem nos casos mais problemáticos –, não parece haver dúvida de que foi abandonada a hostilidade ao poder econômico como eixo orientador da política antitruste dos EUA. Hipótese razoável para entender este resultado provém da quase anulação da participação do Congresso e do Judiciário, que exerceram papel relevante até os anos 1970, mas, desde o governo Reagan, parecem ter passado a seguir as orientações do governo.

A este amplo predomínio do governo vem se somar o fortíssimo incremento do saber tecnocrático à aplicação da lei (patente no teor das diretrizes para fusões) e a intensa mobilização do empresariado visando ao relaxamento da política antitruste (capítulo 2), a qual provavelmente se refletiu em forte presença na mídia – certamente ligando a política rigorosa anterior à perda de competitividade das empresas dos EUA, aos empregos e ao bem-estar social. Esses processos certamente fortaleceram os óbices à operação de esferas públicas democráticas e à sua capacidade de influenciar a política antitruste, tornando difícil que o déficit de legitimidade das agências – crescente em face da rápida e generalizada aprovação aos ACs – fosse questionado pela sociedade, ao mesmo tempo em que facilitaram seu questionamento pelos meios empresariais. As informações sugerem que este questionamento visou apenas à satisfação de interesses, o que certamente guarda relação com o fato de que as mudanças nas análises e decisões das agências não as obrigaram a submeter sua aceitação ao convencimento racional dos segmentos sociais, quanto mais a processos de legitimação de caráter normativo.

Como mostrado nos capítulos 5 e 6, as decisões do Cade foram muito questionadas pelos meios empresariais e pelo governo, culminando com o prevalecimento de uma orientação liberal, sendo que o restante da sociedade permaneceu praticamente alheio a esses processos. As conclusões apuradas no capítulo 3 revelaram que os conselheiros do Cade possuíam pouca autonomia perante o governo e incentivos para favorecer interesses privados, mostrando vulnerabilidade aos poderes políticos e econômicos – maior quanto a estes devido à restrição de alternativas de decisão. Assim, o Cade teve grandes dificuldades para contrariar tais poderes e para resistir aos questionamentos oriundos de discursos sobre a desnecessidade da política antitruste, devido aos imperativos e/ou às virtudes decorrentes dos processos de globalização.

A edição da nova lei visava combater a inflação e não expressou gênese minimamente democrática, já que o Congresso a aprovou para apoiar o governo (capítulo 2). O texto legal não exprime razões de validade, passíveis de reconhecimento normativo, dificultando que a aplicação da lei fosse legitimável e propiciando ampla discricionariedade ao Cade. Esse isolamento perante a sociedade civil vem demonstrar ser necessário tentar conscientizá-la para evitar a captura do Cade por aqueles poderes; entretanto, não houve discursos de legitimação apropriados, nem debates qualificados na imprensa. A discricionariedade serviu como meio para que os conselheiros assumissem posturas visando a afirmar seu poder. Entretanto, ao permanecerem afastados da sociedade, dificilmente poderiam sustentar posições rigorosas diante do poder econômico.

Quanto às hipóteses desenvolvidas no capítulo 1, no Brasil não houve mobilização da sociedade civil para as questões antitruste, inclusive porque não atuaram esferas públicas especializadas – o que se deve, sobretudo, à escassa presença pública das entidades ligadas aos consumidores e às pequenas empresas. O amplo predomínio do governo certamente é o principal fator explicativo – tanto por ter colocado o tema na cena pública, sem ele ter sido precedido ou acompanhado por debates na sociedade, quanto por não dotar o Cade de efetiva autonomia e por interferir incisivamente nas decisões dele. Nesse contexto, a prestação de contas foi maior do que seria de se esperar, inclusive por expor as divergências de opiniões entre os conselheiros; entretanto, a ausência daquelas esferas impediu uma significativa repercussão pública.

Aliando esta ausência ao prevalecimento de um saber tecnocrático à aplicação da lei e à esmagadora hegemonia na mídia dos discursos sobre os supostos imperativos ou virtudes da globalização – decorrente também das pressões do empresariado –, há certamente o fortalecimento de óbices à operação de esferas públicas democráticas e à sua capacidade de influenciar a política antitruste.

Nessas condições, os questionamentos às decisões do Cade somente poderiam originar-se dos meios empresariais e do governo. Entretanto, ficou patente que eles visavam somente transformá-lo em órgão pouco atuante, o que ajuda a entender porque as análises e as decisões do Cade não foram objeto de discussões, quanto ao mérito, no âmbito da sociedade, muito menos tiveram que passar por processos de legitimação de caráter normativo.

Observou-se que os conselheiros não buscaram apoio junto a públicos amplos para decisões rigorosas. Estas pareceram ser motivadas pela perspectiva de os conselheiros reverem tais decisões, porém sem deixar de afirmar o poder do órgão. Entretanto, veremos a seguir que a vulnerabilidade do Cade ao governo e ao poder econômico (discutida inicialmente no capítulo 3) tornava muito difícil a afirmação desse poder.

Como hipótese, pode-se supor que os conselheiros avaliaram que tais decisões não poderiam ser sustentadas, mas que, se o Cade não as tomasse de início, se assumiria como órgão de pouco poder, o que praticamente não propiciaria aos conselheiros perspectivas de prestação de serviços junto aos poderosos interesses com os quais lidavam.

A avaliação dos conselheiros sobre a reversibilidade das decisões deve ter decorrido principalmente da vulnerabilidade do Cade perante o governo, que em quatro anos pode trocar a composição do órgão, pois os mandatos duram dois anos (possibilidade de uma recondução, o que aumenta a capacidade de pressão do governo). Além disso, somente o governo indica conselheiros; o Senado apenas os aprova, podendo influir se bloqueasse sistematicamente as indicações, atitude pouco plausível porque os parlamentares estavam mais interessados em outras questões. Como o governo exerceu esse poder – buscando uma hegemonia liberal, dotando o Cade de poucos recursos e dificultando sua atuação –, as perspectivas profissionais e políticas dos conselheiros estavam sob permanente ameaça.

De outro lado, a futura inserção dos conselheiros no setor privado também esteve muito ameaçada pela forte oposição do grande empresariado e da imprensa às decisões rigorosas. Ameaça poderosa, pois a perspectiva de inserção era atraente – devido à ausência de quarentena (tempo no qual ex-conselheiros não poderiam auxiliar as empresas junto ao Cade) – e praticamente exclusiva, visto que as empresas de pequeno porte e as associações da sociedade civil não acionavam o Cade.

Em suma, resistir às pressões do governo e do poder econômico significaria, praticamente, fechar todas as portas para a inserção que tais conselheiros viessem a considerar razoável e à altura do papel que tinham desempenhado no Cade. Esta parece ser, em última instância, a primordial razão para que não tenham procurado apoio junto a públicos mais amplos, uma vez que o aval desses públicos dificilmente lhes abriria oportunidades comparáveis àquelas que poderiam ser eliminadas se decisões rigorosas fossem mantidas.

É evidente que o déficit de legitimação do Cade e seu incisivo questionamento pelos meios empresariais e pelo governo, com afastamento das demais instituições da sociedade civil, não podem ser explicados apenas pela dinâmica própria da política antitruste. É possível buscar articular tais conclusões com estudos que discutem a questão da democratização política do país. A partir de uma ampla visão sobre aspectos dessa questão, que se relacionam mais intensamente com a temática antitruste, será possível discutir as perspectivas para a democratização da política antitruste brasileira.

Esferas públicas e mercado na sociedade brasileira

Francisco de Oliveira amalgamou as contribuições de clássicos do pensamento social brasileiro – Gilberto Freyre, Caio Prado Jr., Sérgio Buarque, Florestan Fernandes, Raymundo Faoro e Celso Furtado – para salientar a poderosíssima componente autoritária na formação da sociedade brasileira (Oliveira, 1999). Retomando a idéia de que as mudanças nos sistemas de poder não exigiram publicização, ele avalia que a democratização no Brasil decorreu quase exclusivamente de ações das classes dominadas, que foram sistematicamente objeto de tentativas de eliminação, como na década de 1990, quando houve forte empenho em suprimir conquistas sociais incluídas na Constituição e em fazer frente às perspectivas representadas pela candidatura do Partido dos Trabalhadores (PT).

Outras contribuições mostram que essa rejeição à publicização dos conflitos tem fortes raízes na subjetividade. Sérgio Buarque alude, à ausência da experiência subjetiva liberal, a cordialidade fundada em preferências que é francamente oposta à neutralidade do liberalismo das regras impessoais (Holanda, 1995). A extrema diversidade das personalidades leva ao não reconhecimento das alteridades sociais e trava a publicização dos problemas. DaMatta (1993) salienta que o sistema social é igualitário na ideologia, mas está acoplado a práticas e valores hierárquicos, cuja presença múltipla e fortemente contextualizada faz que o papel de cidadão tenha uma vigência basicamente negativa – o igualitarismo, valor burlado contextualmente.

Do ponto de vista dos dominados, não havia um genuíno mercado de trabalho antes dos anos 1930 – os trabalhadores não eram indivíduos com direitos à legal igualdade republicana e não podiam ter expressão política (Paoli, 1992). A partir daí, passou a vigorar uma cidadania regulada, limitada aos direitos ligados à inserção formal no mercado de trabalho – excluindo dele, entre outros, o vasto setor informal e os trabalhadores rurais. Além disso, tal cidadania revestia-se de caráter autoritário perante o povo, já que as fronteiras entre o público e o privado eram obscurecidas, especialmente devido ao acesso privilegiado ao Estado, desfrutado pelas classes dominantes e por segmentos médios (Paoli, 1992, DaMatta, 1993).

Partindo dessa resumida trajetória da democracia e da noção de público no Brasil, cabe discutir quais significados poderiam ter as noções de mercado livre e de livre concorrência. DaMatta (1993) associou a permanência da inflação elevada a uma expressão da infinidade de particularismos no plano econômico, quais sejam: clientelismos associados aos gastos estatais (geradores de déficits públicos), hierarquia entre mercados e moedas (indexadas ou não), variado uso de outras *moedas sociais* (favor, amizade) e barganhas, que tornam vários preços elásticos[1]. Por outro lado, é consensual que a história da industrialização brasileira foi comandada pelo Estado, seja através das empresas estatais, seja pelo financiamento às empresas privadas, ou, ainda, quanto à fixação de regras de concorrência.

Nesse sentido, a permanência da inflação e dos déficits públicos elevados não está associada apenas a fatores econômicos estruturais, mas também à ausência de medidas universais. Aliás, a queda da inflação a partir de 1994 não rompe essa lógica, pois adveio de uma solução externa (âncora cambial). Fazendo analogia com os autores citados, poder-se-ia dizer que esta solução teria assumido significados como: crença mágica no poder das idéias, devido à negação pública das desarmonias nacionais (Sérgio Buarque); associação da crise à temporalidade cíclica, que pode ser zerada por um momento caótico (DaMatta); ou

---

[1] Considerando o amplo setor informal, os personalismos: "cara do freguês" e a "compra" de *status* (classe média).

ser um dos caminhos possíveis devido à incapacidade de os dominantes se abrirem para a política (Francisco de Oliveira).

Da análise dos tempos mais recentes – desde o governo Collor –, ganharam forte impulso os discursos privatistas, assentados na ineficiência e na injustiça de práticas estatais, oriundas basicamente do regime militar. Insistindo na vinculação entre a inflação e os déficits públicos – que já vinha sendo urdida em meio às crises dos anos 1980 –, esses discursos lograram gerar consenso difuso sobre a necessidade de encolhimento do Estado, caracterizando uma subjetividade antipública (Oliveira, 1998a). É evidente que esse consenso também tenderia a contribuir para o descrédito das instituições estatais que expressariam novas formas de regulação, como o Cade e as agências reguladoras setoriais.

De outro lado, também não há empenho comparável em elaborar discursos e disponibilizar informações no sentido de exaltar as virtudes do mercado, como se ele devesse prevalecer apenas e tão-somente porque é o extremo oposto do estatal execrado. Cabe ressaltar que o péssimo desempenho da maioria das empresas privadas nas áreas da saúde e da educação, por exemplo, demonstra a dificuldade de construir esse discurso virtuoso.

Entretanto, romper com décadas de inflação elevada poderia fazer com que o mercado passasse a ser visto como um espaço para a realização da justiça econômica. Ocorre que, embora o Plano Real tenha gerado efetivo aumento da concorrência em vários setores, ele está associado às importações, posto que os preços internacionais são a polícia dos preços internos (Oliveira, 1999). Assim, setores protegidos por tarifas de importação (automóveis, cujas tarifas externas, elevadas em 1995, têm permitido preços reconhecidamente elevados) e outros que não podem ser *policiados* dessa maneira (como os serviços públicos recém-privatizados) dificultam a exaltação das virtudes do mercado.

A noção de mercado justo depende da reconstrução da imagem pública do empresário, mas são escassos os exemplos de empresários inovadores ou de mercados sujeitos a forte concorrência. Ao contrário, os sonegadores, ou os *lobbies* voltados à obtenção de favores públicos continuam ocupando a maior parte do espaço público dedicado ao empresariado.

De qualquer forma, ainda que houvesse, no Brasil, imagens públicas favoráveis do mercado e do empresário, a extrema concentração de renda dificilmente permitiria a consolidação da noção de mercado como espaço de realização de justiça. Além disso, o consentimento estatal à ampla informalização das relações de trabalho fortalece uma desigualdade que torna virtualmente impossível que o mercado seja visto socialmente como o lugar onde o trabalho traz recompensas justas. Assim, a ideologia da ascensão pelo trabalho dificilmente poderia prosperar numa sociedade atravessada por tantas desigualdades.

Se os mercados aparecem como o reino das desigualdades ampliadas ou ignoradas pelas políticas públicas, uma regulação visando combater o poder econômico para sanear o mercado não é uma idéia que tenha potencial para empolgar segmentos sociais, particularmente aqueles que vivem mais intensamente tais desigualdades. Assim a política antitruste só poderia mobilizar amplos segmentos sociais se postulasse eixos orientadores ligados às políticas macroeconômicas e sociais, discutidos no capítulo 1.

Atores relevantes para a publicização da temática antitruste

Como observado nos capítulos 5 e 6, houve significativa visibilidade pública de casos antitruste, mas os debates foram mantidos em nível pouco acessível a cidadãos não especializados no tema. Uma hipótese plausível é a de que a presença pública dos atores visava fundamentalmente à exibição de forças (não de argumentos) dos segmentos empresariais, dos conselheiros do Cade e de membros do governo. Considerando, por evidência, que as posições hegemônicas na imprensa não decorreram de discussões amplas acerca dos argumentos publicizados – já que o mérito das decisões do Cade foi pouco discutido –, pode-se concluir não se tratar de esfera pública democrática.

Por um lado, a ausência de discussão sobre as evidências e razões que fundamentaram as decisões do Cade descredencia a participação dos cidadãos e dificultam em muito a atuação de entidades da sociedade civil. O descredenciamento expressa a privação de informações e de argumentos que possibilitem adequado julgamento pelos cidadãos, notadamente porque eles estão sujeitos a interpretações que reiteram à exaustão a posição de que os ACs devem ser liberados, ao insistirem nas virtudes da globalização (a concorrência global torna dispensável a regulação pública) e/ou nas necessidades por ela impostas (aumentar o tamanho das empresas via ACs para enfrentar essa concorrência).

A necessidade de desvendar as manipulações contidas nessas interpretações e de decodificar os discursos técnicos especializados só pode ser superada pela atuação de esferas públicas especializadas (entidades ligadas aos segmentos potencialmente mais interessados) – condição necessária para que os cidadãos possam julgar de forma esclarecida. Como a temática antitruste tem repercutido no Brasil apenas muito recentemente, tais entidades não estavam previamente capacitadas a atuar. Para deixarem de ser vítimas desse processo geral de descredenciamento, teriam de realizar esforços para se qualificarem a debater essas questões.

Para isso, aquelas entidades teriam de acreditar que valeria a pena atuar publicamente nessas questões. No entanto, na medida em que a exposição pública das decisões do Cade tenha sido percebida apenas como disputa de poder, inclusive devido à vulnerabilidade do Cade junto ao governo e ao poder econômico, é plausível supor que elas julgaram não possuir recursos para tomar parte nos debates, inclusive porque eles, em boa medida, não se pautavam por discussões sobre o mérito das decisões do Cade.

Entretanto, é provável que outros procedimentos tenham contribuído para esse afastamento, já que há elementos para supor que os segmentos sociais diretamente interessados no tema não demandavam de suas entidades representativas participação em questões atinentes à temática antitruste. Cabe então analisar detidamente como esses segmentos têm atuado na cena pública brasileira.

O *empresariado* não é apenas vilão em questões antitruste, pois empresas também são vítimas de abusos de poder econômico, especialmente as de menor porte. Esses abusos afetam-nas mais intensamente do que os danos infligidos aos consumidores individuais. Logo, faz sentido que a tradição antitruste nos EUA tenha como um dos pilares as ações das pequenas empresas, que, geralmente, pleiteavam indenizações na Justiça. O caso brasileiro é muito diferente, visto que poucas vezes empresários demandaram publicamente ações antitruste. Cabe associar essas evidências à discussão sobre a participação do empresariado nos debates públicos.

Para reduzir a inflação, o governo utilizou-se de uma âncora cambial (entre 1994 e 1999), visando inibir reajustes de preços dos produtos aqui fabricados, ao acentuar o risco de perda de mercado para as importações, em especial no início do Plano Real. A solução externa era a forma de arbitrar rapidamente as divergências entre os segmentos empresariais, uma vez que outras formas de combate à inflação – medidas recessivas ou controle de preços – resultam em custos que impactam diferenciadamente cada empresa, implicando, pois, decisões julgadas politicamente difíceis acerca da distribuição dos ônus do ajuste entre os agentes econômicos.

O apoio empresarial à candidatura Fernando Henrique Cardoso baseou-se na sinalização (e posterior implementação) de um projeto político altamente favorável ao empresariado; além da privatização, ele tornou plausível a formação de horizontes para a acumulação de capital, a rearticulação do país à circulação internacional de capitais, a perspectiva de realizar a riqueza privada encapsulada na dívida pública (apesar dos juros elevados) e a reforma do Estado – para reduzir, controlar ou privatizar os gastos sociais, visando afastar a perspectiva distributiva fortalecida nos anos 1980.

A inflação caiu muito[2] e houve crescimento econômico apreciável em 1994 e 1995 (5,9% e 4,2%), fatos que aumentaram o apoio do empresariado ao governo, devido, inclusive, à viva memória sobre os inúmeros fracassos anteriores no combate à inflação e ao êxito na construção da coligação política de apoio ao governo.

O quadro econômico mudou depois do início do Plano Real, haja vista as baixas taxas de crescimento (média de 2% ao ano entre 1996 e 1999, -0,1 e 1% nos dois últimos anos) e a elevada vulnerabilidade externa do país, a qual levou às altas taxas de juros vigentes desde abril de 1995 (crise do México) até 1999 (desvalorização do real). Esse quadro adverso afetou especialmente o empresariado industrial nacional, cuja menor capacidade de enfrentar a concorrência externa levou ao aumento substancial das importações e à transferência do controle de grande parte das empresas para grupos internacionais[3].

Houve críticas à escassa estruturação dos processos de privatização e demandas para que a abertura ao comércio exterior fosse gradual, seletiva e programada (Diniz & Boschi, 1993). Apesar dessas críticas, do fim do pluralismo relativo de elites (meio pelo qual as frações empresariais puderam competir, desde 1930, por políticas estatais – Diniz &

---

[2] De 24,7% em junho de 1994 para menos de 2% ao mês nos doze meses seguintes.

[3] O coeficiente de penetração das importações na indústria passou de 4,3 para 15,6% entre 1989 e 1996 (Mercadante, 1996) e a desnacionalização foi acentuada em setores como autopeças e eletrodomésticos (Gonçalves, 2000).

Boschi, 1978) e da acentuada desnacionalização da economia nos últimos anos, não houve mobilização para alterar esse estado de coisas. Cabe lembrar que, no regime militar, Roberto de Oliveira Campos e Octávio Gouvêa de Bulhões (em 1968) e Mário Henrique Simonsen (em 1979) deixaram o comando da política econômica, por resistirem às pressões do empresariado ávido por recursos públicos e por políticas favoráveis ao crescimento. Em face da acentuada perda de poder do empresariado nacional nos últimos anos, sua timidez em lutar por mudanças parece transformar o apoio anterior em subalternidade às iniciativas do governo.

Esse quadro parece guardar relação com a permanência de uma estrutura de representação de interesses (sindicatos oficiais), reconhecidamente incapaz, de um lado, de formular e de debater políticas abrangentes, e, de outro, de fornecer ao governo a base de sustentação de suas políticas (Diniz & Boschi, 1993). Aliás, não foram esses sindicatos, mas, sim, as associações setoriais, que representaram o empresariado junto ao governo desde os anos 1970.

Os grupos críticos a essa estrutura – notadamente o IEDI e o PNBE[4] – discordam do formato dos processos de privatização, da abertura comercial e das medidas provisórias e drásticas (no âmbito fiscal-monetário). Entretanto, o PNBE postula maior participação da sociedade civil, mas não reivindica incisivamente maior participação nas políticas públicas, e o IEDI se propõe a ser apenas espaço de discussão, sem pretensão de exercer papel representativo.

O empenho público do empresariado concentra-se em reivindicar a aceleração da implementação da agenda neoliberal – privatização, redução dos gastos públicos (notadamente dos encargos sociais) e diminuição da carga fiscal. O empenho torna-se intenso, principalmente porque o empresariado anseia pela possibilidade de pagar menores impostos e salários, para assim poder elevar as taxas de lucro afetadas pelas importações, pelo baixo crescimento e pelos demais efeitos danosos provenientes das altas taxas de juros e dos riscos de flutuação cambial.

Desta forma, o empresariado nacional não se empenhou em alargar os espaços públicos de discussão para buscar apoios de segmentos sociais

---

[4] Respectivamente, Instituto de Estudos do Desenvolvimento Industrial e Pensamento Nacional das Bases Empresariais.

para seus pleitos relativos às políticas públicas, não havendo porque supor que as questões antitruste fossem tratadas de maneira diferente.

Assim, parece continuar havendo consenso entre o empresariado de que pleitear maior democratização aumente o risco de uma "incontrolável irrupção das massas despreparadas para lidar com os imperativos da gestão econômica em regime de livre iniciativa" (Diniz, 1978). Como salientou Francisco de Oliveira (1998b), a ausência de um projeto de hegemonia socialmente inclusivo faz com que a dominação burguesa se sinta ameaçada pelo alargamento dos espaços públicos democráticos.

Os *consumidores* representam outro segmento social mais diretamente interessado nas questões antitruste. Tanto a legislação quanto a atuação das entidades ligadas aos direitos dos consumidores parecem estar orientadas principalmente pela concepção de defesa (proteção) contra riscos (como prejuízos à saúde ou à segurança) e contra frustrações de expectativas (fraude e propaganda enganosa) decorrentes das relações de consumo (Lopes, 1997). Nesse sentido, Marilena Lazzarini, coordenadora-executiva do Instituto Brasileiro de Defesa do Consumidor (Idec), disse[5] que os objetivos primordiais desse instituto são: mudar a orientação dos juízes, promover ações judiciais e orientar legalmente os consumidores, sendo que apenas o primeiro objetivo sugere práticas que possam ir além da defesa legal dos direitos tipificados.

Embora elementos mais conclusivos acerca dessa hipótese não tenham sido obtidos, a relação empresa-consumidor não parece estar sendo tematizada amplamente, do ponto de vista de como sua desigualdade constitutiva possa ser regulada e/ou limitada visando à promoção do aumento do bem-estar dos consumidores. O reconhecimento parcial dos efeitos dessa desigualdade (basicamente os decorrentes da falta de informação sobre as reais propriedades dos bens adquiridos) deixa de problematizar outros potenciais benefícios aos consumidores, como, por exemplo, preços mais baixos e maior qualidade ou variedade de produtos.

Frise-se não haver dúvida de que as entidades de defesa do consumidor têm consciência acerca das dimensões de bem-estar não contempladas no Código de Defesa do Consumidor, já que Lazzarini mostrou-se interessada pelas questões antitruste. Além do descredenciamento à par-

---

[5] Em uma exposição feita em 29/8/1997 na USP, no Congresso Estadual dos Sociólogos.

ticipação, a ausência de participação de entidades nas questões antitruste (afora as audiências públicas no caso Colgate/Kolynos) provavelmente advém, em primeiro lugar, da sua própria história, ligada à constituição sócio-política dos direitos dos consumidores, enquanto campo apartado do direito antitruste, sequer cogitado no Brasil da época (anos 1970).

Em segundo lugar, instituir o direito antitruste requer atuação especificamente política em espaços institucionalizados e não institucionalizados (incluindo os meios de comunicação), visto que somente a mobilização dos consumidores e de outros segmentos sociais, através de um forte empenho na cena pública, pode ser capaz de influenciar os aplicadores da lei e contrapor-se às poderosas forças econômicas.

Pelo exposto e considerando as atividades de defesa legal e de informação aos consumidores, nas quais as entidades estão envolvidas, torna-se compreensível que não tenham sido atuantes nas questões antitruste.

O Poder Judiciário também pode ter uma atuação significativa quanto às questões antitruste. O Cade é um tribunal administrativo pautado por leis, não uma seção do governo orientada exclusivamente pela dinâmica política. Atua de forma muito diferente da justiça comum, pois, na apreciação dos ACs, a ilegalidade não depende da comprovação da infração e nem da intenção das empresas em praticá-la e, sim, da avaliação prospectiva sobre os futuros benefícios e malefícios sociais dos ACs.

Entretanto, aqui, como em todo o mundo, pode-se recorrer à justiça comum das decisões antitruste ou a ela requerer indenizações para reparar perdas (mecanismo muito usado nos EUA até os anos 1980). Ocorre que a justiça praticamente não foi acionada para questões antitruste no Brasil[6], mesmo quando poderosos interesses econômicos foram contrariados nas decisões relativas a ACs – eles pressionaram o Cade a reverter suas decisões e obtiveram êxito em quase todos os casos (exceto os citados no capítulo 5).

Quanto às demandas da sociedade civil, Marés (1999) observou que os direitos coletivos, consignados em todas as ordens jurídicas modernas – relacionados aos temas segurança, liberdade e igualdade –, são definidos em lei, mas geralmente não merecem o cuidado de meticulosa definição de seu exercício – ao contrário do direito de propriedade. Tudo

---

[6] Exceto pelo recurso exitoso da Associação Médica Brasileira (AMB) contra a decisão do Cade, que considerou ilegal a tabela de honorários médicos da AMB.

o que é coletivo só tem relevância jurídica se puder ser entendido como estatal, único intérprete autorizado a dizer o que é interesse geral.

Marés postula que a proteção dos direitos coletivos (também discutidos enquanto direitos difusos) pelo Estado requer mais do que apenas impedir sua violação, visto que lhe é exigida uma ação permanente – financiar subsídios e remover barreiras sociais e econômicas para promover a resolução dos problemas sociais, fundamentos destes direitos e das expectativas por eles legitimadas[7]. Assim, trata-se de direitos coletivos sobre coisa alheia, pois esta ganha proteção extra, capaz de alterar sua essência, modificar-lhe o regime de propriedade, impor-lhe limitação e transformar sua função social. Tais direitos significam mais do que a limitação ao direito de propriedade, pois independem do Estado e contra ele podem ser exercidos, e mais do que a atribuição de função social à propriedade, pois ultrapassam meras declarações de princípios, já que limitam a relação do sujeito com o objeto de seu direito.

Esta posição permite avaliar que, como os direitos coletivos só podem ser exercidos se os direitos individuais forem condicionados ao cumprimento de certos deveres, o exercício dos primeiros expressa um campo de luta política sob o capitalismo, explicando em boa medida a resistência do Judiciário em regulamentar seu exercício. Entretanto, Marés mostra como o Estado de bem-estar social criou o direito público que define formas de ação que relativizam os direitos individuais, reconhecendo instâncias como os sindicatos, capazes de exercer direitos coletivos mesmo ante um Judiciário pautado pelo contrato individual. No Brasil, Marés avalia que o reconhecimento político de certos direitos avançou a partir da Constituição de 1988, que detalhou formas de exercê-los (o mandato de segurança coletivo e a ação civil pública) nas questões atinentes aos consumidores, ao meio-ambiente e à cultura.

Para ele, um dos problemas é a inexistência de vias processuais adequadas para o exercício dos direitos coletivos. Isto requer romper com o dogma da legitimação ativa, pelo qual o direito de ação cabe apenas ao indivíduo personalizado (inclusive pessoas jurídicas) ou ao ministério público, já que somente para as citadas questões a ação civil pública

---

[7] Marés está citando Mauro Capelletti, *Juízes legisladores* (Porto Alegre, Sérgio Antônio Fabris, 1993, p. 41).

tem sido aceita. Seria fundamental ainda buscar que quaisquer pessoas possam postular o direito de todos em juízo.

Isto sugere que o Judiciário seria sistematicamente o árbitro da contradição estrutural entre direitos de propriedade e direitos coletivos, o que poderia gerar campos de conflito bastante acirrados, ainda mais porque, como disse Marés, haveria necessidade de suprimir o direito ao devido processo legal, uma vez que seria inviável a presença em juízo das inúmeras partes envolvidas.

Como o direito antitruste brasileiro não está entre aqueles para os quais houve reconhecimento político – como parte dos direitos coletivos –, é bastante provável que o Judiciário, se interpelado, se recuse a opinar ou reitere as decisões do Cade quanto à apreciação de ACs. Ainda assim, parece fundamental buscar sua participação, visto que a lei antitruste dá ampla discricionariedade ao Cade para avaliar os benefícios e malefícios dos ACs. O Judiciário poderia levar o Cade a elaborar normas de avaliação – o que seria salutar se ocorresse através de procedimentos democráticos.

A hegemonia neoliberal e as práticas autoritárias

Embora não tenha sido realizada pesquisa exaustiva sobre a opinião pública, a atuação do governo Fernando Henrique Cardoso e os discursos públicos – do governo, do empresariado e dos demais segmentos sociais – permitem estabelecer hipóteses sobre a constituição da hegemonia neoliberal. O substancial apoio da classe política e do empresariado ao programa neoliberal permitiu ao governo FHC (especialmente no início) comandar ampla difusão do ideário neoliberal nos meios de comunicação. Tratava-se basicamente de prosseguir a veiculação de discursos referenciados a múltiplas práticas estatais que haviam consolidado um painel de fracasso das ações produtivas, reguladoras e distributivas do Estado – exacerbado pela sua crise ética, física e financeira, patente desde os anos 1980.

Nesse contexto, o ideário neoliberal obteve maciço apoio empresarial e forte empenho governamental e, assim, predominou amplamente nos meios de comunicação, os quais, poucas vezes, foram espaços de debates públicos realmente plurais e esclarecedores. Dessa forma, tratou-se de consenso imposto, não de hegemonia, a qual implicaria no consenso ativo dos cidadãos. O elogio de qualquer privatização, a prioridade absoluta à contenção do déficit público e a eleição exclusiva deste como causa da inflação exprimem esse falso consenso.

A dimensão mais frágil do discurso estatal na área social situa-se na questão do desemprego. Por isso, tornou-se decisivo veicular outro discurso: a idéia de que a globalização impõe ajustes inevitáveis, dentre os quais pontifica a dificuldade de gerar empregos (e a necessidade de flexibilizar o mercado de trabalho), devido ao imperativo da modernização produtiva como condição para enfrentar a acirrada concorrência dos capitais internacionais (interna e externamente). A posteriori e eventual conquista de competitividade externa possibilitaria recuperar parte dos empregos perdidos, ficando de fora os "inempregáveis" (sic) – os trabalhadores pouco qualificados. Assim, assume-se que o Estado não disporia de meios suficientes para enfrentar o desemprego e ainda se argumenta que, se o fizer, prejudicará a competitividade da produção nacional (pois isto implicaria aumentar o déficit público; logo, a inflação).

Esse discurso fatalista facilita a desresponsabilização do Estado, logo a despublicização das questões sócio-econômicas, problema que o governo buscou desde 1998 atenuar através dos projetos de complementação de renda, levando à criação do programa bolsa-escola e a algum empenho em valorizar as ações federais na área social. Entretanto, tais programas, assumidos como insuficientes diante das necessidades, ensejaram ao Estado solicitar parcerias com segmentos privados.

Embora os processos de formação da opinião pública em matéria econômica (mas não só nela) não tenham permitido debates públicos pluralizados, é importante ressaltar que a imposição do consenso neoliberal deve parte do seu êxito às fragilidades dos discursos alternativos. Apesar das consistentes denúncias do fracasso das políticas neoliberais, notadamente quanto ao crescimento econômico e aos indicadores sociais, não foram constituídos discursos que apresentassem alternativas efetivas em termos de políticas voltadas para a contenção da inflação e para a reforma do Estado[8].

Desta forma, resta apenas a contenção da inflação (e alguns êxitos parciais quanto às telecomunicações e ao acesso a outros bens e serviços

---

[8] Cabe salientar que cientistas sociais renomados (Blackburn et al., 1999) também salientam estas e outras fragilidades dos discursos contra o neoliberalismo, embora sem discutir o contexto brasileiro.

importados) como resultado positivo da gestão de FHC, embora seja vista como conquista porque ainda estão na memória coletiva as altíssimas taxas inflacionárias do período 1980-1994, uma vez que índices como 16,5%, 6,4% e 7,4% (preços ao consumidor em São Paulo – Fipe – em 1996, 1997 e 2000) não seriam considerados satisfatórios nos países centrais.

Portanto, o discurso neoliberal continuou apoiando-se basicamente nas negatividades do Estado intervencionista do passado – para descartar a ação estatal hoje – e nas supostas inevitabilidades impostas pela necessidade de conter o déficit público e de se ajustar ao processo de globalização, além das fragilidades dos discursos alternativos.

O empenho do governo e do empresariado na difusão dos discursos neoliberais nos meios de comunicação propiciou amplas condições ao primeiro para avançar no sentido da redução dos gastos sociais – pressuposto para atender às principais reivindicações do empresariado.

Os processos através dos quais a agenda neoliberal foi implantada pelo governo FHC não se nutriram apenas da hegemonia neoliberal estabelecida na opinião pública. Suas formas e conteúdos revelaram um caráter autoritário, o que foi possível ocorrer devido aos consideráveis recursos de poder detidos pelo governo e à sua expressiva autonomia de decisão.

A orientação neoliberal do governo FHC implicou fortes limitações à capacidade de o Estado atuar diante do quadro de crise econômica que passou a prevalecer a partir de 1996. A vulnerabilidade externa levou a profundos cortes nos gastos fiscais típicos, em função dos juros elevados. Os compromissos com a abertura comercial e financeira e com a atração de capitais externos limitaram medidas de contenção das importações (embora algo tenha sido feito, de forma seletiva) e de fomento às exportações.

Entretanto, apesar dessas limitações e do considerável avanço dos processos de privatização e de desregulamentação da economia, o Estado mantém controle em muitas instituições – empresas estatais e órgãos de financiamento (bancos e fundos de pensão) e de regulação do comércio exterior.

A importância dos seus recursos de poder pode ser observada através da relevância das políticas estatais para a formação do lucro de todos os vinte grupos econômicos de maior capital no país (Gazeta Mercantil, 2001). Seis deles ainda são estatais – Eletrobrás, Petrobras, Cesp e Cemig, na energia, e BNDES e Banco do Brasil, nas finanças. Sete grupos privados envolveram-se com as privatizações – Telefônica, Telemar, Brasil Telecom e Embratel, na telefonia, Vale do Rio Doce e CSN, privatizadas com apoio dos fundos de pensão estatais, e Votorantim (via VBC, sócia da CPFL, energia). Há quatro grupos financeiros – Itaú, Bradesco, Unibanco e ABN-Real – envolvidos com privatizações, Proer e juros do Banco Central. Três grupos dependem bastante do Estado – CR Almeida, empreiteira de obras públicas, Globo (a radiodifusão é concessão pública) e Fiat (regime automotivo e elevadas tarifas de importação).

Aliando este quadro à subalternidade política do empresariado nacional perante o governo, antes discutida, pode-se concluir que a capacidade de ação do governo FHC no âmbito da economia era significativa.

Tais poderes tornaram-se mais efetivos quando se observa que a agenda econômica neoliberal foi comandada com virtual exclusividade por uma equipe estritamente ligada à Presidência da República, relegando aos demais grupos espaços de poder periféricos (fora da área econômica, à exceção do ministério das Minas e Energia, dominado pelo PFL do senador Antônio Carlos Magalhães). Para não perder viabilidade eleitoral, devido ao sucesso do governo, não se indispor junto ao empresariado (que apóia a agenda neoliberal) e não abrir mão de recursos públicos, os políticos da base de apoio consentiram que o governo atuasse despoticamente, através do uso indiscriminado de medidas provisórias. Como elas geram efeitos imediatos, o Congresso, quando de sua aprovação, pouco pode alterá-las, pois isto acarretaria consideráveis problemas legais.

Em suma, as ações das instituições estatais foram mantidas fora do escrutínio público (o Tribunal de Contas da União, TCU, e o Congresso são pouco eficazes, não havendo outros mecanismos de controle), estando sujeitas apenas aos interesses dos governantes e do empresariado, através de canais informais.

Paralelamente à aceleração dos processos de privatização, de desregulamentação da economia e de eliminação de mecanismos institucionais de política industrial ou econômica, o governo FHC passou a criar novas instituições para regular a economia – como o Cade e as agências reguladoras de serviços públicos. De pronto, o caráter neoliberal dessas instituições transparece no fato de elas não estarem mais encarregadas de implementar as políticas públicas levadas a cabo na época da forte intervenção estatal (1930-1980), como garantir a oferta de serviços essenciais a preços adequados e à frente da demanda (através de empresas estatais), controlar preços, fomentar o desenvolvimento regional ou setorial (inovação ou competitividade), além de outros objetivos como o desenvolvimento econômico e a geração de empregos.

Por outro lado, o caráter autoritário dessas instituições decorre do fato de que aquelas políticas não foram re-significadas, ou seja, não se tornaram meios para a efetivação de novos direitos sociais, já que continuaram resultando de negociações intransparentes entre governos e empresas (independentemente dos novos sentidos assumidos por essas políticas), revelando assim a destituição de direitos e de espaços públicos de discussão e de negociação que poderiam surgir através de procedimentos de democratização da gestão estatal.

O processo de privatização e a regulamentação da prestação dos serviços e da atuação das agências reguladoras foram implementados sem que houvesse a participação das entidades da sociedade civil, tanto assim que o termo agências reguladoras passou a freqüentar os meios de comunicação somente após a criação delas. Foram utilizados apenas mecanismos da democracia formal (proposição pelo governo e aprovação pelo Congresso) e eles tiveram escassa repercussão junto à sociedade civil. Frise-se que o questionamento a tais mecanismos refere-se às formas concretas pelas quais as agências reguladoras operam no Brasil. No tema em questão – mas não apenas nele, devido ao abuso da edição de medidas provisórias –, a ausência de debates públicos no Parlamento, não propiciando a participação de entidades sociais e o confronto de propostas alternativas, impediu qualquer democratização do processo. Assim, a aprovação pelo Congresso não poderia estar traduzindo apoios sociais suficientemente amplos para a profunda reestruturação da regulação estatal sobre a economia, assunto muito recente e praticamente desconhecido pelos cidadãos.

A Agência Nacional de Telecomunicações (Anatel) é um exemplo do autoritarismo que caracterizou a atuação das agências sob o governo FHC. Ela se orgulha de ter realizado 247 consultas públicas entre maio de 1997 e setembro de 2000[9]. Em 1999 e 2000, houve em média onze contribuições para cada uma das 174 consultas realizadas, a maioria delas referentes às redes para serviços de valor adicionado (como internet) em 1999, à

---

[9] Conforme consulta no site na internet em 2001.

regulamentação da telefonia celular em 2000. Entretanto, como não houve debate público – o conselho diretor da Anatel apenas examina as contribuições e responde aos autores – e como a agência não informou quais contribuições foram incorporadas e como elas modificaram as proposições feitas pela Anatel, tais estatísticas não traduzem uma interação democrática. Aliás, a falta de menção a temas de maior interesse público (universalização do serviço ou tarifas) leva a conclusão semelhante.

O conselho consultivo da Anatel é composto por doze membros, sendo quatro indicados pelo Congresso, dois pelo governo, dois por entidades de classe das prestadoras, dois por entidades dos usuários e dois por entidades da sociedade civil. Nota-se que apenas um terço dos membros (os últimos quatro) representa segmentos da população em geral. Supondo que a Anatel atuasse no interesse das prestadoras – com anuência do governo e de sua base de apoio no Congresso –, o conselho consultivo não aprovaria – talvez sequer divulgaria – críticas ou sugestões feitas pelos quatro membros. Esta possibilidade é viável se considerarmos que cabe à presidência da República indicar os membros do conselho e que é a Anatel quem escolhe as entidades que indicarão seus representantes. Além disso, como o conselho tem caráter apenas consultivo, o governo poderia deixar de levar em conta suas recomendações, sem que houvesse qualquer obstáculo para assim o fazer.

A Anatel menciona a existência de dois comitês estratégicos – um para universalização de serviços de telecomunicações e outro para defesa dos usuários. Além de não haver menção ao número ou ao teor das reuniões, o fato de tais comitês serem compostos por grande número de pessoas, sem indicação de representatividade ou de proporcionalidade interna, não sugere que elas possam estar atuando de forma efetiva e autônoma.

Confrontar o discurso neoliberal sobre a captura do Estado pelos interesses regulados com o discurso sobre as novas agências reguladoras exprime enorme paradoxo. No contexto da hegemonia neoliberal, afirma-se que as agências possuem autonomia, pois seus diretores são pessoas de ilibada reputação e possuem mandato. No entanto, considerando que o governo indica os diretores sem consultar entidades da sociedade, que o Senado apenas aprova os nomes, que os diretores não precisavam cumprir quarentena após deixarem a agência (pelo menos até 1999), que o governo controla o orçamento delas (pode não liberar recursos alegando necessidades do ajuste fiscal) e que apenas representantes do empresariado participavam dos procedimentos da agência (os conselhos consultivos reúnem-se separadamente), não é praticamente inevitável esperar que tais diretores atendam fundamentalmente aos interesses do governo e/ou das empresas?

Tais considerações suscitam discutir qual o propósito das agências reguladoras sob o paradigma neoliberal. Além de mediarem interesses empresariais, devido ao grande poder das empresas recém-privatizadas perante as demais, outra função parece ser essencial. A vinculação de seus membros estritamente ao governo (monopólio da indicação) e a prescrição minuciosa dos poderes das agências e das leis que devem aplicar fazem com que fiquem restritas a atuar como burocracia técnica diante da sociedade, visto que não podem debater quais são os interesses públicos e quais os modos de atendê-los, de forma que a sociedade perde esse canal institucional de interação. As agências ficam sujeitas apenas às leis (e contratos de concessão) e aos pleitos informais de membros do governo, que pode não renovar os mandatos dos seus membros ou cortar orçamentos, entre outras sanções possíveis.

Ao mesmo tempo, as possibilidades de revisão extraordinária das tarifas (devido à alegação de ter ocorrido evento que rompa o equilíbrio econômico-financeiro do contrato de concessão) e/ou do aporte de recursos públicos para a cobertura de custos julgados elevados pelas empresas (quanto à universalização, por exemplo), previstos nos contratos, criam oportunidades para que o governo e/ou a Anatel favoreçam as empresas, sem que outros segmentos sociais possam questionar as decisões, já que estariam em pauta apenas os aspectos técnicos previstos nos contratos e legislações. A cobertura das perdas das distribuidoras de energia elétrica, decorrentes do racionamento ocorrido em 2001 e 2002, ilustra os riscos envolvidos nas cláusulas presentes nos contratos de concessão.

Cabe acrescentar que, como o conselho consultivo nem sequer existe no que se refere aos órgãos antitruste e como os mandatos dos conselheiros são muito menores (dois anos, diante dos cinco anos das agências reguladoras), esse quadro institucional torna ainda menor a possibilidade de democratização do Cade.

Perspectivas para a democratização da política antitruste brasileira

A constituição do direito antitruste enquanto direito social depende da existência de espaços institucionais de representação, interlocução e negociação que processem democraticamente as diversas demandas, confrontando-as e difundindo-as para outros espaços públicos, de maneira a propiciar debates amplos que possam ser veiculados pelos meios de comunicação, evitando que estes sejam capturados pelos discursos liberais.

Tais espaços institucionais poderiam levar à criação de regras comuns para a contraposição das demandas, que resultassem na construção de medidas e parâmetros comuns para avaliá-las (pertinência, relevância e prioridade), fazendo com que tivessem que ser postuladas no bojo de concepções de interesse público, o que quer dizer que deveriam exprimir, explícita ou implicitamente, razões e valores que alicerçassem seus posicionamentos sobre noções fundamentais como justiça, equidade e responsabilidade coletiva (Paoli, 1995, Paoli & Telles, 2000)[10].

Nessas condições, os debates poderiam repercutir em outros espaços, inclusive nos meios de comunicação, possibilitando manifestações e incremento de discussões políticas sobre temas que tendem a ser tratados de forma altamente cifrada (linguagem econômica) pelos meios de comunicação e pelos espaços estatais.

Essa dinâmica virtuosa, que poderia articular espaços institucionais e espaços públicos diversos, não asseguraria a derrota das posições liberais, mas elas seriam obrigadas a passar pelo crivo do debate público, âmbito no qual o resultado é incerto, especialmente se comparado à formação da opinião pública comandada exclusivamente por interesses econômicos ou políticos.

No caso do Cade (e das agências reguladoras), há um potencial institucional de democratização, visto que é pautado por leis (o que pode dificultar decisões *ad hoc*), e possui autonomia potencial perante o governo e o poder econômico. Essa autonomia descortina perspectivas de participação da sociedade civil e assim da institucionalização de procedimentos democráticos de regulação do poder econômico e também da difusão destas questões para públicos mais amplos, dificultando a imposição dos argumentos neoliberais no espaço público.

Como discutido, o direito antitruste não foi demandado por atores coletivos da sociedade e não foi alvo de debates públicos, inclusive por-

---

[10] A noção de espaço público baseia-se nesses textos, embora eles tratem da luta dos movimentos sociais por direitos no Brasil a partir dos anos 1970.

que o Cade não os fomentou. Nos meios de comunicação, a hegemonia neoliberal assentada nos discursos sobre as virtudes da globalização e/ou sobre as necessidades por ela impostas descredencia essa participação, especialmente ao fortalecer o questionamento do governo e do poder econômico a esse direito – hoje apenas um dispositivo legal. Logo, somente entidades especializadas podem fomentar essa participação, difundindo noções de justiça, equidade e interesse público que possam ser compartilhadas por diversos segmentos sociais e ser contrapostas a noções de eficiência e de competitividade, enfatizadas pelo empresariado.

Entretanto, vivemos numa sociedade periférica em meio ao predomínio mundial de políticas neoliberais, as quais têm levado a uma grande retração do direito antitruste nos EUA (onde a hostilidade à concentração do poder econômico prevaleceu de 1880 a 1980), enquanto na Europa esse direito nunca teve grande importância. Nesse quadro, são muitas as dificuldades para impor restrições ao poder econômico – de propriedade cada vez mais internacionalizada – e para constituir parâmetros democráticos, sob critérios socialmente compartilhados, que possam regulá-lo, inclusive porque isso depende de ampla visibilização pública, capaz de consolidar noções sobre os malefícios causados por ele e, posteriormente, sobre os potenciais benefícios de sua regulação.

Por essas razões, a efetiva criação de um direito antitruste no Brasil depende fundamentalmente da participação popular, capaz de dizer não a situações injustas, podendo vir a propor medidas que limitem a ação do poder econômico. Logo, instituir o dissenso (conforme Ranciére, 1996) parece ser o primeiro e mais crucial passo para criar um direito antitruste.

Retomando a argumentação desenvolvida no decorrer do capítulo 1, os malefícios sociais abaixo podem ser causados pela ação do poder econômico:

- concentração de renda (prejudicando consumidores, empregados e empresas, especialmente as pequenas);
- inibição ao crescimento econômico (o domínio de mercado inibe investimentos), à inovação tecnológica, à escolha dos consumidores e à criação de empregos;
- captura do sistema político e da mídia para a defesa dos seus interesses; e
- aumento da desnacionalização das decisões econômicas e da vulnerabilidade externa do país.

Esses potenciais malefícios são suficientemente amplos para suscitar o questionamento ao poder econômico, especialmente se puderem ser articulados para fomentar a mobilização política de amplos segmentos sociais.

Entretanto, várias mudanças institucionais também são necessárias para que o direito antitruste possa se efetivar. Buscar a autonomia do Cade é fundamental – através de aumento do tempo de mandato dos conselheiros (quatro anos no mínimo), de maiores orçamentos, de quadros técnicos mais numerosos e qualificados, além de lhe serem atribuídos poderes para suspender os ACs, até sua apreciação (pois atuar *a posteriori* constrange o veto à operação).

Instituir mecanismos de participação da sociedade também é crucial, tanto quanto à nomeação dos conselheiros e à realização de audiências públicas, como quanto à formação de fóruns de discussão para instituir diretrizes de avaliação e de julgamento. Diminuir incentivos para que ex-conselheiros venham a defender o poder econômico exige que a quarentena seja no mínimo de dois anos, se o mandato for de quatro anos.

AGRADECIMENTOS

Agradeço muitíssimo as sugestões dos membros da banca de doutoramento Elizabeth Farina, Fernando Haddad, Laymert Garcia dos Santos e Maria Célia Paoli; dos pesquisadores do Centro de Estudos dos Direitos da Cidadania (Cenedic) da Faculdade de Filosofia, Letras e Ciências Humanas da Universidade de São Paulo (FFLCH/USP), bem como os comentários de Elísio Estanque, Maria Manuel Leitão Marques e Hermes Costa – pesquisadores do Centro de Estudos Sociais (Faculdade de Economia de Coimbra) – e de Álvaro Comin.

Várias pessoas contribuíram para que eu concluísse este trabalho. Agradeço inicialmente aos colegas da área de Estado e Economia do Centro Brasileiro de Análise e Planejamento (Cebrap), extinta em 1997. O capitão Chico de Oliveira e os marinheiros que navegaram em águas tão turbulentas merecem um grande abraço. Sigam navegando para melhores praias, meus caros Álvaro Comin, Adalberto M. Cardoso, Elson L. Pires, Leonardo Mello e Silva, Carlos A. Novaes, Eugênio Diniz, André G. Campos e Alexandre Comin!

Quando precisava repensar rumos, a vitalidade e a paixão das discussões do Cenedic (anteriormente denominado Nedic) mostraram-me o caminho, revelando que o melhor meio para discutir mais proficuamente as relações entre Estado e economia era dedicar-me à sociologia política, articulando-a à economia política. Francisco de Oliveira, Maria

Célia Paoli, Cibele Rizek, Leonardo Mello e Silva, Laymert Garcia dos Santos, Ana Amélia da Silva, Vera da Silva Telles, Maria Carmelita Yazbeck e Roberto Veras foram brindando-me com idéias inovadoras, de tal forma que me senti integrado.

Cabe agradecer também o apoio institucional do Cebrap. A pesquisa lá desenvolvida, entre 1995 e 1997, permitiu descobrir o rico potencial da temática antitruste, notadamente pela interlocução com Thomaz Ferreira Jensen. O desenvolvimento deste trabalho deve muito a José Carlos Busto, editor assistente do Instituto Brasileiro de Estudos de Concorrência, Consumo e Comércio Internacional (Ibrac), que forneceu o *clipping* de notícias e as publicações da entidade, além de manter diálogos valiosos e indicar bibliografia sobre o tema.

Várias entidades supriram recursos para viabilizar a elaboração e publicação deste livro. A Financiadora de Estudos e Projetos (Finep) apoiou a pesquisa realizada no Cebrap, a Coordenação de Aperfeiçoamento de Pessoal de Nível Superior (Capes) concedeu-me bolsa, além de apoiar o convênio com a Câmara de Educação Superior (CES), e a Fundação de Amparo à Pesquisa do Estado de São Paulo (Fapesp) concedeu-me bolsa, além de auxiliar na sua publicação.

A Fundação Escola de Sociologia e Política de São Paulo, instituição na qual trabalho como professor e pesquisador, também apoiou a publicação deste livro, além de ter me propiciado o contato com estudantes interessados em economia política, o que resultou em valiosas contribuições. Agradeço a todos.

Nunca é demais ressaltar o papel do orientador Francisco de Oliveira, chefe da pesquisa no Cebrap, professor brilhante e generoso, que me permitiu integrar o Cenedic, não obstante minha modesta contribuição.

Todas essas colaborações não teriam rendido frutos sem o apoio de meus pais, Iveraldo e Baby, sempre prontos a incentivar quando me deixava abater pelo desgaste das intempéries que tive de enfrentar.

REFERÊNCIAS BIBLIOGRÁFICAS

ARATO, Andrew; COHEN, Jean. Sociedade civil e teoria política. In: AVRITZER, Leonardo. *Sociedade civil e democratização*. Belo Horizonte, Del Rey, 1994.

ARBIX, Glauco. *Uma aposta no futuro*: os primeiros anos da câmara setorial da indústria automobilística. São Paulo, Scritta, 1996.

AREEDA, Phillip; TURNER, Donald. Predatory pricing and related practices under Section 2 of the Sherman Act. *Harvard Law Review*, 88, Feb. 1975.

AZCUENAGA, Mary. New directions in antitrust enforcement. 1991. Disponível em: <http://gopher.ftc.gov>. Acesso em: jun. 1998.

_____. Merger law enforcement in the evolving antitrust environment. 1995. Disponível em: <http://gopher.ftc.gov>. Acesso em: set. 1996.

_____. Dissenting statement in the matter of Time Warner Inc. 1996. Disponível em: <http://gopher.ftc.gov>. Acesso em: jun. 1998

_____. Dissenting statement in the matter of Boein/McDonnel Douglas merger. 1997. Disponível em: <http://gopher.ftc.gov>. Acesso em: jun. 1998.

BAIN, Joe. *Barriers to new competition*. Cambridge, Harvard University Press, 1956.

BASTOS, Aurélio W. Chaves (Org.). *Legislação brasileira de defesa da concorrência*. 2. ed. Brasília, Ministério da Justiça/Secretaria de Direito Econômico, 1996.

BAUMOL, William J.; ORDOVER, Januzs A. Use of antitrust to subvert competition. *Journal of Law and Economics*, v.XXVIII, May 1985.

BAUMOL, William J.; BAILEY, Edward; WILLIG, Robert. *Contestable markets and theory of industrial structure*. New York, Harcourt Brace Jovanovich, 1982.

BELLO, Carlos Alberto. A ilegítima conversão do CADE ao liberalismo: governo e empresariado triunfam face ao desinteresse da sociedade civil. São Paulo, 1999. Tese (Doutoramento em Sociologia) — FFLCH/USP.

BINGAMAN, Anne. Change and continuity in antitrust enforcement. 1993. Disponível em: <http://www.doj/da>. Acesso em: jun. 1998.

BLACKBURN, Robin et al. Estado, democracia e alternativas no campo socialista na era neoliberal. In: SADER, Emir; GENTILI, Pablo (Orgs.). *Pós-neoliberalismo II*: que Estado para que democracia? Petrópolis, Vozes, 1999.

BOBBIO, Norberto. *Liberalismo e democracia*. São Paulo, Brasiliense, 1988.

BORK, Robert. *The antitrust paradox*: a policy in war with itself. New York, Basic Books, 1978.

BUREAU OF COMPETITION. Report from the Bureau of Competition of FTC (1995). 1996. Disponível em: <http://gopher.ftc.gov>. Acesso em: jun. 1998.

_____. Report from the Bureau of Competition of FTC (1996). 1997. Disponível em: <http://gopher.ftc.gov>. Acesso em: jun. 1998.

_____. Report from the Bureau of Competition of FTC (1997). 1998. Disponível em: <http://gopher.ftc.gov>. Acesso em: jun. 1998.

CADE. *Relatório Anual de 1996*. Brasília, Cade, 1997.

_____. *Relatório Anual de 1997*. Brasília, Cade, 1998.

CARDOSO, Adalberto; COMIN, Álvaro. Câmaras setoriais, modernização produtiva e democratização das relações capital-trabalho no Brasil: a experiência do setor automobilístico. In: CASTRO, Nadya (Org.). *A máquina e o equilibrista*. São Paulo, Paz e Terra, 1995.

CEBRAP. *Democracia e poder econômico*: a legislação antitruste brasileira diante dos processos de concentração e centralização de capitais à escala mundial. Primeira parte. Relatório final. São Paulo: Convênio Cebrap-Finep, maio 1997.

COHN, Gabriel. *Crítica e resignação*: fundamentos da sociologia de Max Weber. São Paulo: T. A. Queiroz, 1979.

CORREIA, Edward. Congress and antitrust policy after the Reagan Administration. In: FIRST, Harry; FOX, Eleanor M.; PITOFSKY, Robert. *Revitalizing antitrust in its second century:* essays on legal, economic, and political policy. New York, Quorum Books, 1991.

COSTA, Maurício Moura. Breves observações sobre o compromisso de desempenho. *Revista do Ibrac*, São Paulo, Ibrac, v. 4, n. 2, 1997.

_____. O princípio constitucional da livre concorrência. *Revista do Ibrac*, São Paulo, Ibrac, v. 5, n. 1, 1998.

COSTA, Sérgio. Democracia e dinâmica da esfera pública. *Lua Nova*, São Paulo, n. 36, 1995.

CPT – Consumers Project on Technology. Using the internet to enhance public participation in merger reviews. 1997. Disponível em: <www.cptech.org>. Acesso em: jun. 1998.

DA – Divisão Antitruste. Opening markets and protecting competition for America's businesses and consumers: goals and achievements of the Anti-trust Division. 1996. Disponível em: <http://gopher.doj/da>. Acesso em set. 1996.

DAHL, Robert. *Democracy and its critics.* New Haven, Connecticutt, 1989.

____. *Um prefácio à democracia econômica.* Rio de Janeiro, Jorge Zahar, 1990.

DaMATTA, Roberto. Para uma sociologia da inflação: notas sobre inflação, sociedade e cidadania. In: VIEIRA, José et al. (Orgs.) *Na corda bamba*: doze estudos sobre a cultura da inflação. Rio de Janeiro, Relume Dumará, 1993.

DINIZ, Eli; BOSCHI, Renato. *Empresariado nacional e Estado no Brasil.* Rio de Janeiro, Forense Universitária, 1978.

____. Lideranças empresariais e problemas da estratégia liberal no Brasil. *Revista Brasileira de Ciências Sociais*, n. 23, out. 1993.

DOBSON, Douglas; SHEPHERD, William; STONER, Robert. Strategic capacity preemption: DuPont – 1980. In: KWOKA Jr., John E.; WHITE, L. J. (Eds.) *The antitrust revolution*: the role of economics. New York, Harper Collins College Publishers, 1994.

DREIFUSS, René. *Política, poder, Estado e força*: uma leitura de Weber. Petrópolis, Vozes, 1993.

FIRST, Harry; FOX, Eleanor M.; PITOFSKY, Robert. *Revitalizing antitrust in its second century:* essays on legal, economic, and political policy. New York, Quorum Books, 1991.

FISHER, Franklin M. Horizontal mergers: triage and treatment. *Economic Perspectives*, v. 1, n. 2, Fall 1987.

FOX, Eleanor M.; SULLIVAN, Lawrence A. Retrospective and prospective: where are we coming from? Where are we going?. In: FIRST, Harry; FOX, Eleanor M.; PITOFSKY, Robert. *Revitalizing antitrust in its second century:* essays on legal, economic, and political policy. New York, Quorum Books, 1991.

FRANCHESCHINI, José Inácio Gonzaga. As eficiências econômicas sob o prisma jurídico. *Revista do Ibrac*, São Paulo, Ibrac, v. 3, n. 6, jun. 1996.

FRASER, Nancy. Rethinking the public sphere. *Social Text*, 25/26, 1990.

FTC. Report 1996 of FTC. 1997a. Disponível em: <http://gopher.ftc.gov>. Acesso em: jun. 1998.

____. Strategic Plan FTC: 1997/2002. 1997b. Disponível em: <http://gopher.ftc.gov>. Acesso em: jun. 1998.

____. Appropriation history. 1997c. Disponível em: <http://gopher.ftc.gov>. Acesso em: jun. 1998.

____. Comissioners. 1997d. Disponível em: <http://gopher.ftc.gov>. Acesso em: jun. 1998.

____. Plaintiff's memorandum of points and authorities in support of motion for temporay restraining order and preliminary injuction.– FTC *vs.* Staples, Inc and Office Dept, Inc. 1997e. Disponível em: <http://gopher.ftc.gov>. Acesso em: jun. 1998.

GAZETA MERCANTIL. *Balanço anual.* São Paulo, 2001.

GONÇALVES, Reinaldo. Centralização do capital em escala global e desnacionalização da economia brasileira. In: VEIGA, Pedro (Org.). *O Brasil e os desafios da globalização.* São Paulo, Sobeet, 2000.

GERTH, Hans H.; MILLS, C. Wright. *Max Weber:* ensaios de sociologia. 5. ed. Rio de Janeiro, Guanabara-Koogan, 1978.

GUTMANN, Amy. A desarmonia da democracia. *Lua Nova,* São Paulo, n. 36, p. 5-37, 1995.

HABERMAS, Jurgen. *A crise de legitimação do capitalismo tardio.* Rio de Janeiro, Tempo Brasileiro, 1980.

_____. *Mudança estrutural da esfera pública.* Rio de Janeiro, Tempo Brasileiro, 1984.

_____. A nova intransparência. *Novos Estudos Cebrap,* n. 18, set. 1987.

_____. *Between facts and norms*: contribution to a discourse theory of law and democracy. Massachussets, Polity Press, 1996.

_____. Uma conversa sobre questões de teoria política. Entrevista a Mikael Carleheem e René Gabriels. *Novos Estudos Cebrap,* n. 47, mar. 1997.

HOLANDA, Sérgio Buarque de. *Raízes do Brasil.* 26. ed. São Paulo, Companhia das Letras, 1995.

IBRAC – Instituto Brasileiro de Estudos das Relações de Concorrência e de Consumo. *Revista do Ibrac.* (Rhodia/Sinasa, Yolat/Cilpe e Eternit/Brasilit). São Paulo, Ibrac, v. 2, n. 3, 1995a.

_____. *Revista do Ibrac.* (Albarus/Rockwell e Gerdau/Pains). São Paulo, Ibrac, v. 2, n. 4, 1995b.

_____. *Revista do Ibrac.* (Antarctica/Anheuser Busch - Reapreciação). São Paulo, Ibrac, v. 5, n. 1,1998a.

_____. *Revista do Ibrac.* (Brahma/Miller - Reapreciação). São Paulo, Ibrac, v. 5, n. 7, 1998b.

_____. *Revista do Ibrac.* (Fairway). São Paulo, Ibrac, v. 4, n. 1, 1997a.

_____. *Revista do Ibrac.* (Brahma/Miller). São Paulo, Ibrac, v. 4, n. 4, 1997b.

_____. *Revista do Ibrac.* (Antarctica/Anheuser Busch). São Paulo, Ibrac, v. 4, n. 5, 1997c.

_____. *Revista do Ibrac.* (Discurso do presidente Fernando Henrique Cardoso). São Paulo, Ibrac, v. 4, n. 6, 1997d.

_____. *Revista do Ibrac.* (Diretrizes para fusões dos EUA). São Paulo, Ibrac, v. 3, n. 1, 1996a.

_____. *Revista do Ibrac.* (Gerdau/Pains - Reapreciação). São Paulo, Ibrac, v. 3, n. 3, 1996b.

_____. *Revista do Ibrac.* (Belgo/Dedini). São Paulo, Ibrac, v. 3, n. 7, 1996c.

_____. *Revista do Ibrac.* (Colgate/Kolymos). São Paulo, Ibrac, v. 3, n. 10, 1996d.

KALBERG, Stephen. *Max Weber's comparative historical sociology.* Chicago, University Chicago Press, 1994.

KLEIN, Joel. Statement before the Committee on the Judiciary. US House of Representatives. Washington. 1997. Disponível em: <http://gopher.doj/da>. Acesso em: jun. 1998.

_____. Importance of antitrust enforcement in the new economy. 1998a. Disponível em: <http://gopher.doj/da>. Acesso em: jun. 1998.

_____. Biographical sketch. 1998b. Disponível em: <http://gopher.doj/da>. Acesso em: jun. 1998.

KWOKA Jr., John E. International joint-venture: General Motors and Toyota (1983). In: KWOKA Jr., John E.; WHITE, L. J. (Eds.) *The antitrust revolution*: the role of economics. New York, Harper Collins College Publishers, 1994.

KWOKA Jr., John E.; WHITE, L. J. (Eds.) *The antitrust revolution*: the role of economics. New York, Harper Collins College Publishers, 1994.

LANDE, Robert. Ascensão e queda (próxima) da eficiência como reguladora do antitruste. *Revista de Direito Econômico*, Brasília, Cade, v. 23, 1996.

LOVE, James. Statement regarding Staples/Office Depot merger. 1997. Disponível em: <www.cptech.org>. Acesso em: jun. 1998.

MALARD, Neide Teresinha. Integração de empresas: concentração, eficiência e controle. *Revista do Ibrac*, São Paulo, Ibrac, v. 1, n. 4, 1994.

MARÉS, Carlos Frederico. Os direitos invisíveis. In: PAOLI, Maria Célia; OLIVEIRA, Francisco M. C. (Orgs.) *Os sentidos da democracia*: políticas do dissenso e hegemonia global. Petrópolis, Nedic/Fapesp/Vozes, 1999.

MATTOS, César. The recent evolution of competition policy in Brazil: an incomplete transition. *Revista do Ibrac*, São Paulo, Ibrac, v. 4, n. 6, 1997.

MERCADANTE, Aloísio. Plano Real e neoliberalismo tardio. In: MERCADANTE, Aloísio (Org.). *O Brasil pós-real*: a política econômica em debate. Campinas, Unicamp, 1996.

MOREIRA, Maurício; CORRÊA, Paulo G. Abertura comercial e indústria: o que se pode esperar e o que vem se obtendo. *Revista de Economia Política*, São Paulo, Editora 34, n. 17, abr./jun. 1997.

MUELLER, Charles. Antitrust in Clinton Administration: beware the national champion theory. *American Law & Economic Review*, v. 23, n. 4, 1992a.

MUELLER, Charles. Restoring America's industrial competitiveness: antitrust and presidente Clinton's Thurman Arnold. *American Law & Economic Review*, v. 23, n. 4, 1992b.

_____. For want of an advocate: savaging small business while waiting for the Clinton antitrust revival?. *American Law & Economic Review*, v. 25, n. 2, 1994.

_____. Antitrust overview. Laissez-faire, monopoly and global income inequality: law, economics, history and politics of antitrust. *American Law & Economic Review*, v. 27, n. 1, 1996.

MYRDAL, Gunnar. *Aspectos políticos da teoria econômica*. Rio de Janeiro, Zahar, 1962.

NADER, Ralph. Letter on Boeing/McDonnel Doulgas merger. 1996. Disponível em: <www.cptech.org>. Acesso em: jun. 1998.

NADER, Ralph; LOVE, James; WAISSMAN, Robin. Letter to FTC on Boeing's merger. 1997. Disponível em: <www.cptech.org>. Acesso em: jun. 1998.

NOLL, Roger G.; OWEN, Bruce M. The anticompetitive uses of regulation: United States vs. AT&T (1982). In: KWOKA Jr., John E.; WHITE, L. J. (Eds.). *The antitrust revolution:* the role of economics. New York, Harper Collins College Publishers, 1994.

OFFE, Claus. Reflexões e hipóteses em torno do problema da legitimação política. In: _____. (Org.) *Problemas estruturais do Estado capitalista*, Rio de Janeiro: Tempo Brasileiro, 1984.

OFFICE OF POLICY PLANNING of FTC. Competition and consumer protection policy in the new hig-tech, global marketplace. 1996. Disponível em: <http://gopher.ftc.gov>. Acesso em: jun. 1998.

OLIVEIRA, Francisco M. C. de. Uma alternativa democrática ao liberalismo. In: WEFFORT, Francisco et al. *A democracia como proposta*. Rio de Janeiro, Ibase, 1991.

_____. *Estado, sociedade, movimentos sociais e políticas públicas no limiar do século XXI*. Rio de Janeiro, Fase, 1993.

_____. A derrota da vitória: a contradição do absolutismo de FHC. *Novos Estudos CEBRAP*, São Paulo, Cebrap, n. 50, mar. 1998a.

_____. A vanguarda do atraso e atraso da vanguarda. In: _____. *Os direitos do antivalor*: a economia política da economia imperfeita. Petrópolis, Vozes, 1998b.

_____. Privatização do público, destituição da fala e anulação da política: o totalitarismo neoliberal. In: PAOLI, Maria Célia; OLIVEIRA, Francisco M. C. de. (Orgs.) *Os sentidos da democracia*: políticas do dissenso e hegemonia global. Petrópolis, Nedic/Fapesp/Vozes, 1999.

PAOLI, Maria Célia. Citizenship, inequalities, democracy and rights: the making of a public space in Brazil. *Social & Legal Studies*, London, Sage, v. 1, p. 143-59, 1992.

_____. Movimentos sociais: em busca de um estatuto político. In: HELLMANN, Michaela. *Movimentos sociais e democracia no Brasil*. São Paulo, Marco Zero, 1995.

PAOLI, Maria Célia; TELLES, Vera da Silva. Direitos sociais, conflitos e negociações no Brasil contemporâneo. In: ALVAREZ, Sônia; DAGNINO, Evelina; ESCOBAR, Arturo (Orgs.). *Cultura e política nos movimentos sociais latino-americanos*: uma nova leitura. Belo Horizonte, Editora UFMG, 2000.

PITOFSKY, Robert. Does antitrust have a future? In: FIRST, Harry; FOX, Eleanor M.; PITOFSKY, Robert. *Revitalizing antitrust in its second century:* essays on legal, economic, and political policy. New York, Quorum Books, 1991.

_____. A slightly differentt approach to antitrust enforcement. 1995. Disponível em: <http://gopher.ftc.gov>. Acesso em: set. 1996.

_____. An antitrust progress report for the FTC: past, present and future. 1996a. Disponível em: <http://gopher.ftc.gov>. Acesso em: set. 1996.

PITOFSKY, Robert. FTC staff report on competition policy: six months after. 1996b. Disponível em: <http://gopher.ftc.gov>. Acesso em: set. 1996.

_____. The changing nature of competition: legal and policy implications. 1996c. Disponível em: <http://gopher.ftc.gov>. Acesso em: set. 1996.

PITOFSKY, Robert; VARNEY, Christine; STEIGER, Janet. Time Warner Inc. – Analysis to the aid public comment. 1996. Disponível em: <http://gopher.ftc.gov>. Acesso em: jun. 1998.

PITOFSKY, Robert et al. Joint statement on Boeing/McDonnel Douglas merger. 1997. Disponível em: <http://gopher.ftc.gov>. Acesso em jun. 1998.

PORTER, Michael. *The competitive advantage of nations*. New york, Free Press, 1990.

POSSAS, Mário L. Cade: um não-debate desinformado. *Revista de Direito Econômico*, Brasília, Cade, v. 22, 1996.

POULANTZAS, Nicos. *O Estado, o poder e o socialismo*. Rio de Janeiro, Graal, 1980.

RANCIÈRE, Jacques. *O desentendimento*. São Paulo, Editora 34, 1996.

REIS, Fábio Wanderley. Cidadania, mercado e sociedade civil. In: DINIZ, Eli; LOPES, José Sérgio L.; PRANDI, Reginaldo (Orgs.). *O Brasil no rastro da crise*: partidos, sindicatos, movimentos sociais, Estado e cidadania no curso dos anos 90. São Paulo, Anpocs/Hucitec/Ipea, 1994.

SALGADO, Lúcia. A política antitruste e o mundo real. *Revista de Direito Econômico*, Brasília, Cade, v. 22, 1996.

_____. *A economia política da ação antitruste*. São Paulo, Singular, 1997.

SALOP, Steven C. Symposium on mergers and antitrust. *Economic Perspectives*, v. 1, n. 2, Fall 1987.

SANTOS, Antônio C.; GONÇALVES, Maria E.; MARQUES, Maria Manuel L. *Direito económico*. Coimbra, Almedina, 1999.

SCHERER, Frederic M. *Industry structure, strategy and public policy*. New York, Harpercollins College, 1996.

SCHERER, Frederic M.; ROSS, David. *Industrial market structure and economic performance*. 3. ed.Boston, Houghton-Mifflin, 1990.

SCHMALENSEE, Richard. Horizontal merger policy: problems and changes. *Economic Perspectives*, v. 1, n. 2, Fall 1987.

STAREK, Roscoe. Dissenting statement in the matter of Time Warner Inc. 1996. Disponível em: <http://gopher.ftc.gov>. Acesso em: jun. 1998.

SUSMAN, Stephen D. Business judgment *v.* antitrust justice. The forgotten private plaintiff. In: FIRST, Harry; FOX, Eleanor M.; PITOFSKY, Robert. *Revitalizing antitrust in its second century*: essays on legal, economic, and political policy. New York, Quorum Books, 1991.

TURNER, Bryan S. *Max Weber*: from history to modernity. London, Routledge, 1992.

VARNEY, Christine. Reforming and strenghtening the merger enforcement process at the FTC. 1995. Disponível em: <http://gopher.ftc.gov>. Acesso em: set. 1996.

WEBER, Max. *Economia e sociedade*. Brasília, Editora da UnB, 1991. v. 1, cap. I, itens 5 a 7 e 16 e cap. III, itens 1 a 4.

WEISS, Leonard W. (Edited by David Audretsch & Hideki Yamawaki). *Structure, conduct and performance*. New York, New York University Press, 1992.

WHITE, Lawrence J. Antitrust and merger policy: a review and critique. *Economic Perspectives*, v. 1, n. 2, Fall 1987.

_____. Application of the merger guidelines: the proposed merger of Coca-Cola and Dr Pepper – 1986. In: KWOKA Jr., John E.; WHITE, L. J. (Eds.). *The antitrust revolution:* the role of economics. New York, Harper Collins College Publishers, 1994.

WILLIAMSON, Oliver E. *Markets and hierarchies*: analysis and antitrust implications. New York, Free Press, 1975.

Jornais e revistas consultados

CB – *Correio Braziliense*

DOFC – *Diário Oficial do Congresso Nacional*

DOJ – *Diário Oficial da Justiça*

DOU – *Diário Oficial da União.*

EX – revista *Exame*

FSP – *Folha de S.Paulo*

GL – *O Globo*

GM – *Gazeta Mercantil*

JB – *Jornal do Brasil*

JC – *Jornal do Comércio*

OESP – *O Estado de S. Paulo*

Site consultado

Anatel – www.anatel.gov.br. Acesso em 2001.

ABREVIATURAS

Abimaq – Associação Brasileira da Indústira de Máquinas

Abinee – Associação Brasileira da Indústria Eletro-Eletrônica

AC – Ato de Concentração

Alca – Associação de Livre Comércio das Américas

AMB – Associação Médica Brasileira

Anatel – Agência Nacional de Telecomunicações

Bacen – Banco Central do Brasil

BID – Banco Interamericano de Desenvolvimento
BNDES – Banco Nacional de Desenvolvimento Econômico e Social
Brasilcon – Instituto Brasileiro de Política e Direito do Consumidor
Cade – Conselho Administrativo de Defesa Econômica
CAE – Comissão de Assuntos Econômicos, do Senado Federal
Capes – Coordenação de Aperfeiçoamento de Pessoal de Nível Superior
CDC – Código de Defesa do Consumidor
CDCMAM – Comissão de Direitos do Consumidor, de Meio Ambiente e Minorias, da Câmara Federal
Cebrap – Centro Brasileiro de Análise e Planejamento
Ceic – Comissão de Economia, Indústria e Comércio, da Câmara Federal
Cemig – Companhia Energética de Minas Gerais
Cenedic – Centro de Estudos dos Direitos da Cidadania
CES – Câmara de Educação Superior
Cesp – Companhia Energética de São Paulo
CF – Constituição Federal
CIP – Conselho Interministerial de Preços
CND – Conselho Nacional de Desestatização
CNI – Confederação Nacional da Indústria
Confaz – Conselho de Política Fazendária
Cosipa – Companhia Siderúrgica Paulista
Copesul – Companhia Petroquímica do Sul
Cosinor – Companhia Siderúrgica do Nordeste
CPE – Concorrência Potencial Efetviva
CPFL – Companhia Paulista de Força e Luz
CPP – Concorrência Potencial Percebida
CPT – Consumer Project on Technology
CRVD – Companhia Vale do Rio Doce
CSN – Companhia Siderúrgica Nacional
CVM – Comissão de Valores Mobiliários
DA – Divisão Antitruste, do Departamento de Justiça dos EUA
DG-IV – Órgão antitruste da Comissão Eucopéia
DNAEE – Departamento Nacional de Águas e Energia Elétrica
DNC – Departamento Nacional de Combustíveis
ECD – Estrutura-conduta-desempenho
Fapesp – Fundação de Amparo à Pesquisa do Estado de São Paulo
FCESP – Federação do Comércio do Estado de São Paulo

Fenabrave – Federação Nacional da Distribuição de Veículos Automotivos
FFLCH/USP – Faculdade de Filosofia, Letras e Ciências Humanas, da Universidade de São Paulo
FGV – Fundação Getúlio Vargas
FHC – Fernando Henrique Cardoso
Fiesp – Federação das Indústrias do Estado de São Paulo
Finep – Financiadora de Estudos e Projetos
Fipe – Fundação Instituto de Pesquisas Econômicas
Firjan – Federação das Indústrias do Estado do Rio de Janeiro
FSO – Função Social da Propriedade
FTC – Federal Trade Comissão (Comissão Federal de Comércio), dos EUA
GI – Grupo de Interesse
GM – General Motors
Ibrac – Instituto Brasileiro de Estudos das Relações de Concorrência e Consumo
IBS – Instituto Brasileiro de Siderurgia
ICMS – Imposto sobre Circulação de Mercadorias e Serviços
IDE – Inspetoria de Desenvolvimento Econômico
Idec – Instituto Brasileiro de Defesa do Consumidor
Iedi – Instituto de Estudos para o Desenvolvimento Industrial
IHH – Índice Herfindahl-Hirschmann
IPA – Índice de Preços por Atacado
Ipea – Instituto de Pesquisas Econômicas Aplicadas
MD – McDonnel Douglas
Mercosul – Mercado Comum do Sul
Nummi – *Joint-venture* entre a General Motors e a Toyota
OAB – Ordem dos Advogados do Brasil
OI – Organização Industrial
OMC – Organização Mundial do Comércio
PET – Polietileno Tereftálico
PIB – Produto Interno Bruto
PNBE – Pensamento Nacional de Bases Empresariais
Procon – Fundação de Proteção e Defesa do Consumidor
PTA – Ácido Teraftálico Purificado
RPM – Fixação de Preço de Venda
SDE – Secretaria de Desenvolvimento Econômico
Seae – Secretaria de Acompanhamento Econômico

Seap – Secretaria de Estado da Administração e da Previdência
Siemesp – Sindicato da Indústria de Estamparia de Metais do Estado de São Paulo
Sindipeças – Sindicato Nacional da Indústria de Peças para Veículos Automotores
Sinduscon – Sindicato da Construção Civil
SNDE – Secretaria Nacional de Direito Econômico
STN – Secretaria do Tesouro Nacional
Sunab – Superintendência Nacional de Abastecimento
TCC – Termo de Compromisso de Cessação
TCD – Termo de Compromisso de Desempenho
TCI – Tele-Communications, Inc
TCU – Tribunal de Contas da União
TST – Tribunal Superior do Trabalho
TW – Time-Warner
Ufir – Unidade Fiscal de Referência
UFRJ – Universidade Federal do Rio de Janeiro
Unicamp – Universidade Estadual de Campinas
URV – Unidade de Referência e Valor
Usiminas – Companhia Siderúrgica de Minas Gerais
USP – Universidade de São Paulo